KB259870

SF로
광고도
만드나요?

SF로 광고도 만드나요?
ⓒ 고장원 2003

초판 1쇄 발행일 · 2003년 8월 15일

지은이 · 고장원
펴낸이 · 이정원

펴낸곳 · 도서출판 들녘
등록일자 · 1987년 12월 12일 / 등록번호 · 10-156
주소 · 서울시 마포구 합정동 366-2 삼주빌딩 3층
전화 · 마케팅(02)323-7849 편집(02)323-7366 팩시밀리(02)338-9640
홈페이지 · www.ddd21.co.kr

값은 뒤표지에 있습니다. 잘못된 책은 구입하신 곳에서 바꿔드립니다.
ISBN 89-7527-381-4 (03320)

SF로 광고도 만드나요?

SF 광고 크리에이티브 전략

고장원 **지음**

03

들녘

할리우드 영화 「마이너리티 리포트」를 보면 지나가는 행인의 신분을 실시간으로 인식해서 그에 맞춰 개인화된 서비스 멘트를 던지는 첨단 길거리 광고 시스템이 등장한다. 퍼미션 마케팅(Permission Marketing)의 SF적 극한이라고나 할까. 대중문화 속에서 SF에 대한 인기는 이제 우리나라에서도 영화, 만화, 컴퓨터 게임 등을 통해 자리를 잡아가고 있다. 어디 그뿐인가. 대중사회의 거울이라 할 광고에서도 SF적인 요소가 드문드문 묻어나고 있는 추세다. 첨단화된 전자제품과 IT 기업의 번창은 이러한 취향의 광고들이 자연스레 등장하도록 부채질하고 있다. 실제로 구미권에서는 오래 전부터 SF가 광고를 크리에이티브하게 돋보이도록 만들어주는 주요한 재료의 하나로 쓰인다.

이에 필자는 십여 년의 광고 크리에이터로서의 경험에다 SF 컨텐트에 대한 개인적인 흥미를 한데 접목시킨 이야기를 써보면 어떨까 하는 생각이 들었다. 하지만 몇 년 전 필자가 이러한 기획을 처음 떠올렸을 즈음만 해도 우리나라 광고계에서는 SF가 아직 낯설고 선뜻 손이 가지 않던 소재였다. 굳이 비슷한 예를 찾으려 든다면 어린이 완구용 로봇 광고나 컴퓨터 그래픽으로 도배한 일부 첨단 느낌의 광고들 정도였다고나 할까. 그러나 이러한 광고물들은 십중팔구 과학문명이 인류 사회에 미치는 영향에 대한 고민에서 출발한 SF 본연의 관점과는 동떨어져 있었다. 이는 광고주들은 물론이요, 대개의 광고 크리에이터들조차 SF 컨텐트에 대한 관심과 이해의 폭이 넓지 않았던 탓이다. 사정이 이렇다 보니 필자가 삼성전자의 미니 콤포넌트 '아지트'의 TV 광고를 위해 SF적 설정을 빌려온 광고 시안을 광고주에게 설득하는 데에도 많은 노력을 기울여야만 했다. 광고주측의 젊은 실무 담당자들은 필자의 광고 시안을 좋아했지만 고참 간부로 갈수록 디스토피아적인 미래를 끌어들이는 SF적인 분위기에 공감을 느끼지 못했던 탓이다.(이 광고물은 다행히 세상의 빛을 보게 되어 이 책에도 실려 있다.)

서구 사회의 광고물에 비해 우리나라의 광고물에서 SF에 대한 인식이 부족한 것은 SF가 해당 사회의 대중문화 속에 어떻게 얼마나 배어 있는가의 차이에서 비롯된다고 생각한다. 아직 SF적인 소재나 관점을 지닌 광고물들은 우리나라에서 그리 흔치 않다. 그러나 우리 사회가 어차피 과학문명에 등돌릴 수 없고 SF가 이와 관련한 비전을 긍정적으로든 부정적으로든 흥미롭게 극화해주고 있는 현실을 감안한다면 이것은 광고의 차별화와 공감대 형성을 위한 귀중한 자산이라고 생각된다. 지금부터 여러분은 이러한 주장이 헛된 것이 결코 아님을 이 책에 소개된 다양한 광고물들을 통해 확인하게 될 것이다.

이 책은 '티끌 모아 태산'이란 속담처럼 애초에 작고 소박한 아이디어에서 출발했다. 2000년 어느 날 필자는 평소 광고회사 PD로 일하면서 수집하게 된 적지 않은 해외 광고물 자료 가운데에서 SF적인 시각에서 접근한 것들이 상당수 포함되어 있음을 불현듯 깨닫고 이것들을 활용해서 SF와 광고의 다리를 놓는 글을 써보면 어떨까 하는 생각이 들었다. 광고가 대중문화의 첨병이라면 대중적인 인기를 끌어 모으고 있는 SF의 형식과 주제 또한 자유자재로 빌려 쓰는 순발력을 지녀야 할 것 아니겠는가!

　이러한 제안에 당시 제일기획 사보 담당자는 재미있는 착상이라 여겨 흔쾌히 3회에 걸쳐 연재할 수 있는 기회를 마련해주었다. 그런데 3개월 동안 연재를 마치고 나서 이러한 아이디어가 머릿속에서 희미해져 갈 무렵, 남성용 대중잡지 〈에스콰이어〉의 한 기자분에게서 연락이 왔다. 사보에 실렸던 것과 동일한 기획 컨셉으로 아예 1년짜리 연재를 해보면 어떻겠느냐는 취지였다. 솔직히 처음에는 1년씩이나 쓸 만큼 이야깃거리를 마련할 수 있을까 하는 걱정이 앞섰지만 워낙 SF를 좋아하는 개인적인 천성 탓에 얼떨결에 수락해버리고 말았다. 이어서 매달 원고를 준비해야 하는 고통이 뒤따랐다. 전문 글쟁이가 아닌 처지에 소재거리 구하랴 아이디어 짜내랴 쉽지 않은 시간이었다. 그러나 국방부 시계처럼 월간지 연재 또한 어느새 종료되고 필자 앞에는 그간 연재한 원고가 수북이 쌓였다. 그제야 필자는 이왕 이렇게 된 거 기존 글에는 좀더 맛깔스럽게 살을 붙이고 추가로 새로운 소재들을 발굴해서 책으로 엮으면 어떨까 하는 욕심을 부리게 되었다. 하여 필자의 작은 아이디어에 지나지 않았던 이 기획이 여러분 앞에 두툼한 책 한 권으로 감히 나서게 되었다.

　따라서 이 책이 나오기까지에는 몇몇 분의 소중한 도움이 있었음을 밝히지 않을 수 없다. 제일기획의 이주미 대리님, 에스콰이어의 유정석 기자님 그리고 들녘 출판사 가족들께 깊은 감사를 드린다. 또한 회사 일로 늦으면서도 집에까지 와서 남은 시간을 원고 쓴다고 티내는 남편을 이해하고 격려해준 아내와 아들 현석이에게도 고마움을 전하고 싶다.

고장원

인간과 사회를 이야기하는
또 하나의 방식 SF,
대중문화의 첨병인 광고에게 접수되다

SF : 무한한 상상력으로 미리 훔쳐본 미래

'고래효과'라는 말이 있다. 한때 지중해를 내해(內海)라 부르며, 오리엔트에서부터 유럽과 북아프리카에 이르는 방대한 제국을 오갔던 고대 로마의 뱃사람들은 지브롤터 해협을 거쳐 대서양으로 나오다가 이따금 고래를 발견하곤 했다. 아직 사람의 손길이 닿지 않던 시절이라 그 수가 많았을 뿐만 아니라 큰 것은 길이가 50여 미터에 이르렀다고 한다. 지중해에서는 고래를 찾아보기가 어려웠기 때문에, 난생처음 보는 거대한 동물이 콧구멍으로 물을 뿜어대면 선원들은 질겁하지 않을 수 없었다. 항구에 돌아온 그들은 목격한 광경을 그대로, 혹은 훨씬 과장해서 전했다. 이렇게 해서 탄생한 바다 괴물의 신화에 대해 당시의 지식인과 사상가들은 코웃음을 쳤다. 그렇게 큰 물고기라면 물속으로 가라앉을 수밖에 없다는 설명을 점잖게 덧붙이며 말이다.

고래효과, 미지의 것에 대한 공포와 과장. 고래효과는 비단 고래에게만 국한된 것이 아니다. 고대의 뱃사람들은 수면 위를 스치는 대왕오징어나 문어를 보고 크라켄(Kraken)이라는, 심해의 거대 해양생물을 창조해냈다. 초창기 과학소설에 등장하는 미지의 경이로운 존재들 중에도 거대 해양생물이 들어 있었다.

최초의 SF 연극 「로숨의 유니버
설 로봇 Rossum's Universal
Robots : R. U. R.」(1920).

「R. U. R.」의 작가 카렐 차페크
(Karel Capek, 1890~1938).

SF도 마찬가지 맥락에서 볼 수 있지 않을까. 산업혁명 이후 과학기술이 하루가 다르게 발전하면서 사람들이(과학자들도 포함해서) 전에는 도저히 불가능하다고 믿었던 것들이 하나둘씩 버젓이 실현되는 세상에 우리는 살고 있다. SF는 원래 '과학소설'(science fiction)의 약어로서, 현재는 소설의 영역뿐만 아니라 영화, 드라마, 연극, 만화, 애니메이션, 컴퓨터게임, 음악 그리고 심지어는 이 책의 관심사와 같은 광고에서도 즐겨 쓰이는 대중문화의 주요 아이콘이 되었다.

이처럼 다양한 문화산업 영역에서 성장해온 SF는 인류문명 발달의 맨 앞줄에 서서 미래를 짚어보는가 하면, 현대사회에서 과학기술이 유발한 부조리와 모순을 미래라는 가상현실에 대입해 곱씹어보는 사고실험실(思考實驗室) 노릇을 약 2백 년 남짓 해왔다. 그렇다면 SF가 도대체 뭐길래? 시대 상황과 작가 개인의 입장에 따라 조금씩 견해 차이가 있긴 하지만 영국의 과학소설가 겸 평론가 브라이언 올디스(Brian Aldiss)가 정리한 개념은 시대와 사회를 막론하고 비교적 보편타당해 보인다.

우주에서 인간에 대한 정의와 그 위상을 알고자, 혼란스럽지만 진보하고 있는 지식의 테두리 안에서 노력하는 것.

브라이언 올디스.

끊임없이 진보하는 지식은 변화의 연속선상에서 도출된 것이기에 늘 불완전하다. 그럼에도 불구하고 우리가 제한적인 지식이나마 얻으려 애쓰는 까닭은 무엇일까? 인류가 불의 사용법을 깨우치지 않았던들 빙

하기를 맞아 동물 털가죽만 뒤집어쓴 채 버텨
낼 수 있었을까? 우리는 현재의 지식을 밑거
름 삼아 미래를 설계하고자 한다. SF가 그려
내는 세계가 대개 미래를 무대로 삼는 것도
그런 관점에서 이해할 수 있다. 여기서 그 미
래의 시점이 지금보다 얼마나 미래이냐 하는
기준은 어디까지나 작가의 재량이다. 오히려
그보다 중요한 것은 시대를 막론하고 인간적
인 관심사를 꿰뚫어야 한다는 점이다. 사람들
은 미래를 상상하거나 예측하기를 좋아한다.
물론 미래에 대한 구체적인 관심은 개개인의
취향에 따라 다양할 것이다. 내일 주식시장의
변동이나 다음달 부동산 시세의 등락에 관심
을 갖는 이가 있는가 하면, 과학기술이 사회

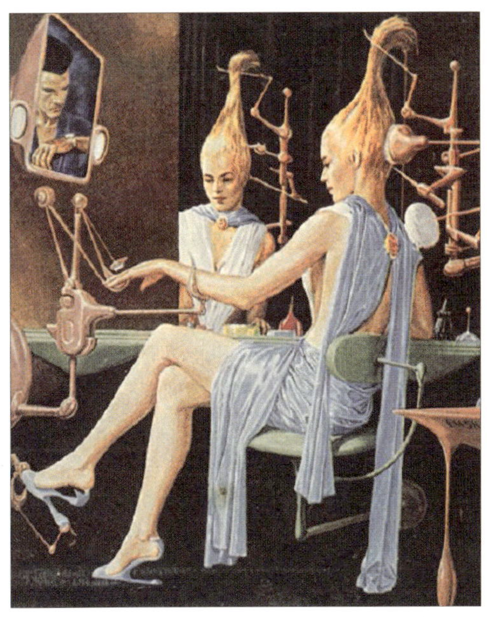

과학문명은 헤어스타일에 어떤 영향을 미칠까? 1만여 가지 헤어스타일
을 전자두뇌에 입력한 로봇 헤어드레서의 등장은 여성들의 미용에 대한
관심에 큰 변화를 가져올 것이다.

전반에 미칠 변화나 소행성의 지구 충돌과 같은 훨씬 더 광범위하고 거
시적인 주제에 눈길을 돌리는 사람도 있을 것이다.

하지만 현대과학으로는 미래를 정확히 짚어내는 데 한계가 있다. 그
렇다고 해서 미래를 들여다보고 싶은 인간의 욕망이 쉽게 수그러들 리
만무하다. 인간은 에덴동산의 이브 창조신화가 시사하듯 그리 고분고
분한 존재가 아니다. 양자역학 같은 첨단 자연과학으로도 가늠하기 어
렵고 경제학과 사회학 같은 사회과학으로도
답을 내기 어려운 미래 전망의 부족한 부분은
결국에 가서 인간의 무한한 상상력에서 그 돌
파구를 찾게 된다.

이쯤 되면 얼마나 정확히 맞히느냐, 그렇지
못하느냐는 별로 중요한 문제가 아니다. 여기

**로봇의 사회학―로봇을 이용한
범죄가 몰고 올 사회적 파장.** 로
봇은 원래 인간의 노동을 대치하
기 위해 탄생했다. 그러나 로봇이
범죄에 악용될 경우 그것은 누구
의 책임인가? 단순히 로봇 주인
의 죄인가, 아니면 도덕률에 얽매
이지 않는 인간에게 과분한 하인
을 안겨준 과학기술의 책임인가?

서는 미래에 대한 관점과 해석에서 객관성을 얼마나 유지하고 있느냐 하는 문제보다는 바라보는 이의 바람과 속내가 의식적으로, 또는 무의식적으로 얼마나 어떻게 배어 있느냐가 관심거리로 떠오른다. 특히 SF는 과학이나 학문이 아니라 미래와 현재의 관계를 자유분방한 크리에이터들이 단지 사고실험을 해본 것에 불과하므로 반드시 예언적일 필요가 없다. 그보다는 종이와 잉크만 있으면 되는 저렴한(!) 실험을 통해 우리의 현재를 어떤 방향으로 이끌어가야 할지에 대한 시사점을 얻게 해주며, 나아가서는 해당 사회의 트렌드와 변화를 읽을 수 있는 거울 노릇까지 덤으로 해준다. 바로 이러한 이유 때문에 똑같이 원자력의 앞날을 다루더라도 어떤 사람은 원자력발전소가 사회에 줄 혜택을 동네방네 선전하지만 또 다른 사람은 원자폭탄의 가공할 위력에 몸서리치는 것이다.

실제로 과학소설의 효시라 불리는 메리 셸리(Mary Shelley)의 장편소설 『프랑켄슈타인 : 또는 현대의 프로메테우스*Frankenstein : or The Modern Prometheus*』(1818) 이래 SF는 서구사회를 비추는 설득력 있는 자화상 가운데 하나가 되었다. 21세기 밀레니엄으로 들어선 시점에서 이제 SF는 인간의 무한한 상상력의 극단을 보여주는 대표적인 컨텐트로서 대중문화 속에 확고히 자리잡았으며, 앞서 언급했듯이 그 활동 영역이 단지 소설에만 그치지 않고 동일한 컨셉을 공유하는 문화산업의 다양한 파생상품들로까지 확장되고 있다.

이처럼 SF 컨텐트가 대중문화와 매스 커뮤니케이션 속에서 다양한 형태로 자리잡게 되자, 광고 크리에이터들은 자신들이 시대의 트

최초의 현대적 과학소설 『프랑켄슈타인』.

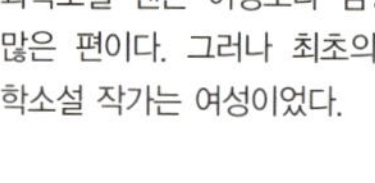

『프랑켄슈타인』의 작가 메리 셸리. 과학소설 팬은 여성보다 남성이 많은 편이다. 그러나 최초의 과학소설 작가는 여성이었다.

렌드를 가장 앞서 반영하는 안테나라는 자부심에 걸맞게 SF 컨텐트를 광고 표현 형식의 하나로 구렁이 담 넘어가듯 접수해버렸다! TV광고든 신문, 또는 잡지광고든 간에, SF적인 소재나 아이디어가 광고에 언제부터 쓰이게 되었는지를 알기란 쉽지 않다. SF의 역사가 근 2백 년이라지만 대중광고의 짬밥 또한 그보다 길면 길었지 짧지 않은지라 양자가 사회 속에서 공존하는 세월 동안 무수히 상호작용했으리라 짐작할 따름이다.

광고의 기본 사명은 무엇인가? 해당 사회의 시대적 트렌드를 앞서가면서 광고주의 브랜드 이미지를 늘 신선하게 관리함으로써 소비자의 마음을 언제까지고 사로잡는 것이다. 이것을 위해서 광고주와 광고회사는 법에 저촉되는 짓만 빼고는 무슨 아이디어든지 다 짜내고자 애를 쓴다. 필자는 광고회사에서 십여 년 넘게 크리에이터 생활을 해오면서 아이디어 발상에 참고하기 위해 국내외 TV광고물과 인쇄광고물들을 부정기적으로 여기저기서 수집해왔다. 그 와중에 필자는 해외의 광고물들 가운데 SF적인 소재와 아이디어들이 자연스럽게 녹아 있는 광고들이 의외로 적지 않다는 것을 알게 되었다. 홍수가 나면 자연히 강물이 범람하듯이, SF 컨텐트가 영화를 비롯한 다양한 미디어들을 빈번하게 넘나들게 되면서 어느새 광고 영역에도 오래 전부터 똬리를 틀고 있었던 모양이다. 원래부터 필자 개인적으로 SF 장르에 남다른 기호가 있었던 터라 아예 작정을 하고 관련 광고물들을 모은 지 5년여……. 어느새 상당한 분량의 자료가 쌓이게 되었다. 광고 크리에이터인 동시에 SF에 각별한 애정을 지닌 경력 덕분에 필자는 결국 온라인과 오프라인 여기저기에 SF 소재를 절묘하게 배합한 광고들을 소개하는 글을 쓰기 시작했고 그 결과를 이 책으로 다듬어 여러분 앞에 내놓는다.

이 책에서 여러분은 때로는 진지하게, 때로는 익살맞게 SF의 컨셉을 빌려온 광고들을 하나하나 만나면서 소비자의 눈길을 끌기 위해 독창

적인 메시지를 전달하고자 고심하는 광고 크리에이터들의 노력에 감탄
하게 될 것이다. 이 책은 단순히 SF라는 특화된 대중문화의 하위 장르
를 눈요기로 삼은 광고들을 보여주는 데 그치지 않는다. 특정 하위문화
가 광고의 소재로 쓰이자면 일단 그 해당 문화가 사회 속에 뿌리내리거
나 광범위한 영향을 주어야 한다. 더구나 길어야 30초, 짧으면 15초 안
팎에서 많은 사람들이 단번에 공감하는 TV광고를 만들자면 따로 그러
한 소재가 쓰인 맥락을 설명할 여유가 없다. 그러므로 SF 컨텐트가 광
고에 차용되는 것은 그것이 철저하게 시대의 산물로서 만인이 공감할
수 있기 때문이다. 예를 들어 본문에서 소개할 LG '아하 프리'의 TV광
고가 복제인간이란 소재를 끌어들인 것은 그 자체의 도발성 못지않게
그러한 소재가 무리 없이 이해되는 시대, 즉 유전공학이 화두가 된 시
대의 자연스런 반영임을 감안할 필요가 있다. 삼성전자의 오디오 '아
지트' TV광고에서 핵전쟁으로 폐허가 된 디스토피아가 무대로 등장하
는 이유도 마찬가지다. 즉, 「아키라」와 「총몽」
처럼 세기말을 배경으로 한 SF애니메이션과
출판만화에 열광하는 젊은 세대의 감성을 이
해하지 않고 시장 상황과 마케팅 논리에만 의
지해서는 이와 같은 크리에이티브를 만들어
낼 수 없다. 하지만 우리나라에서 SF 컨텐트
는 구미권과는 달리 대중문화 속의 친근한 화
제로 떠오른 지가 그리 오래되지 않았다. 필
자가 중학교 3학년이었던 1979년만 해도 구
미권에서 유례가 없는 흥행 돌풍을 일으킨
「스타워즈」조차 우리나라 극장가에서는 한
달을 채 버티지 못하고 간판을 내리는 푸대접
을 받았던 것으로 기억한다. 그나마 70년대

사이버펑크 재패니메이션의 고전 「아키라Akira」(1988). 오토모 가츠히
로의 원작만화를 애니메이션으로 만든 이 작품은 80년대 사이버펑크
트렌드를 반영한 대표작으로 꼽힌다. 칸 국제영화제에서 찬사를 받은
이 작품은 오늘날 일본뿐만 아니라 전 세계 젊은이들이 손꼽는 베스트
애니메이션의 하나로 남아 있다.

중반부터 어린이용으로 해외의 과학소설들이 가뭄에 콩 나듯 번안되기 시작했고 현재는 간간이 어른을 대상으로 한 과학소설까지 출간되고 있긴 하지만 밀레니엄을 넘어선 21세기에 와서도 SF 컨텐트에 대한 우리나라 대중의 인식은 그리 깊다 할 수 없다. 기껏해야 외계의 괴물이나 우주전함, 광선검이나 광선총 따위를 연상하는 정도가 고작이며 SF와 SFX의 차이점도 구분하지 못하는 사람들이 부지기수다. 서구(특히 미국)에서는 SF가 인간사회를 반영하는 대중적인 담론의 하나로 이미 자리잡은 데 비해, 우리 사회에서는 여전히 어처구니없는 꿈 이야기나 진배없는 취급을 받기 일쑤이다. 기껏해야 SF 하면 으레 신기한 볼거리나 읽을거리를 제공하는 정도로 충분하다는 얄팍한 인식이 한국의 대중문화에서 SF의 설자리를 어렵게 만들고 있다. 이로 인해 우리나라에는 아직까지 과학소설이나 SF 컨텐트만 만들어 먹고사는 전업작가가 없는 실정이다.

그러나 정작 SF를 이해하는 데 가장 중요한 관건은 SF는 어디까지나 수단과 형식에 불과한 것이지 그 이상도 이하도 아니라는 진리를 잊어서는 안 된다는 사실이다. SF에 대한 편견을 많이 가진 사람일수록 이 점을 혼동한다. SF는 「스타워즈」처럼 서부극을 현대식 정서에 맞게 각색했을 뿐인 삼류 스페이스 오페라로 전락할 수 있는가 하면, 안드레이 타르코프스키 감독의 「솔라리스Solaris」처럼 인간의 자아 탐구와 올바른 세계관 형성에 기여할 수도 있다. 중요한 것은 SF라는 속성 자체가 아니라 그것에 숨결을 불어넣어주는 크리에이터들의 독창적인 상상력이다.[1] SF소설 작가 시어도어 스터전(Theodore Sturgeon)은 SF의 90퍼센트가 쓰레기라고 인정하는 동시에 사실상 이러한 잣대는 다른 문화와 예술 전반에도 똑같이 적용되지 않느냐고 반문한 바 있다. 뛰어난 과학소설이라면 과학지식의 나열이 아니라 살아 숨쉬는 인간과 사회의 관심사를 꿰뚫어보아야 한다. 뛰어난 SF영화라면 스펙터클 액션의 포장에

이영수의 창작 SF소설 「태평양 횡단특급」(2002). 국내에 프로페셔널한 과학소설 작가로서 지속적인 창작활동을 펴는 작가는 복거일과 이영수(듀나)뿐이라 해도 과언이 아니다. 그나마 이들마저도 과학소설 창작만을 본업으로 삼고 있지 않기에 정작 '과학소설 작가'라는 명칭을 붙이기에 무리한 감이 없지 않다.

[1] 그런 의미에서 타르코프스키의 「솔라리스」를 스티븐 소더버그가 리메이크한 영화와 비교해보면 좋은 대비가 된다. 소더버그의 영화는 타르코프스키의 작품에 비하면, 참을 수 없이 가볍고 설명적이며 할리우드적인 액션과 특수시각효과에 열을 올린다.

▲러시아의 안드레이 타르코프스키 감독이 만든 「솔라리스」(1971).
◀미국의 스티븐 소더버그 감독이 리메이크한 「솔라리스」(2002). 두 작품 다 폴란드의 SF소설가 스타니스와프 렘의 동명 소설을 원작으로 하고 있다.

◀시어도어 스터전.

만 골몰할 것이 아니라 공감할 수 있는 드라마를 짜내야 한다. 그렇다면 광고는 어떠한가? 뛰어난 SF광고라면 SF적인 소재를 특수효과 영상으로 번지르르하게 광내는 데 그치지 않고 제품 컨셉 및 브랜드 가치와 절묘하게 결합되어야 한다. 그래서 소비자로 하여금 SF 아이템이 아니라 그로부터 연상되는 제품과 브랜드에 대한 이미지를 기억하게끔 해야 한다.

그렇기 때문에 이 책에서 소개하는, SF를 소재로 한 광고들은 SF적 장치를 통해 일단 소비자의 눈길을 잡아끈다는 점에서는 공통적이지만, 광고주가 전달하고픈 메시지와 어떻게 연결짓느냐 하는 문제는 저마다 독창적인 해석을 보여준다. 다만 필자 개인적으로는 이 광고들이 대부분 해외의 광고물들이기 때문에 아쉬움이 남는다. 솔직히 우리나라 현실을 돌아보면 이미 언급한 바 있듯이, 불과 5~6년 전만 해도 광고에 SF적인 소재를 끌어들인다고 해보았자 어쩌다 어린이용 제과 광고에 조악한 외계인이나 장난감 우주선이 등장하는 수준이 고작이었다. 다행히 밀레니엄을 전후해서 광고 크리에이티브 영역에서 SF에 대한 이처럼 열악한 인식은 많이 개선되고 있다. 비록 많은 수는 아니지만 소위 '우뢰매' 수준이 아니라 진지하고 공감이 갈 만한 SF 플롯을 담은 광고들이 하나둘씩 우리 안방의 TV에도 등장하기 시작했으니 카이, 천리안, 아지트, 드림라인, 아하 프리 같은 광고들이 바로 그러한 예들이다. 이러한 변화가 가능했던 데에는 다양한 컨텐트

미디어에서 SF적인 비전을 적극 수용하려는 최근의 경향뿐만 아니라 그동안 우리나라의 영상기술업계가 쌓아온 영상 테크놀로지 노하우가 뒷받침된 현실도 거론하지 않을 수 없다. 특히 시기적으로는 사이버스페이스를 전면에 내세운 정보화 사회가 보여주는 미래상과 그에 대한 소비자 대중의 기대가 맞물린 측면도 없지 않다. 반면에 영미권에서는 사이버스페이스의 도래 이전에 이미 SF 플롯을 빌려온 광고 기법이 오래 전부터 크리에이티브의 한 방법으로 빈번히 쓰여져 왔음을 이 책에서 확인할 수 있을 것이다.

광고가 그 본질상 현대인들의 삶 속으로 깊숙하게 파고 들어와 급박하게 변화하는 시장 환경 속에서 해당 제품의 장점을 강력히 어필하고자 하는 커뮤니케이션 수단이라면, SF라는 얼핏 색달라 보이지만 따지고 보면 인간과 사회를 들여다보는 또 하나의 프리즘을 통해 크리에이티브를 보다 효과적으로, 그리고 차별화하여 전개해나갈 수 있을 것이다. 스터전의 주장이 시사하듯이 광고 크리에이티브에서 SF적 소재나 플롯의 도입 자체는 중요한 것이 아니다. 오히려 진정으로 고려해야 할 포인트는 그것을 어떠한 맥락에서, 어떠한 의도로 쓸 것이냐 하는 점이다. SF 자체가 만능은 아니다. 다른 어떤 소재도 만능이 아니듯이.

현대 산업사회에서 대중문화의 첨병인 광고는 재빠른 눈썰미로 SF 컨텐트의 잠재력을 알아보고 일찌감치 접수해버렸다. 그리고 여러분은 그러한 구체적인 예들을 이 책에서 차례로 만나보게 될 것이다. 이 책은 여러분이 SF 컨텐트의 개별 아이템별로 아기자기한 이야기를 즐기게 해주는 한편, 그러한 바탕 위에서 광고 크리에이터는 어떠한 상상력을 발휘하는가를 대비해볼 수 있게 해줄 것이다. SF 형식을 광고 표현을 차별화하기 위한 도구로 쓸 것이냐 아니냐는 전적으로 크리에이터 개인의 선택이다. 그럼 이제부터 그러한 선택의 다양한 결과물들을 즐겨보시라!

사족 한 가지! 여기서 흔히 혼동하기 쉬운 SF와 SFX란 용어의 의미 차이를 설명해둘 필요가 있다. 이 두 용어가 부주의하게 혼용되는 경우가 적지 않은데, 이러한 현상은 SF 자체에 대한 우리나라 대중의 관심 부족뿐만 아니라 SF적인 플롯에 특수효과를 뒤범벅한 할리우드산 블록버스터 영화들이 범람하고 있는 상황과도 무관하지 않다. SFX는 special effects를 의미하는 약어로 일반적인 촬영이나 편집으로는 표현 불가능한 영역을 실감나게 재현하는 모든 종류의 특수효과를 의미한다. 제작 예산이 영화보다 상대적으로 좋은 편인 TV광고들은 통상 새로 개발된 특수효과를 영화에 앞서 먼저 적용해볼 수 있는 실험적인 마당이 된다. 물론 이것은 미국의 예이고, 우리나라에서는 오히려 특수효과가 뛰어난 할리우드영화가 우리나라에 선보이면 그것을 응용한 광고가 뒤를 잇는 형편이다. 오늘날 만들어지는 TV광고치고 특수효과의 덕을 보지 않은 것은 눈 씻고 찾아보기 힘들 정도다. 두 사람이 나와 대화를 나누는 장면을 자연스럽게 잡은 광고조차 마지막 컷에서 제품이나 기업 로고, 또는 중요 슬로건을 돋보이게 하기 위해 컴퓨터그래픽을 이용한다. 그래서 특수효과는 TV광고에서 이제는 빼려야 뺄 수 없는 긴요한 요소가 되어버렸다.

광고를 통해 본 미래, 행복할까? 불행할까?

SF 컨텐트는 기본적으로 미래사회를 배경으로 하고 있다. 사실 산업혁명과 과학기술혁명 이후 인류는 과학의 힘이 지닌 야누스적인 측면에 대해 기대와 공포라는 이율배반적인 감정을 품지 않을 수 없었으며, 동시에 그러한 감정은 SF 컨텐트를 풍요롭게 하는 데 지대한 기여를 했다. 과학기술의 눈부신 발전은 우리에게 새로운 물질, 새로운 기계, 새로운 수송수단, 새로운 생활방식 그리고 새로운 가치관을 안겨주었다. 세계 경제가 공황으로 치닫고 곧 전쟁이 터질 것만 같았던 1930년대까지만 해도 미래사회에 대한 유토피아주의자들의 꿈은 낭만적이리만큼 맑고 순수했다. 이러한 비전에 따르면, 앞으로의 세상은 일종의 정원이나 다름없게 단장되며, 영화 「마이너리티 리포트Minority Report」에서 보듯 휘황찬란하고 예술적인 솜씨로 세공된 도로들이 사방팔방으로 펼쳐지리라 보았다. 과학기술은 사회 안의 혼란과 부조리를 효과적이고 효율적으로 종식해줄 터였다. 그야말로 만인을 위한, 만인의 풍요를 내다보는 미래상이었다. 1939년 뉴욕에서 열린 만국박람회는 그러한 기대감이 투영된 대표적인 행사였다.

그리고 얼마 있지 않아 다시 한 번 지구촌 규모의 전쟁이 일어났다.

택시 비행정을 타고 떠나는 숙녀. 19세기 말에서 20세기 초엽까지 서구의 지식인들은 과학문명에 기반한 인류의 미래를 낙관했다.

인부 대신 자동기계가 건설하는 미래.

---

1) 미항공우주국(NASA)은 1970년대와 80년대에 걸쳐 각기 파이어니어 10호, 11호와 보이저 1, 2호를 태양계 밖으로 보냈다. 1972년 발사된 파이어니어 10호는 1983년 명왕성 궤도를 통과한 이래 현재 시속 4만 4,054km로 날아가고 있으며 지구에서 72억 9천만km 떨어져 있다.

2) 1957년 구소련은 세계 최초의 무인 인공위성 스푸트니크 호를 성공적으로 발사했다.

수많은 사상자들이 발생했고, 살아남은 사람들은 과학기술과 미래의 관계에 대한 입장을 다시 정리할 기회를 갖게 되었다. 원자력 에너지의 개발을 둘러싼 논란 또한 같은 맥락에서 다뤄졌으며, SF계 역시 열렬한 환영에서부터 절망에 이르는 다양한 반응을 내비쳤다.

정작 문제는 과학이 아니었다. 문제는 우리 자신이었다. 인류는 태양계 밖으로 자신들의 흔적을 쏘아댈 만큼 지적으로 성장한 반면,[1] 과학을 통해 키워온 힘을 절도 있게 제어하는 데 곤란을 겪는 나머지 툭하면 스스로에게 자해를 가하는 심약한 종(種)이다. 세계 최초로 인공위성을 우주로 띄운 과학문명사회가 역설적이게도 가장 인권이 유린되는 전체주의 사회를 향해 치닫고 있었다는 사실은 무엇을 뜻하는가?[2]

인류의 미래는 어떻게 될까? 장밋빛일까? 핏빛일까? SF작가들은 이러한 화두를 회피하지 않고 정면으로 풀어나가고자 한다. 그들이 내놓는 결과는 늘 희망적이지도, 그렇다고 늘 비극적이지도 않다. 한 가지 분명한 것은 그들이 진실을 어떤 식으로 극화하든지 간에 인류가 일단 습득한 지식은 이제 되돌릴 수 없다는 사실이다. 핵폭탄 제조기술을 우리 머릿속에서 지워버릴 수는 없다. 우리는 스스로 체득한 지식의 노예가 되지 않고 주인이 되도록 노력해야 한다. 만인의 행복을 추구하는 유토피아 사회는 토머스 엘바 에디슨(Thomas Alva Edison) 같은 천재 기술자들만으로는 유지되지 않는다. 사회 구성원 모두가 자율적인 도덕윤리를 가지고 있어

SF는 미래의 전쟁은 갈수록 그 규모가 커지고 더 많은 인명 살상을 가
저올 것으로 전망했다.

원폭의 무서움을 서민의 시선에
서 잔잔하게 그려낸 레이먼드 브
릭스(Raymond Briggs)의 만화
『바람이 불 때에』. 이 작품은 애
니메이션으로도 제작되었다.

야 한다. 그러나 유토피아를 존속시키기 위한 이 같은 규칙을 서로가
지키지 않는다면 그 사회는 부지불식간에 디스토피아로 바뀌어버리고
만다. SF는 이러한 관점에서 미래를 다룬다. 따라서 SF는 단순히 미래
예측을 담기보다는 현실의 모순과 부조리, 또는 희망을 '미래'라는 아
직 다가오지 않은 가상 시간대에 대입하여 가치판단 해보려는 일종의
모의 테스트다. 미래가 불행하든 행복하든, SF에서 그것은 우리가 딛
고 있는 현실과 맞닿아 있을 수밖에 없다. 그렇다면 광고 크리에이터들
은 미래에 대한 SF적 비전을 어떻게 그리고 있을까?

1984년 같지 않은 1984년, 애플 컴퓨터의 '매킨토시, 1984년' 광고

오늘 우리는 정보의 정화(淨化) 지시를 내린 지 첫 일주년이 되는 영광스러운 날을 축하하는 바이다. 우리는 역사상 최초로 순수한 이데올로기의 정원을 창조하였노라. 이로써 모든 노동자들은 모순되고 혼란스런 진실들의 병폐에서 완전히 벗어나게 되었다. 하나로 통일된 우리의 사고는 지구상의 어떤 함대나 군대보다도 훨씬 더 강력한 무기일지니. 단일 의지로, 단일한 해결책, 단일한 원인 규명. 이제 우리의 적들은 죽은 셈이나 마찬가지. 그리고 우리는 그들의 혼란을 이용해 그들을 묻어버리리라. 우리는 온 세상에 퍼져 지배하리라!

For today, we celebrate the first glorious anniversary of the Information Purification Directives. We have created, for the first time in all history, a garden of pure ideology. Where each worker may bloom secure from the pests of contradictory and confusing truths. Our Unification of Thought is more powerful a weapon than any fleet or army on earth. We are one people. With one will. One resolve. One cause. Our enemies shall talk themselves to death. And we will bury them with their own confusion. We shall prevail!

―1984년 광고에 나오는 빅 브라더(Big Brother)의 연설 카피

1984년 미국 프로미식축구 챔피언 결정전인 슈퍼볼(Super Bowl) 게임을 앞두고 괴상하다 못해서 보는 이를 어리둥절하게 만드는 TV광고 하나가 수백만 시청자들 앞에 선보였다.(미국 청소년들의 꿈은 남자는 미식축구 쿼터백이요, 여자는 치어리더라 할 정도로 미식축구는 미국인들에게 가장 인기 있는 스포츠인지라 이 경기실황 앞뒤에 붙은 광고시간대는 1년 중 가장 비싼 황금시간대라 하겠다.)

025

회색빛 빌딩 벽면들을 연결하는 투명한 공중 터널들, 그 안으로 좀비처럼 영혼을 잃어버린 듯한 사람들이 잿빛 제복을 입고 무표정하게 열을 지어 걸어간다. 그들이 강당에 도착하자 빅 브라더의 얼굴로 한쪽 벽을 꽉 채운 스크린이 그들을 맞이한다. 바로 그때 갑자기 한 젊은 여성이 홀로 뛰어든다. 진압 경비병들의 추격을 따돌리면서 그녀는 스크린 코앞까지 달려가 고함을 지르며 해머를 집어던진다. 위압적인 빅 브라더의 영상을 담은 스크린은 산산조각 난다. 스크린이 폭발하면서 휘황찬란한 빛이 넋이 나간 청중을 휘감고 이때 다음과 같은 보이스 오버(voice-over) 멘트가 나온다.

1월 24일 애플 컴퓨터가 매킨토시를 소개하겠습니다. 그럼 당신은 어떻게 해서 현실의 1984년이 조지 오웰의 소설 『1984년』처럼 되지 않을지 알게 될 겁니다.

On January 24th, Apple Computer will introduce the Macintosh. And you'll see why 1984 won't be like *1984*.

애플 컴퓨터의 신제품 '매킨토시'를 위해 광고회사 '치아트/데이(Chiat/Day)'가 기획하고 당시 「블레이드 러너Blade Runner」(1982)로 신선한 바람을 일으켰던 리들리 스콧(Ridley Scott)이 연출한 이 TV광고는 슈퍼볼 게임 방영 때 단 한 차례 전파를 탄 뒤로 다시는 방영되지 않았다.

하지만 그럼에도 이보다 더 많은 영향력을 발휘한 광고는 역사상 찾아보기 드물 것이다. 슈퍼볼 시청자들은 이 놀라운 광고에 압도되어버렸다. 이 광고는 수백만 달러의 가치가 있는 홍보효과를 공짜로 거두었다. 뉴스 프로그램들이 이 광고를 바로 그날 밤 무료로 재방송해주었던 것이다.(광고 크리에이터라면 그야말로 일생에 한 번 꿈꿔볼 만한 감동적인 순간이 아닌가.) 이 광고는 삽시간에 걸작으로 칭송받았다. 뜻하지 않게 '치아트/데이'사는 눈길을 잡아끄는 현란한 광고로 여분의 공짜 홍보 효과까지 얻는 이벤트 프로모션(event promotion)을 벌인 셈이 되었다.(이 광고는 이후 대형 광고주들이 슈퍼볼 게임 광고시간을 잡으려는 붐이 이는 계기가 되었다.) 나아가서 애플측으로서는, 이 광고가 고객들로 하여금 매장까지 찾아가게 만드는 위력을 발휘했다는 사실이 중요하다. 이 광고가 단 1회 방영된 후 처음 1백 일 동안 애플사의 매출은 그들이 이미 책정해놓은 최고 목표치를 넘어버렸다. 매킨토시가 시장에서 완전히 자리잡기까지는 그 뒤로도 몇 년이 더 걸렸지만 이 '1984년' 광고는 맥의 향후 운명을 결정할 이미지를 창조했던 것이다. 미국의 광고업계 전문지 〈애드버타이징 에이지*Advertising Age*〉가 '1980년대 광고의 백미'라고 격찬한 이 TV광고의 영향은 지금도 AT&T, MCI, 그리고 인텔 같은 테크놀로지와 텔레커뮤니케이션 관련 다국적 기업들의 미래주의적 광고들에서 왕왕 볼 수 있다.(1990년대 말 이정재가 모델로 나와 일종의 디스토피아를 선보였던 019 휴대폰의 '카이' 광고 시리즈는 기본적으로 애플 '1984년'편의 컨셉과 비주얼에 상당 부분 신세지고 있다 해도 과언이 아니다.)

테드 프리드먼(Ted Friedman)은 논문 「애플의 '1984' : 개인용 컴퓨터의 문화사에서 매킨토시의 등장*Apple's 1984 : The Introduction of the Macintosh in the Cultural History of Personal Computers*」(1997)에서 '1984년' 광고야말로 미국 대중에게 개인용 컴퓨터(PC)가 사회문화 속에서 차지

하는 참의미를 깨닫게 해준 중요한 순간이었다고 주장했다. PC는 이미 70년대에 도입되었지만 어디까지나 특별한 업무용으로만 한정되어 있었다. 1980년대에 들어서야 PC는 비로소 제몫을 할 만한 상품이 되었고, '1984년' 광고로 애플은 매킨토시를 순응을 거부하고 개성을 주장하는 투쟁 수단으로 제시했다.

그렇다면 도대체 무엇에 대한 거부이고 무엇에 대한 투쟁인가? 그리고 이 광고를 본 소비자는 왜 공감할 수밖에 없었는가?

1980년대 초반까지만 해도 애플은 고만고만한 PC업체들 가운데 수위를 달리는 기업으로서 앞길이 탄탄해 보였다. 하지만 갑자기 그러한 비전이 뿌리째 흔들리기 시작했으니, 전 세계 컴퓨터 시장의 지배자라 해도 과언이 아닌 IBM이 PC시장에 진출하기로 한 것이다. 아무리 기존 PC업체들 가운데서 선도기업이라 해도 IBM이란 거대 항공모함과 소비자 유치 경쟁을 벌인다는 것은 백척간두에 서 있는 꼴이나 다름없었다. 그 당시 애플사는 수년에 걸쳐서 광고를 해오고 있었지만 '치아트/데이'의 크리에이티브 디렉터 스티브 헤이든(Steve Hayden)에 따르면, '1984년' 이전의 애플 광고들은 창업자 스티브 잡스(Steve Jobs)의 비전(제품 개발 철학), 즉 사람들 개개인을 해방시켜줄 개인용 컴퓨터의 위력에 대한 비전을 전달하는 데 사실상 전혀 성공하지 못했다. 증언광고나 여피가 등장하는 라이프스타일 광고쯤으로는 잡스의 이상을 전파하는 데 역부족이었던 것이다. 그래서 최신형 PC인 매킨토시의 런칭 광고는 소비자가 지금까지 컴퓨터에 관해 갖고 있는 잣대를 뒤바꾸어 놓을 만한 파격이 필요했다. 스티브 잡스가 보기에 애플의 제품들은 대기업과 싸워 컴퓨터의 지배권력을 대기업이 아니라 일반 대중에게 나눠줄 잔 다르크였다. 이러한 의도를 효과적으로 표현하자면 삶의 한 단면을 그리기보다는 파격적인 비유가 필요했다. 그래서 선택된 최적의 비유는 제품 속성에 맞게 SF 형식을 띠게 되었던 것이다.

이렇게 해서, 매킨토시를 IBM이 지배하는 기존 컴퓨터 시장에 맞서 개개인에게까지도 컴퓨터 사용 권한을 제공하려는 안티테제로 부각시킨 '1984년'편이 탄생했다. 당시까지만 해도 컴퓨터 하면 일반적으로 떠오르는 이미지는 연구원들이 빙 둘러싼 거대기업 IBM의 메인 프레임 컴퓨터였다. 하지만 스티브 잡스는 컴퓨터를 다루는 권력을 개개인에게 나눠주겠다고 약속한 바 있다. 그의 말대로 표현하면 그것은 테크놀로지의 민주화였다. 그 무렵 미국의 대중은 컴퓨터를 불안한 눈으로 바라보았는데, 이는 정보 테크놀로지가 표준화와 중앙 집권화 그리고 사회계층과 권력의 위계구조를 심화시키는 요인이라고 보았기 때문이었다. 쉽게 말해서 아무런 정보 처리수단을 갖지 못한 개인은 메인 프레임 컴퓨터를 지닌 정부나 대기업에게 무방비로 귀와 눈이 막힌 채 통제 조종당할까봐 두려웠던 것이다. 미국처럼 분권적인 권력을 선호하는 전통이 강한 연방제 사회에서는 충분히 공감을 얻을 만한 우려였다. 이러한 맥락에서 애플이 개인용 컴퓨터를 개인의 권리 회복과 자유 수호의 수단으로 내세운 것은 시기적절했다.

트레이시 키더(Tracy Kidder)는 1982년 퓰리처 수상작 『새로운 기계의 영혼The Soul of a New Machine』에서 신형 컴퓨터 '독수리'(the Eagle)의 컨셉 구상단계에서부터 대량생산에 이르기까지의 진전과정을 서술한 바 있다. 이 과정을 짚어가면서 그는 새로운 테크놀로지가 어떻게 해서 이미 우리의 삶과 사회 환경을 뒤바꿔놓았는지, 또 우주선과 정크 메일, CT촬영, 무기의 원격제어 같은 것을 가능하게 해주었는지, 그리고 기상학과 플라즈마 물리학, 수학 등을 발전시켜주었는지를 고찰한다. 금융과 산업부문에 관해서 그는 이렇게 쓰고 있다.[3]

컴퓨터들이 대기업과 다국적 기업의 성장을 직접 초래한 것은 아니겠지만 간접적으로 기여한 것만은 분명하다. 그것들은 권력의 중앙 집

3) Thomas M. Disch, *The Dreams Our stuff is made of*, the Free Press, New York, 1998, p.208~226 재인용.

중에 딱 알맞은 수단들을 만들어낸다. 그것들은 손쉽게 다룰 수 있는 욕망의 확산기기(擴散機器)다. 급료 지불과 같은 단조로운 업무를 수행하는 컴퓨터들은 놀랍게도 고위관리자의 위상으로까지 올라섰다. 최고경영자들은 컴퓨터들이 출현하기 전만 해도 해낼 수 없었던 의사결정에 직면하여 어느 정도까지는 컴퓨터의 판단을 따르게 되었다.

1980년대 초반에 내려진 위의 분석이 시사하듯이, 메인 프레임 컴퓨터에 대한 우려는 이 광고에 대한 시청자 대중의 폭발적인 반응으로 이어졌다. 사실 1983년만 해도 어느 누구도 맥이 실제로 오늘날과 같은 긴 수명을 갖게 되리라고는 짐작조차 하지 못했다. 하지만 이 TV광고 이후로 맥은 기성체제에 대한 저항과 대안적인 권력의 구심점으로 부각되었다. 테드 프리드먼은 이 광고가 아니었다면 1980년대 후반의 창의적인 업무 관련 종사자들이 맥을 받아들이지 않았을 테고, 이러한 블록버스터 광고를 통해 시장에 도입되지 않았다면 맥은 자신을 제대로 소개할 기회를 갖기도 전에 침몰하고 말았을 것이라고 평가한다.(7백만 달러가 들어간 이 광고의 제작비는 당시만 해도 그 전례를 찾아볼 수 없었으며 대작 할리우드영화 한 편의 제작비와 맞먹었다.)

그러나 이 광고가 성공한 것은 단순히 블록버스터라 부를 만큼 대자본이 투입되었기 때문만은 아니다. 오히려 그보다 중요한 것은 소비자들이 컴퓨터에 대해 품고 있는 이상과 불안을 극명하게 그려냈다는 데에 있다. 이 광고는 일반 PC 사용자들은 물론이고 소프트웨어 개발자들과 언론인들에게조차 맥에 대한 호의적인 반응을 이끌어냈고 맥 응용 프로그램을 자발적으로 만들도록 하는 자극제 구실을 했다는 후문이다. 이 광고는 후기 산업자본주의 사회에서 테크놀로지의 고삐 풀린 듯한 질주에 불안해하는 대중의 정서를 파고들어 개인주의의 장밋빛 미래를 제시했던 것이다.

이 광고 제작과 관련하여 재미있는 뒷얘기가 있다. 이 광고의 기본 컨셉을 승인한 스티브 잡스와 신임 사장 존 스컬리를 제외한 이사진 전원이 시사회에서 경악을 금치 못한 나머지, 광고 게재 자체를 취소하려 들었다는 것이다. 당황한 애플은 대행사측에 이미 사들인 광고시간을 되팔아달라고 했지만 자신들이 만든 광고에 상당한 자신감을 갖고 있던 '치아트/데이'사는 일부러 꾸물거리다 원래 사들였던 90초 분량 중 30초만 되팔았다. 어영부영 방영시간이 코앞에 닥치자 애플은 60초짜리 매체 예산을 그대로 날리느니 그냥 밀어붙여 '1984년'편을 방영하는 쪽으로 선회했다. 만약 이 광고의 방영이 철회되었더라면 세계 광고사의 위대한 한 페이지가 공백으로 남았을 것이다.

그렇다면 궁금하지 않은가? 왜 잡스와 스컬리를 뺀 나머지 이사진은 이 광고를 보고 나서 너나할것없이 한목소리로 방영 철회를 외칠 정도로 불쾌해했던 것일까?

초기의 컴퓨터 광고주들은 대개 제품을 프로모션할 때 오히려 SF적인 어프로치를 기피했다고 한다. 요즘 우리나라의 기업PR 광고나 테크놀로지 지향적인 광고물들을 생각하면 언뜻 이해하기 어려워 보이지만, 당시 미국인들로서는 컴퓨터와 SF 하면, 으레 영화 「2001 스페이스 오디세이2001 : A Space Odyssey」에 나오는 미친 컴퓨터 할(HAL)을 떠올린다는 게 문제였다. 이 영화에서 우주선의 통제컴퓨터는 논리회로에 이상을 일으켜 승무원들을 살해하려 든다. 컴퓨터 제조업체들은 컴퓨터가 소비자의 우려와는 달리(SF영화에 나오는 미쳐 날뛰는 로봇이나 컴퓨터와는 달리) 단순하고 절대 안전한 장치라고 안심시키고 싶었다. 오죽하면 세계 굴지의 IBM조차 개인용 컴퓨터의 런칭광고시 자사의 컴퓨터 이미지를 찰리 채플린(Charlie Chaplin)의 골동품과 연결 짓고자 했을까. 애플의 초기 인쇄광고는 이보다 한술 더 떴다. 토머스 제퍼슨(Thomas

Jefferson)과 벤저민 프랭클린(Benjamin Franklin)이 모델로 나올 정도였으니까. 그러니 왜 애플사의 이사진이 '1984년' 광고를 보고 그토록 불편해했는지 이해할 수 있을 것이다. 컴퓨터 하면 누구나 연상하는 디스토피아의 악몽을 왜 하필 우리 광고에 담아야 한단 말인가? 아마 이런 심정이었을 것이다.

하지만 역사는 새로운 광고 캠페인이 큰 성공을 거두려면 전통적인 가치와 잣대에 전혀 연연하지 않아야만 한다는 사실을 보여준다. '1984년' 광고는 바로 그 대표적인 실례일 것이다. 이 광고는 정보화 시대의 난맥상을 종교적인 선과 악의 싸움으로 바꿔놓았다. 중앙 집권화되고 권위주의적인 사악한 테크놀로지가 있어서 사람들의 마음을 파고들어와 지배하고자 획책한다. 바로 IBM이다.(조지 오웰의 원작소설에서는 빅 브라더가 국가권력이었으나 애플의 '1984년' 버전에서는 거대 다국적 기업으로 대치되었다.) 그러나 우리는 독립적이고 개인주의적인 선한 테크놀로지 덕분에 사악한 테크놀로지의 음모로부터 자유롭게 된다. 바로 맥이다.

테드 프리드먼은 자신의 논문 결론에서, 오늘날 우리가 개인용 컴퓨터 하면 떠올리는 의미나 용도는 기술 발전의 필연적인 결과라기보다는 오히려 컴퓨터가 해야 할 역할을 둘러싸고 서로 다른 견해를 가진 집단들이 벌인 투쟁의 산물이라고 꼬집었다. 그렇다면 PC의 가치를 기업들이 온갖 커뮤니케이션 수단을 동원해 설득하지 않았다면 오늘날 PC가 대중화되지 않았을까? 단언할 수야 없지만, 소비자들의 잠재수요가 있으면 기업들은 결국에는 그것을 발견해 상품화했을 것이다. 반대로 실질수요가 없는 것은 기업들이 아무리 프로모션해도 성과를 거둘 수가 없다. 광고는 다만 그 과정이 좀더 빠르게 진행되도록 해주는 촉매일 뿐이다.

당신의 기억을 컴퓨터 데이터로 바꾸시겠습니까? – 아디다스의 기업PR 광고

> 과거를 지배하는 사람은 미래를 지배한다. 현재를 지배하는 사람은
> 과거를 지배한다.
>
> —INGSOC의 슬로건(소설 『1984년』 중에서)

조지 오웰의 소설 『1984년』에서 빅 브라더가 구사하는 선전선동책 가운데 섬뜩할 정도로 인상적인 발상은 대중을 대상으로 한 기억의 조작과 말소다. 빅 브라더의 연설을 실은 신문 기사는 마치 실제로 일어났던 일을 예언했던 것처럼 고쳐 써진다. 수정된 신문이 재인쇄되고 나면 처음 것은 파쇄되고 대신 수정판이 철해진다. 이러한 정정과정은 광범위하고 철저하게 파급되어 신문만이 아니라 책과 다른 정기 간행물, 포스터, 삐라, 영화, 녹음테이프, 만화, 사진에 이르기까지 적용된다.

그 결과 당의 모든 예언은 틀림없다는 기록으로 증명되고 반대세력이 제시할 수 있는 정보는 원천적으로 존재하지 않게 된다. 아무런 비교 수단이 없는 대중으로서는 당이 제시하는 현재의 정보를 과거에서 현재까지 관통해 온 엄연한 사실로 믿을 도리밖에 없다. 혹여 그 사실이 (빅 브라더에 의해) 내일 다른 내용으로 바뀌기 전까지는 말이다. 나아가 빅 브라더의 언어학자들은 불온한 뉘앙스를 지닌 단어를 사전에서 아예 빼버리느라 바쁘다. 레비

광고 이전에 영화에서 창조해낸 빅 브라더의 이미지. 1955년에 제작된 조지 오웰 원작의 영화 「1984년」.

▲인간의 뇌 속을 들여다보며 재판을 하는 기계. 인간은 사법권마저 기계에게 넘겨줄 것인가?

▶레이 브래드버리의 소설 『화씨 451도』

스트로스가 언어의 수는 사고의 범위와 직결된다고 지적했듯이, 반감을 품으려 해도 그런 뜻을 가진 명료한 단어 자체가 존재하지 않는데 어떻게 남에게 그러한 의사를 전달할 것인가? 이제 생각도 당신 마음대로 해서는 안 된다. 빅 브라더가 당신을 언제, 어디서나 지켜보고 있는 것이다. 소설 『1984년』은 1955년 영화로까지 제작되었다.(한 가지 재미있는 사실은 실제로 1984년이 되어서도 조지 오웰의 소설을 원작으로 한 또 다른 영화가 제작 개봉되었다는 점이다.)

언론매체를 이용한 기억 조작은 지금 와서 보면 다분히 고전적인 느낌이 든다. 레이 브래드버리(Ray Bradbury)의 소설 『화씨 451도 Fahrenheit 451』(1953)에서는 책을 금지하고 태워버림으로써 대중의 사고를 정지시키고 지배 체제의 독재를 영속화하는 세상이 그려진다. 이 세상에서 소방수의 역할은 역설적이게도 불을 끄는 것이 아니라 책이란 책은 모조리 색출해내 불 지르는 것이다.(이 소설은 프랑스 누벨바그의 기수 프랑수아 트뤼포에 의해 영화화된 바 있다.)

이에 비해 90년대 말에 개봉된 알렉스 프로야스 감독의 할리우드영화 「다크 시티 Dark City」는 아예 사람의 머릿속을 헤집고 들어와 제멋대로 가상 기억을 심는 실험을 보여준다. 간통한 적조차 없으면서 남편에 대한 죄책감으로 괴로워하는 아내 그리고 그녀의 남편. 하지만 이 두 사람의 사이가 어제만 해도 부부이긴커녕 사이좋은 이웃에 불과했다면? 영화 속에서 이러한 실험의 주체는 외계인들이다. 그들은 인간들의 기억을 다양하게 조작해봄으로써 인간의 의식세계를 연구하고자 한다. 한편 사이버펑크류 C급 영화 「기억운반자 조니Johnny Mnemonic」(국내 개봉 제목은 '코드명 J')에 이르면 남의 기억을 자기 머릿속에 넣어 운반해 주는 대가로 먹고사는 기억운반자라는 신종 직업까지 등장한다.

그렇다면 광고에서는 인간의 기억 조작을 어떻게 다루고 있을까. 우리나라 청소년들에게도 인기 좋은 다국적 신발 브랜드 아디다스의 광고 한 편을 살펴보도록 하자.(이 광고의 국제판은 원래 1분짜리이지만 아쉽게도 우리나라에서는 매체 환경의 제약 탓에 15초로 짧게 재편집되어 방영되었다.)

광고 1-2

광고를 통해 본 미래, 행복할까? 불행할까?

(모래 먼지 자욱한 삭막한 미래의 슬럼화된 거리, 코에 산소 튜브를 낀 남자 주인공이 기억은행에 들어선다.)

인공지능의 안내멘트 : 기억은행에 오신 걸 환영합니다.

(등 뒤에 데이터 케이블이 수북이 연결된 여성 모습의 사이보그 또는 안드로이드[4]와의 짧은 면담을 마친 후 주인공은 지하터널을 통해 기억을 데이터로 바꾸는 변환장치 앞에 선다.)

---

4) 인간의 외모를 한 로봇을 지칭하는 명칭. 스티븐 스필버그의 영화 「A. I.」를 기억하시는지?

내레이션 매사추세츠 공과대학 교수들에 따르면, 머지않아 인간의 뇌는 컴퓨터와 직접 접속할 수 있게 될 것이라고 한다. 그렇게 되면 개인적인 감정, 추억, 기억 등이 모두 데이터뱅크에 저장될 수 있을 것이다.

(주인공의 희로애락과 연관된 기억들이 주마등처럼 스쳐 지나가며 머릿속에서 데이터로 빠져나온다. 각각의 기억이 떠오를 때마다 즐거워하는 한편 괴로워하는 주인공.)

내레이션 이제 더 이상의 육체는 필요 없게 된다.

(몸이 서서히 공중으로 떠오르면서 자아를 잃어가던 주인공, 갑자기 안 돼! 하고 절규하며 데이터 변환장치를 박차고 뛰쳐나간다.)

(탁 트인 해변의 절벽을 기어오른 주인공, 시원스레 숨을 들이킨다.)

자막 달아날 수 있을 때 달아나라, 아디다스 어드벤처(Escape While You Can, Adidas Adventure).

아디다스는 독일에서 출발하여 이제는 세계 시장에서 나이키 못지않은 지명도를 얻고 있는 유명 스포츠용품 브랜드이다. 당연한 논리겠지만, 스포츠용품 광고는 천편일률적이라 할 만큼 강건한 육체를 강조한다. 위에서 소개한 아디다스 광고도 다르지 않다. 그럼에도 이 광고가 눈길을 끄는 이유는 단순히 육체의 강건함만을 소구하지 않고 개인적인 기억마저 데이터로 관리되는 숨 막힐 것 같은 사회와 자신의 두 발로 거기서 탈출하려는 인간의 의지를 대비시키고 있기 때문이다. 개개인의 기억이 차곡차곡 데이터로 쌓여 보관되는 사회에서는 신체 활동의 프라이버시는 물론 뇌 속에서 일어나는 정신활동의 프라이버시마저 철저하게 공개되고 통제받을 수밖에 없다. 이러한 설정에는 다분히 현실사회에 대한 풍자가 배어 있다. '현대인의 생활을 구속하는 이런저런 수많은 제약들. 자, 그런 것들을 죄다 던져버리고 속이 확 풀릴 때까지 뛰어라. 아디다스를 신고서……'라고 이 광고는 말하고 싶은 것일까?

　　SF 장르의 시각에서 볼 때, 데이터화된 개개인의 기억이 모여 하나의 집단의식을 형성하는 듯한 이 광고의 클라이맥스 부분에서의 비주얼 이미지는 테크놀로지의 발전이 몰고 올 음울한 미래의 한 단면을 묵시론적으로 시사하고 있다.

세기말의 여전사가 음악으로 향수를 달랜다!
－삼성전자의 미니 컴포넌트 오디오 '아지트' 광고

　　조지 오웰이 우려한 전체주의적 지배체제말고 SF가 우려하는 또 하나의 디스토피아는 인류가 자신이 개발해낸 테크놀로지와 과학문명을 주체하지 못하고 제 발로 멸망의 길에 들어서는 미래(Post-holocaust tales)이다. 사실 산업혁명 이후 19세기 중엽까지만 해도 유럽인들이 인류의 미래에 대해 장밋빛 낙관론을 달콤하게 음미하던 시절이 있었다.

미래에 대한 장밋빛 비전을 그린 「다가올 미래Things to Come」의 한 장면. 과학소설의 선구자 H. G. 웰스(H. G. Wells)의 장편소설이 원작이다.

　　당시 사람들은 21세기, 즉 오늘날의 우리가 살고 있는 사회가 기온 변화에 따라 체온을 조절해주는 의류, 원자력 무공해 전기, 출퇴근을 위한 개인용 제트 자동차, 2~3시간에 지나지 않는 일일 근로시간, 개를 산책시키거나 애를 돌보는 인간형 로봇, 3차원 영상전화, 서 있기만 하면 길이 저절로 움직이는 자동이동도로 따위로 가득 찬 준(準)유토피아일 것으로 상상했다. 기후를 인공적으로 제어할 수 있게 되어 사하라 사막은 푸른 들판으로, 남극지방은 온

화한 피서지로 개발될 것이라고 그들은 기대했다. 이러한 낙관론적 세계관은 SF에도 그대로 영향을 미쳐 초기 SF소설들과 영화들은 미래에 대한 부푼 꿈으로 가득 찼다. 서기 2000년이면 모든 질병은 정복되고 가난은 기억의 저편으로 사라질 터였다.

그러나 과학에 대한 일방적인 짝사랑은 오래가지 않았다. 과학의 눈부신 발전은 대공황과 빈부격차를 해결하는 데 별다른 힘이 되지 못했다. 오히려 과학기술문명은 인류에게 양차 세계대전이란 전무후무한 대량학살의 시대를 열어주었으며, 제3차 세계대전과 핵전쟁의 공포는 데탕트의 시대로 들어선 오늘날에도 수많은 국지전에서 보듯이 여전히 상존하고 있다.

덕분에 SF는 핵전쟁이나 인재(人災)로 인한 환경의 격변 탓에 대재앙을 맞이한 인류의 후손들을 소재로 삼아 인류가 좀더 지혜로워질 것을 경고하는 이야기들을 다수 만들어냈다. 한 예로 프랑스의 소설가 A. C. 데쿠플레가 1978년에 발표한 미래소설을 보면, 서기 3750년 한 역사학자가 인류의 역사를 둘로 나누는데 그 분기점이 바로 핵에너지의 발견과 최초의 원자폭탄 투하라고 지목하는 대목이 나온다. 인류 자체를 공멸의 위기로 몰고 갈 수 있는 판도라의 상자가 이제 인류 자신의 손아귀에 들어온 것이다.

황폐한 폐허의 세상에 외롭게 살아남은 여전사를 주인공으로 삼은 미니 컴포넌트 오디오 '아지트'의 광고 '세기말의 여전사'편도 이러한 연장선 위에 있다.(이 광고는 필자가 1990년대 후반 제일기획 재직 당시 기획하고 제작한 작품이다.)[5] 이 광고에서는 어떤 연유로 이 세상이 잿더미로 변했는지에 대한 설명은 구구절절이 나오지 않는다. 하지만 SF의 하위 장르 가운데 하나인 포스트 홀로코스트에 익숙한 신세대라면 금세 그 전후 사정을 알아차릴 수 있게 구성되어 있다.

5) 연출은 크래커 프로덕션의 정지환 감독이 맡았다.

@zi T

아지트

아지트

네트워크 오디오 @zi T
아지트

다음편에 계속

@

@zi T
이제 PC로 오디오를 접속한다

아지트

디지털 네트워크 오디오 아지트

폐허가 된 도시와 추락한 지 아직 얼마 되지 않았는지 아직도 스파크가 튀고 있는 추락한 우주선의 잔해 사이로 젊은 여성이 등장한다. 미래의 전투복을 입은 그녀는 어깨에 묵직한 샷건을 걸치고 있다. 남녀를 불문하고 누구나 총을 들지 않을 수 없는 암울한 미래의 어느 시점 그러나 클로즈업 샷에 잡힌 그녀의 표정에서 전쟁의 참화 속에서도 여전히 순수한 마음을 잃지 않고 있음을 눈치챌 수 있다. 다만 마음 한구석 어딘가가 비어 있는 듯한 느낌을 지울 수 없다.

곧 그녀는 무너져내린 연구실의 폐허더미에서 자신이 원하던 것을 찾아낸다. 바로 과거에 그녀의 마음을 달래주곤 하던 미니 컴포넌트 '아지트'. 그녀가 마치 자신의 심장을 꺼내듯이 품에서 CD플레이어를 꺼내 아지트에 넣으면 불완전한 듯 다소 반투명해 보이던 아지트가 빛을 발하며 제 모습을 찾는다. 여기서 1부가 끝난다. 2부에서 여주인공은 아지트로 음악을 들으면서 전쟁으로 피폐해진 자신의 심신을 정화시킨다. 음악이 클라이맥스를 향해 치달으면 그녀 곁에 있던 고목에서 파란 떡잎이 하나 솟아나면서 실낱 같은 희망을 암시한다.

하지만 이 광고가 중점적으로 전달하고자 하는 정서는 핵전쟁으로 잿더미가 된 암울한 미래라는 껍질이 아니다. 오히려 이 광고가 전하고자 하는 메시지는 "지친 내 영혼 내겐 아지트가 필요해!"(1부) 또는 "내 영혼이 쉴 곳은 아지트"(2부)라는 여주인공의 보이스 오버 멘트에 집약되어 있다. 젊은이들은 어느 시대나 기성세대와 갈등을 빚게 마련이며 그들을 둘러싼 환경도 마음에 드는 구석이 별로 없다. 더욱이 때로는 감당하기 어려운 고난과 시련이 닥치기도 한다. 그럴 경우에 그들을 달래주고 위로해주는 것은 무엇일까? 연인과의 사랑, 친구와의 우정, 여행 등 여러 가지가 있겠지만 가장 보편적이고 어떤 젊은이나 쉽게 누릴 수 있는 돌파구는 바로 음악이 아닐까. 만약 지구의 종말이 온다면 스피노자는 나무를 심을지 모르지만 젊은이들은 음악을 들을 것 같다.

　다시 말해서 그녀는 때와 장소를 가리지 않고 흔히 볼 수 있는 현대 젊은이의 전형을 SF버전으로 각색한 캐릭터에 지나지 않는다. SF적인 플롯은 어디까지나 이 광고를 돋보이게 하는 화장발에 불과하며, 이 광고의 취지는 음악 없이는 살맛을 못 느끼는 요즘 젊은이들의 심리 라이프스타일을 반영하는 데 있는 것이다. 전쟁터를 누비고 다니는 그녀가 어깨에다 아지트의 CD플레이어를 부착하고 다니는 습관이 그 단적인 예라고 할까. 오늘날 젊은 세대에게 음악은 자신의 세계를 표출하는 커뮤니케이션 통로로서 그들간의 유대에 없어서는 안 될 필수품이다. 그렇다면 이러한 젊은이들의 마음은 아무리 환경이 열악해진다 해도 근본적으로 달라지지 않을 것이다. 그래서 아지트의 여전사는 전쟁으로 자신이 두고 갈 수밖에 없었던 아지트를 찾아오는 것이다.(물론 여기서 알 수 있듯이 이 브랜드는 중의적으로 쓰였다.)

혹시 화학물질을 드시고 계신가요?—BIRBA의 비스킷 광고

　과학소설이 다루는 디스토피아 세계는 비단 정치적인 시각에만 국한되지 않는다. 과학기술의 발달은 소위 산업혁명을 일구고 나아가 근대화, 또는 산업화라는 대의명분을 부르짖는 발판이 되어주었다. 그러나 그러한 거창한 구호의 그늘에는 환경오염이라는 고약한(?) 부메랑이 있어, 그 원인 제공자인 인류와 사회에 복수를 하기도 한다. 과학과 기술에 자만하다가 제 발등을 찍는 인류의 어리석은 몰골이라……. 이처럼 인간미 넘치는 소재를 엔터테인먼트 대중문학 장르인 과학소설이 그냥 지나칠 리 있겠는가.

　일찍이 과학소설은 19세기 말경까지 거슬러 올라가 당시 영국 산업

사회의 풍요 이면에 가려진 어둠, 즉 환경오염의 후유증을 찬찬히 살피는 발 빠른 행보를 보인 바 있다. W. 델리슬 헤이(W. Delisle Hay)의 『대도시의 운명*The Doom of the Great City*』(1880)과 로버트 바(Robert Barr)의 『런던의 운명*The Doom of London*』(1892)이 그러한 작품들로, 이즈음의 초창기 과학소설들은 환경오염 가운데서도 주로 대기오염(스모그)에 비중을 두었다. 그러나 이때만 해도 환경오염은 어디까지나 산업화에 따른 부산물 정도로 인식되었을 뿐 과학이 더욱 발달하면 할수록 그러한 폐해마저 근절해버릴 수 있을 것으로 짐작되었다. 실제로 유토피아 도시들을 소재로 한 작품들을 보면 영화와 소설을 막론하고 거의 대부분이 청정함 자체를 트레이드마크로 삼고 있지 않은가.

그러나 이러한 장밋빛 낙관주의는 1950년대 들어 핵 방사능의 후유증에 대한 대중의 공포가 널리 퍼지면서 자취를 감췄으며, 방사성 물질로 인한 돌연변이에 대한 불안은 1960년대로 넘어가면서 대중들이 온갖 종류의 환경 유해물질(예를 들면 도배지 속에 함유된 비소, 수도관 제조시 들어가는 납)까지 우려하게 만드는 전환점이 되어주었다. 이렇게 해서 환경오염의 위협에 대한 인식은 과학소설계에서 들불처럼 번져나갔으며, 오늘날 대부분의 영화나 소설(또는 만화)에서 '근미래(Near-Future)' 시나리오를 택할 경우 무대의 기본 설정이 되다시피 하고 있다. 예를 들어 시어도어 L. 토머스

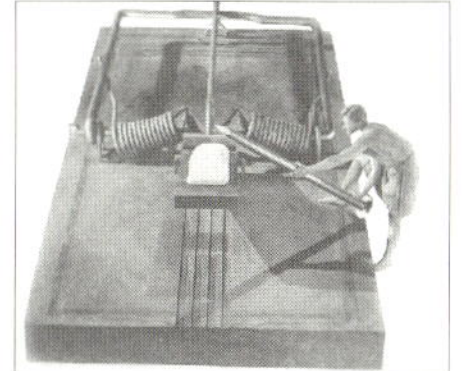
▲ 방사능 낙진에 대한 공포.

방사능 오염으로 자꾸만 몸이 작아지는 증상을 겪는 사나이의 이야기를 다룬 할리우드영화 「갈수록 줄어드는 사나이The Incredible Shrinking Man」.

▶미소 냉전시기에 핵전쟁에 대비해 만들어진 미국 가정의 대피소. 양대 초강대국인 미국과 소련 사이의 긴장이 높아가던 1940~50년대에는 방사능 피폭 차단효과가 의심스러우리만치 허접한 핵 대피 시설이 선진국 가정 곳곳에 유행했었다. 특히 미국의 중산층은 지하실이나 뒤뜰에 이런 시설 하나쯤은 기본으로 다 가지고 있었다.

(Theodore L. Thomas)와 케이트 윌헬름(Kate Wilhelm)이 함께 쓴 『클론 *The Clone*』(1965)을 보면, 오염물질이 보통 생명체를 무엇이든 먹어치우는 아메바 같은 괴물로 바꿔놓는다. 우리나라에도 번역 소개된 제임스 E. 건(James E. Gunn)의 단편 과학소설 「다섯 손가락을 가진 소년 The Boy With Five Fingers」에서는 핵전쟁으로 돌연변이들만 살게 된 사회에서 정상인의 모습을 한 후손이 병신으로 손가락질 받는 상황을 통해 문명의 이기를 제대로 이용하지 못하는 인류의 어리석음을 꼬집고 있다.

그렇다면 환경오염이란 다분히 무겁고 사회 책임의식이 강조되는 주제를 광고에서는 어떻게 풀 수 있을까? 진지한 주제는 반드시 진지하게 풀어야만 공감할 수 있는 것일까? 다국적 광고회사 BBDO의 스페인 바르셀로나 지사가 제작한 BIRBA 비스킷 광고는 그러한 선입관에 정면으로 이의를 제기하고 나선다. 일련의 시리즈로 제작된 이 인쇄광고들은 소비자들에게 일단 어깨의 힘을 빼고 눈가의 긴장을 푼 채로 느긋하게 들여다볼 것을 요구한다.

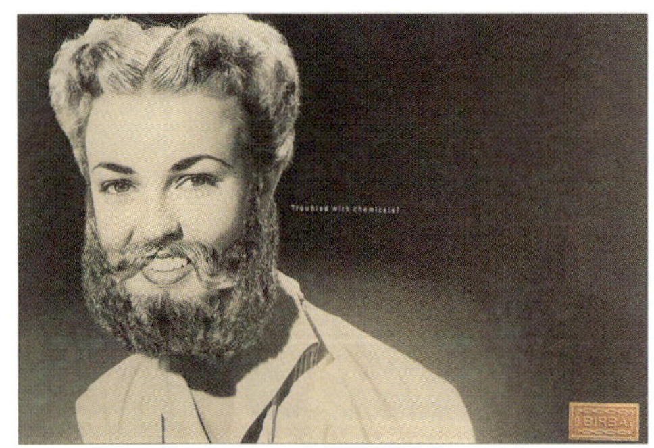

　여기에 등장하는 모델들은 하나같이 정상이 아니다. 아니 그저 정상이 아니라는 표현으로는 부족할 지경이다. 환경오염을 포함한 생활여건의 극심한 변화는 생물의 DNA에 영향을 미쳐 돌연변이를 만들어낼 수 있다고 한다. 지금도 세계 도처의 오염된 하천 근처에서 다리가 다섯 개 달린 개구리나 머리가 휘어진 물고기가 잡히곤 하지 않는가. 인간이라고 이러한 자연의 복수로부터 마냥 자유로울 수만은 없을 것이다. 이와 관련하여 가장 유명해진 대중적 아이콘을 꼽으라면 미국의 스탠 리(Stan Lee)가 창조한 SF만화 『엑스맨』 시리즈의 캐릭터들이 바로 떠오른다. 그러나 이처럼 운 좋은 사례가 확률적으로 얼마나 가능할 수 있을까? 이렇게 폼이 나고 초능력까지 갖춘 돌연변이라면 스파이더맨과 원더우먼이 부럽지 않겠건만! 과학적 통계에 따르면 돌연변이는 대개 긍정적인 사례보다는 부정적인 사례가 더 많다고 한다. 그래서였을까? BIRBA 비스킷 광고의 선택은 엑스맨과는 전혀 동떨어진, 오히려 앞서 언급한 단편소설 「다섯 손가락을 가진 소년」의 악몽을 고스란히 가져왔다. 사스콰치(Sasquatch) 또는 빅풋(Big Foot)이라고도 하는 털복숭이 인간으로 바뀐 젊은 여성, 손이 게의 집게로 변한 아빠를 자랑스러워하는 가족, 이마 한가운데에 눈 하나가 더 달린 세눈박이 가족의 모습을 천연덕스럽게 포착한 비주얼 하나하나에 다음과 같은 짤막한 카피가 붙어 소비자들의 배꼽을 쥐고 흔들어댄다.

운 좋은 돌연변이의 예? ─ 「엑스맨」

이 제품의 컨셉은 '화학첨가물이 전혀 들어 있지 않은 순도 100퍼센트 천연 그대로의 비스킷'이다. 상투적인 광고였다면 모델이 상큼한 표정과 복장으로 나와서 필시 '천연 100퍼센트 어쩌고저쩌고' 했을 것이다. 솔직히 요즘 100퍼센트 순수한 것으로만 만든 제품이라며 자랑하는 것들이 어디 한둘인가? 만약 이 광고가 일방적인 제품 자랑만 늘어놓았다면 소비자들의 눈길 한번 제대로 끌어보지 못하고 매체 게재비만 날렸을지 모른다.

하지만 낯설게 하기 기법이라고 해서 아무 주제나 소화할 수 있는 것일까? 어쩌면 진지한 주제를 멋대로 갖고 놀았다고 베네통처럼 욕바가지를 쓰는 것은 아닐까? 대체 BBDO는 심각한 주제를 왜 이런 식으로 희화화한 것일까? 단순히 센세이셔널한 눈길을 끌기 위해서였을 뿐이라면 자칫 기대했던 효과보다는 욕만 실컷 얻어먹기 쉬운 접근방식이 아닌가.

필자의 생각은 이렇다. 이러한 표현 의도를 이해하는 힌트는 익숙해진 주제를 위트 있게 소화할 수 있는 여유를 갖느냐, 못 갖느냐에 있다고 본다. 아무리 진지한 주제라도 시대와 환경이 바뀌면 그것에 대한 충격도 완화되고 사람들은 동일한 주제를 더욱 다원적인 시각에서 바라보게 되는 법이다. 사실 환경오염이라는 주제는 이제 SF 장르에서는 천편일률적인 배경으로 깔리는 구닥다리가 되다시피 했다. 만약 이 광고를 이제 막 산업폐기물이 사회문제의 화두로 등장하는 후발 개도국의 소비자들이 보았다면 위트는커녕 불쾌감만 증폭될지도 모르겠다. 그러나 이미 공해 유발 업체들은 저개발국으로 내보내고 자기네 앞마당의 환경보호에 적극적인 관리감독을 해온 (얄미운) 선진국 시장의 소비자들을 대상으로 새삼스레 정색을 하며 환경문제를 자사 브랜드와 거룩하게 연결하려고 시도한다면 얼마나 눈길을 끌 수 있을까? 이것은 환경오염 문제를 더 이상 진지하게 다룰 필요가 없다는 뜻이 결코 아니다. 다만 아무리 심각한 사안이라도 일상의 현실로 익숙해지게 되면 때로는 장난스런 접근도 허용되는 여유가 있어야 정말로 창의적이고 인간적인 사회가 아닐까 하는 생각이 든 탓이다.

기억될 것인가, 사라질 것인가? - 펩시의 '고고학 유적' 편

이번에는 가벼운 기분으로 미래 여행을 떠나보는 순서다.

펩시콜라의 경우 슬로건이 어떻게 바뀌든 상관없이, 대부분의 광고들이 코카콜라와의 대결구도를 광고 컨셉의 출발점으로 고집하고 있다는 점에서 장기 캠페인 측면에서 연구해볼 만한 가치가 있다. 펩시의 고고학편은 이러한 대결구도의 SF버전이다.

광고 1-5

머나먼 미래, 들녘 너머로 이질적으로 느껴질 만큼 발전한 미래도시의 건물군이 보인다. 그 앞에는 폐허가 된 유적이 있고 그곳을 견학하러 온 고고학 교수와 학생들이 등장한다. 학생들은 이제는 과거의 유물이 된 먼지 수북한 물건들을 만지작거리며, 교수로부터 현장 강의를 듣는다. 물론 그들의 손에는 예외 없이 매끈한 디자인의 펩시콜라 캔이 하나씩 들려 있다.

> 교수 : 이것은 우리 시대의 가장 위대한 고고학적 발견일 게야. 마루
> 의 높이가 제각기 다른 교외 주택 주거지라니, 멋지군!
> 학생 1 : (먼지에 까맣게 된 야구공을 들어 보이며) 이게 뭐죠, 교수님?
> 교수 : 빠른 속도로 상대방에게 던지곤 하던 구형 물체지. 다른 사람
> 들이 지켜보는 사이에 말이야.
> 학생 2 : (망가진 전자기타를 들어올리며) 이건요?
> 교수 : 아, 이 장치는 줄이 떨리면 머리가 지끈할 정도로 시끄러운
> 소리를 낸단다.
> 학생 3 : (흙덩이가 된 병을 내밀며) 교수님, 이건 뭘까요?
> 교수 : 음.
> (교수는 고개를 갸웃거리며 분석장치에 넣어본다. 흙덩이가 증류장치에 의
> 해 떨어져 나가고 코카콜라 병임이 드러난다.)
> 학생 3 : 뭐예요?
> 교수 : (할말을 잊은 듯 망연한 표정으로) 모르겠구나.

이 얼마나 황당하면서도 유쾌한 야유인가! 미래란 누가 결정하는가? 그것은 바로 미래의 지배자가 결정한다. 이 광고는 세월이 흐르고 흘러 강산이 변해도, 다시 말해서 코카콜라가 사람들의 뇌리에서 잊혀져 가도 펩시는 소비자들에게 영원한 사랑을 받을 것이라고 우회적인 주장을 한다. 이는 두말할 나위 없이 일방적인 주장에 불과하지만 그 발상이 하도 익살맞아서 허허 웃으며 받아들일 수밖에 없는 그런 광고다. 디스토피아나 유토피아를 소재로 SF 형식을 이용할 수도 있지만 이 광고는 재치 있는 익살 또한 SF 장르와 얼마든지 융합될 수 있음을 보여 주는 좋은 사례라 하겠다.

(참고 삼아 이야기하면, 우리나라에는 근거 없이 비교 우위를 주장하는 광고는
방영될 수 없도록 제재하는 심의 규정이 있다. 이 광고는 우리나라 광고 심의 기준
으로 보면 방영 불가감이다. 그러나 미국을 비롯한 서구국가들에서는 버젓이 방영
이 된다. 이는 유럽사회의 유머 소구에 대한 시각과 포용 수준이 우리나라와는 많은
차이를 보이고 있는 탓이다. 어느 쪽이 더 현명한 결정인지에 대해서는 독자 여러분
스스로 판단해보시길.)

인간미 넘치는 로봇이 위스키의 향취를 돋운다?

SF는 인간이 통제할 수 없게 된 로봇에 대한 불안과 공포를 흔히 이야기한다. 로봇이 현대문학에 처음 등장한 것은 체코 작가 카렐 차페크의 희곡 「로숨의 유니버설 로봇」에서부터다.[1] 로봇 문학의 효시가 되는 이 작품에서 벌써 로봇들은 창조주인 인간들을 몰아내고 자신들만의 새로운 세상을 가꾸어가는 쿠데타를 서슴지 않는다. 차페크는 '노예 노동'(serf labor)이란 체코어에서 '로봇'(robot)이란 말을 만들어냈다. 그가 창조한 로봇은 러시아에서 볼셰비키 혁명이 성공한 역사적 순간에 중산계급의 눈으로 바라본 프롤레타리아의 악몽 같은 이미지였다. 로봇들은 제조되며 그래서 인격적으로 대우받지 못하는 재산에 불과하다. (러시아의 농노가 그랬듯이) 값싼 노동력의 원천인 그들은 이 연극에 나오는 특권을 가진 인간들이 방탕한 쾌락을 즐기도록 허용해주지만, 마침내 자신들의 힘을 깨닫게 되고 반기를 들어 그들을 만들어낸 창조주들을 쓸어내버린다. 차페크의 감정 이입은 다분히 이중적인 관점을 취하고 있는데, 한편에서는 착취당한 로봇들을 대신하여 사회의 부조리를 야유하는 동시에 다른 한편에서는 (자신이 속한) 중산계급을 끝장낼 심판의 날이 임박한 데 대해 공포에 질린다.(차페크의 시대에 사실상 유

---

1) 김희숙에 따르면, 국내에서 흔히 이 작품의 제목을 「로숨의 만능 로봇」이라 번역하는 것은 오류이며 「로숨의 유니버설 로봇」이란 표현이 더 적절하다고 주장한다. 원작에서 유니버설 로봇이란 만능이란 개념보다는 각 민족의 특성에 따라 달리 만들어진 내셔널(national) 로봇에 대립되는 개념으로 다 똑같이 생긴 로봇이란 뜻이기 때문이다(카렐 차페크 지음, 김희숙 옮김, 『로봇』, 도서출판 길, 2002년, 203쪽).

럽의 모든 중류계급 가정은 너나할것없이 요리사, 하
녀 그리고 집안일 심부름꾼이란 형태로 일종의 '로봇'
이나 다름없는 보조인력을 두고 있었다.)

　인간 노동자를 로봇으로 대치한다는 SF적
인 설정은 차페크가 비유법을 통해 산업시스
템이 인간 노동자들을 마치 기계처럼 다루었
으며 그 바람에 돌이킬 수 없는 봉기의 씨앗을
뿌렸다는 도덕적 진실을 표현할 수 있게 해주
었다. 이처럼 로봇은 SF의 소재로 탄생할 당
시부터 생각하는 기계, 나아가서는 인간의 특
권을 빼앗으려 덤벼들 가능성이 있는 기계라
는 설정을 통해 사회의 구조적 계급 갈등을 극

인간을 공격하는 로봇.

적으로 포장하는 데 효과 만점인 상징이 되었다.[2] 이후 로봇을 다룬 과
학소설들은 하나같이 그들도 인간과 다를 바 없게 될 수 있다는 데 초
점을 맞췄다.

　「로숨의 유니버설 로봇」은 체코에서 초연된 지 불과 2년 만인 1922년
에 브로드웨이에서 공연되었고, 미국은 즉시 로봇이란 아이디어를 자
기 것으로 흡수했다. 그러나 주인과 하인 사이의 관계를 근본적인 불평
등으로 보는 로봇의 이데올로기는 미국으로 건너오면서 그 정치색을
잃어버리고 순화되었다. 작가 아이작 아시모프가 상정한 소위 '로봇공
학의 3원칙'은 바로 그처럼 순화된 이데올로기에 다름 아니다. 1942년
처음 공표된 이 원칙은 다음과 같다.(로봇공학 및 그 역사에 대해 자세히 알고
싶다면 우리말 사이트 http://www.wowrobot.co.kr/about/about_01.html을 방문
해보시라.)

인간을 멸종시키려는 로봇들의
기도를 다룬 영화 「터미네이터」
는 「로숨의 유니버설 로봇」의 액
션 블록버스터 버전인 셈이다.

2) Thomas M. Disch, *The
Dreams our stuff is made
of*, the Free Press, New
York, 1998, p.208.

　　＊제1원칙 : 로봇은 인간에게 해를 끼쳐서는 안 되며, 위험에 빠진

　　인간미 넘치는 로봇이 위스키의 향취를 돋운다?

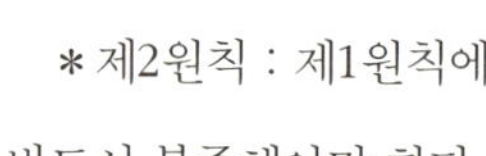

인간을 보고만 있어서도 안 된다.

　＊제2원칙 : 제1원칙에 위배되지 않는 경우, 로봇은 인간의 명령에 반드시 복종해야만 한다.

　＊제3원칙 : 제1원칙, 제2원칙에 위배되지 않는 경우, 로봇은 자기 자신을 보호해야만 한다.

아시모프의 소설 『로봇 시티』 표지.

아시모프의 로봇공학 3원칙의 영향을 보여주는 데스카 오사무의 만화 『아톰』과 할리우드영화 『로보캅』.

　아시모프의 이처럼 낭만적이고 다분히 비과학적인 원칙들이 과학소설계에 미친 영향은 적지 않지만 그렇다고 이후 로봇들이 한결같이 양순한 쇳덩이가 된 것은 아니다. 일례로 1960년대의 소련 SF영화 『불 뿜는 행성』에는 존댓말로 부탁하지 않으면 인간의 말을 들어주지 않고 그것도 모자라 심사가 뒤틀리면 인간을 화산 구덩이에 집어던지는 로봇이 나온다. 비슷한 시기에 미국에서 제작된 스탠리 큐브릭 감독의 영화 『2001 스페이스 오디세이』에서는 자신의 논리회로상의 결함을 감추기 위해 승무원을 살해하는 우주선 통제 컴퓨터 HAL 9000이 등장한다.(당시 HAL이란 이름은 거대 컴퓨터 기업 IBM의 철자를 의식한 나머지 알파벳 순서를 하나씩 앞으로 옮겨 풍자한 것이란 루머가 돌았다.) 따지고 보면 아시모프 역시 로봇공학의 3원칙이란 족쇄를 로봇에게 채워놓았으면서도 이런저런 이유로 인간의 명령에 따를 수 없게 된 로봇들의 사례 연구를 즐기고 있다는 점에서 로봇의 완벽한 통제에 대한 불안에서 말끔히 벗어났다고 보기 어렵다.

　그러나 이처럼 낭만적인 시각은 할리우드영화가 관객을 홀리는 데에는 도움이 될지 몰라도 현실과는 매우 동떨어져 있다. 유명한 미국 과학소설가 로버트 실버버그(Robert Silverberg)의 말마따나 이미 우리는 로

인간을 수술하는 로봇 의사들. 로봇공학의 3 원칙에 따라 수술에 실패해 환자가 사망하면 그들의 양전자 두뇌는 타버릴 것인가?

영화 「금단의 행성」에 등장하는 로봇 '로비'.

봇들이 득실거리는 세상에서 살고 있지 않은가. 이 녀석들은 비행기를 조종하고 엘리베이터를 움직이며 음식을 요리하고 자동차를 제조하며 TV쇼를 예약 녹화해주지만, 설사 고장이 난다 한들 미쳐 날뛰거나 인간에게 대들지는 않는다. 과학소설은 가정용 전자제품에서부터 군사 무기, 그리고 앞으로 닥쳐올 사회상에 대한 많은 예언을 했고 상당수가 그 말대로 되었지만, 인간에 저항할 수도 있는 독립 의지를 지닌 로봇의 탄생에 관해서만큼은 여전히 물음표라 하겠다. 인공지능이 꾸준히 연구되어오고 있지만, 높은 지능까지라면 몰라도 인간과 같은 감정을 지닌 인공적 피조물과 대화하는 광경을 과연 21세기가 끝나기 전에 볼 수 있을까? 사이버펑크 작가 윌리엄 깁슨(William Gibson)이 『뉴로맨서 *Neuromancer*』 시리즈와 『아이도루』에서 구상한, 인간의 인격 못지않은 정체성을 지닌 인공지능은 현실에서는 어디까지나 아이디어 차원에 머물러 있다.[3]

3) 독일 빌레펠트 대학의 알로이스 크놀 박사에 따르면, 로봇들은 인간과 비슷해지는 데 필요한 민첩한 동작, 충분한 동력, 두뇌, 감정, 자율성 등을 가지려면 아직 멀었다. 설사 지능을 가진 로봇들이 서로 공모해서 세상을 지배하는 일이 정말로 벌어진다 하더라도 그 로봇들은 아주 빨리 행동을 끝마쳐야 할 것이다. 그들의 배터리가 30분도 채 버티지 못할 것이기 때문이다. 그러나 모든 학자들이 비관적인 것은 아니다. 카네기멜론 대학 로봇공학연구소의 한스 모라벡 박사는 컴퓨터칩 성능이 18개월마다 2배로 늘어나므로 '2040년이 되면 로봇이 인간처럼 똑똑해질 것'이라며 그렇게 되면 로봇들이 자신보다 더 나은 로봇들을 만들어내는 자동화 공장을 설계하고 건축할지 모른다고 말했다.

인간미 넘치는 로봇이 위스키의 향취를 돋운다?

잠깐, 피곤하게 따지는 것은 여기까지. 이 글의 목적은 소설과 영화가 풀어낸 로봇 이야기를 과연 광고에서는 어떤 식으로 엮어나가는가라는 궁금증을 풀어보는 것이지 않은가. 오늘날 이름난 로봇 캐릭터들은 대중이 사랑하는 스타 그룹에 끼어 있다. 고전으로 손꼽히는 흑백영화 시대의 걸작 「금단의 행성Forbidden Planet」(1956)에 등장하는 로봇 '로비(Robby)'는 지금까지도 캐릭터 장난감은 물론이요, 〔광고 2-1〕에서 보듯이 가방 광고의 모델로 부업(?) 전선에 나서고 있는 판이다. 그리고 일본의 대표 위스키 산토리는 로봇을 자사 광고의 주인공으로 삼았다. 그럼 이제부터 산토리의 광고 크리에이터들이 상상해본 로봇 이야기를 들어보기로 하자.

애주가 주인을 그리워하는 애주가 로봇의 이야기 ― 산토리 위스키

앞서 말했듯이, 로봇을 최초로 문학적으로 형상화한 「로숨의 유니버설 로봇」에서 로봇들은 인류에 반기를 들어 창조주들을 세상에서 멸종시켜 버린다. 그러나 이처럼 다분히 '투사' 이미지가 투영된 로봇의 개

넘이 미국의 장르 과학소설계로 흡수되면서부터는 좀더 실용적이고 온
정주의적인 시선으로 탈색된다. 물론 로봇공학의 3원칙에 입각해 쓰여
진 아이작 아시모프의 로봇 관련 작품들을 보면 인간과 로봇의 관계는
여전히 주인과 하인의 차페크식 계급구조를 답습하고 있기는 하다. 하
지만 그 관계는 절대복종의 농노 대 절대적인 지배자 사이의 억압 구조
가 아니다. 로봇은 혁명은커녕 그날그날의 가사를 챙겨주는 충성스런
집사이자 중편소설 『200살을 산 사나이*Bicentennial man*』에서 보듯이
좋은 주인을 만나면 자유를 얻게 되기도 한다. 이 소설의 주인공인 로
봇 앤드류와 인간 '작은 아씨' 사이의 신뢰는 주인과 충복 사이의 관계
와 다를 바 없다. 이 소설은 로빈 윌리엄스가 로봇 앤드류 역을 맡아 동
명 영화로 만들어지기도 했다.

실제 인간을 뺨치게 닮은 로봇 유
형인 안드로이드의 이야기 「A. I.」.

　이러한 얘기를 꺼낸 것은 이번에 소개할 산토리 광고에서 로봇을 바
라보는 기본 정서 또한 아시모프의 로봇관과 별반 다르지 않아 보이기
때문이다. 산토리는 일본에서 사랑받는 위스키의 대명사이다. 그동안
이 브랜드의 TV광고 캠페인은 주로 구수하고 신뢰감이 가는 남성들이
나와 중후한 분위기로 인생과 멋을 이야기하는 타입이 많았다. 그런 기
존 광고에 익숙한 이들에게 로봇이 등장하는 플롯은 정말 의외였으리
라. 설상가상으로 여기에 주인공으로 등장하는 로봇은 인간을 뺨치게
닮은 안드로이드가 아니라 흔히 연상되는 깡통덩어리의 집합체처럼 보
이지 않는가.

Tokyo. March, 2899.
"Why Did Mankind Meet Its End?"

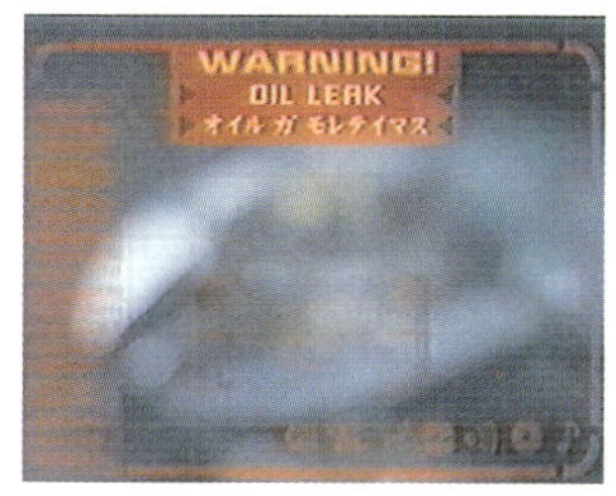

자막 2099년 3월 동경

(미래의 동경 야경 전경.)

(골목에서 로봇 강아지가 튀어나와 돌아다닌다. 퇴근길인 듯 걸어가는 누군가의 실루엣.)

(어느 허름한 술집, 로봇 바텐더가 한가한 틈에 책을 읽고 있다. 책 제목은 '왜 인류는 종말을 고했는가?' 이다.)

(문이 열리고 들어오는 남자, 알고 보니 그 역시 깡통과 기계장치들이 덕지덕지 붙은 로봇이다.)

(로봇 바텐더가 로봇 손님에게 위스키를 따라준다. 안주 접시에 놓인 세 개의 쇠못덩어리들이 클로즈업 된다.)

(로봇 손님, 위스키를 들이켜더니 흥분한 듯 양쪽 귀에서 증기기관차처럼 김이 뿜어져 나온다.)

(술기운에 울적해진 로봇, 마음을 달래려 팔 껍질 안에 붙여놓은 사진을 꺼내본다. 사진이 확대되면 인간 주인과 로봇의 즐거웠던 한때가 시야에 들어온다.)

(로봇의 눈에서 눈물 같은 액체가 흘러내린다. 그 바람에 들고 있는 잔의 초점이 흐려지며 '경고, 오일이 샙니다' 란 경고 자막이 로봇의 망막에 뜬다.)

자막 21세기에 어떤 일이 일어나든지 간에.

(술집의 벽에 걸린 사진 액자, 술집의 원래 주인이었던 인간 바텐더와 조수였던 로봇 바텐더가 다정하게 찍은 모습이 담겨 있다.)

자막 산토리는 일본에서 사랑받는 위스키를 언제까지고 만들어낼 것입니다.

이 광고는 내용만 놓고 보면 아주 희화적이다. 하지만 분위기가 예사롭지 않다. 오페라 아리아의 선율이 차분하게 깔리고 모노톤에 가깝게 처리된 화면에서 보여주는 주연 로봇(손님)과 조연 로봇(바텐더)의 잔잔한 연기는 웬만한 직업배우보다 더 생생한 공감을 자아낸다. 여기서 인류가 왜 멸종하고 거리에 로봇들만 득실거리게 되었는지에 대한 설명은 나오지 않는다. 길어봤자 1분 남짓한 광고에서 설명할 여유도 없거니와 이 광고가 전달하고자 하는 바는 어차피 거기에 있지 않았으리라.

여기 인간이 단 한 명도 남아 있지 않은 사회에서 인간 주인을 못 잊으며 기름 눈물을 흘리는 로봇이 있다. 그리고 그 곁에 산토리가 있다. 그것으로 충분한 것이다. 인류의 흥망과 상관없이 산토리는 두고두고 계속 사랑받을 것이다. 만일 광고 크리에이터가 똑같은 메시지를 직설적으로 표현했다면 기고만장하기 짝이 없는 건방진 주장처럼 받아들여졌을 것이다. 우리는 흔히 '몇십 년 기념 어쩌고저쩌고~' 하는 자화자찬식 국내 광고를 많이 본다. 하지만 산토리의 이 TV광고는 위와 같은 SF 소재와 플롯을 끌어들여 소비자들로 하여금 절로 싱긋 미소를 머금게 만드는 멋진 광고가 되었다. 우리는 대개 어떤 개념에 대해 틀에 박힌 고정관념을 갖기 쉽다. 로봇 하면 터미네이터류부터 떠올리는 게 보통인 사람들 틈바구니에서 오늘도 크리에이터들은 그러한 평범함을 넘어선 공감대를 찾아나선다.

거대 로봇의 신화,
인터넷 동영상 광고와 뮤직비디오로 재창조되다!

필자는 음악 전문가가 아니요, 이 책은 광고와 SF 컨텐트의 접목 사례를 풀이하려는 의도로 쓰여졌지만 이번 장에서는 인터넷 동영상 광고 하나에다 뮤직비디오까지 한 편 더 소개하고자 한다. 왜냐하면 광고가 대중문화의 모든 컨텐트 영역을 흡수하여 소비자와 커뮤니케이션 하는 접점으로 이용하고 있는 시대에 SF만화적 감수성으로 충만한 뮤직비디오 한 편을 그냥 지나칠 수 없다는 생각이 들었기 때문이다.

SF소설과 영화의 본시장이라 하면 누구나 미국 출판시장과 할리우드를 꼽는 데 주저하지 않는다. 하지만 SF만화와 애니메이션으로 눈길을 돌려보면 상황이 많이 달라진다. 디즈니와 워너 브라더스의 건재에도 불구하고 세계 애니메이션의 조류를 이끌어가는 시장은 국가별 단위로 볼 때 단연 일본이다. 제2차 세계대전 후 도에이 동화와 데스카 오사무로까지 거슬러 올라가는 일본 만화와 애니메이션은 다양한 하위 장르로 분화 발전해왔는데 이 자리를 빌려 언급하고 싶은 장르는 SF, 그리고 그중에서도 거대 로봇물이다.

거대 로봇물에 별다른 관심이 없는 사람이라도 스포츠 경기 응원 중

거대 로봇물의 본격적 발판이 된 1970년대의 「마징가 Z」.

20여 년 넘게 장수한 거대 로봇물 시리즈의 결정판 「건담」.

에 「마징가 Z」 노래를 불러보지 않은 사람은 별로 없을 것이다. 1970년대에 인기를 모았던 「마징가 Z」는 크기가 수십 미터에 이르는 거대 로봇들에다 인간의 대리 만족 욕구를 대입시키고자 한 거대 로봇물의 초창기 대표주자였다. 거대 로봇물 애니메이션의 역사를 짧게 살펴보면, 그 효시는 1963년 일본의 후지TV에서 시리즈로 방영된 「철인 28호」로 거슬러 올라간다. 이 당시만 해도 거대 로봇은 주인공이 리모콘 조종기로 움직이는 단계에 머물렀다. 1979년 이후 20년 넘게 속편이 만들어지고 있는 「건담」 시리즈와 1990년대 후반의 「신세기 에반게리온」 시리즈에서 보듯이, 거대 로봇이 조종사와 합체하여 생사고락을 같이하는 형태가 일반화된 것은 1974년부터 일본에서 TV 시리즈로 93회나 방영된 「마징가 Z」가 폭발적인 인기를 얻으면서부터이다.[1] 나가이 고의 원작만화를 애니메이션으로 만든 「마징가 Z」는 맨몸으로 버티던 「철인 28호」와는 달리 온몸에 각종 무기가 내장된 거대 로봇의 시조격이다. 그 중에서도 주먹이 팔에서 떨어져 나와 적을 강타하는 기술은 「로봇 태권 V」 이전에 이미 「마징가 Z」가 식상해질 정도로 써먹은 장기였다. 「마징가 Z」의 대대적인 성공은 일본에서 완구업계가 애니메이션 산업 속으로 깊숙이 들어서게 이끌었고 향후 다양한 슈퍼 거대 로봇 캐릭터들이 일본 애니메이션 산업에서 전성기를 누리게 되는 발판이 되어주었다.

　앞서 언급했다시피, 원래 로봇이란 명칭은 체코 작가 카렐 차페크가 붙였으며 이후 로봇을 모델로 한 작품들이 미국을 위시한 여러 나라에서 쏟아져 나왔다. 하지만 유독 일본에서만 로봇 중에서도 키가 수십 미터를 훌쩍 넘어서는 거대 로봇물이 독보적으로 발달하게 된 까닭은 무

1) 박인하 외, 『아니메가 보고 싶다』, 교보문고, 1999년, 108쪽.

엇일까? 만화 평론가 박인하는 일본에서 로봇을 주인공으로 한 TV 애니메이션들의 주 시청자층은 90퍼센트 이상이 소년들인데, 거대 로봇물은 아톰 같은 아기자기한 인간형 로봇 이야기에서는 느낄 수 없었던 통쾌함, 다시 말해서 절대화된 남성적 힘의 욕망을 대리 보상해 준다고 지적한다.[2] 같은 맥락에서 거대 로봇물에 등장하는 여성형 외모의 거대 로봇들은 그 덩치에 어울리지 않게 남성형 로봇들에게 보호받아야 할 대상으로 그려진다.(마징가 Z와 아프로다이 에이스의 관계가 바로 그러한 예다. 여성형 로봇 아프로다이 에이스는 가슴에서 나오는 미사일 두 방을 쏘고 나면 이렇다 할 힘 한 번 쓰지 못하고 고작해야 마징가 Z의 지원을 기대하는 처지이지만, 헬 박사의 괴수 로봇들이 쳐들어오기만 하면 예외 없이 부지런히 출동해 두들겨 맞는다.) 이러한 거대 캐릭터에 대한 선호는 「울트라맨」과 「고지라」 같은 일본의 라이브 액션 드라마들에서도 다시금 확인된다.

직접 거대 로봇을 타고 동고동락을 하는 유형의 국내판 버전 「로봇 태권 V」의 조종사 훈이.

단순히 기계에 탑승하는 인간 조종사란 기존 구도를 넘어서, 거대 생체 로봇과 인간 조종사의 유전자 동조를 통해 조종의 효율성을 노린 신종 거대 로봇물 「신세기 에반게리온」.

폭스바겐, 거대 로봇으로 변신하다! – '마이클 스미스 사이트' 홍보 광고

거대 로봇물의 하위 장르로 '변신(또는 합체) 로봇'이란 것이 있다. 이것은 독자적으로 완벽하게 기능하는 단일 메카닉들이 하나의 거대한 로봇으로 합체되거나 필요에 따라 때로는 비행기로, 때로는 로봇으

2) 같은 책, 107쪽.

변신 합체 로봇의 효시 「게타 로보」.

로 변신하는 유형이다. 변신 로봇물의 효시로는 1974년부터 이듬해까지 모두 51화가 방영된 TV 애니메이션 「게타 로보」가 꼽힌다. 이것은 모두 3대의 메카닉이 합체하여 거대 로봇 게타 로보로 변신하는 방식으로, 조종도 3인의 팀워크로 이뤄진다. 이 같은 로봇 메카닉의 거대화 및 변신 합체화 경향은 갈수록 극대화되어 「마징가 Z」의 경우는 신장이 15미터였으나 「게타 로보」의 후속편 「게타 로보 G」의 경우에는 무려 50미터짜리 거신(巨神)이 탄생하기에 이르렀다. 이러한 변신 합체 기능은 단지 만화와 애니메이션 기획자들의 의도뿐만 아니라 프라모델 판매시장을 넓히기 위한 완구회사들의 강력한 입김이 작용한 결과였다.

〔광고 3-1〕은 변신 로봇의 개념을 승용차와 결합시킨다. 겉으로 보기에는 깜찍한 폭스바겐 비틀(Beatle)처럼 생긴 자동차가 거리 주유소에 정차해 있다. 그러다 별안간 폭스바겐이 꿈틀대더니 몸을 일으켜 세우는 것이 아닌가. 그뿐이 아니다. 순식간에 여기저기서 팔과 다리가 나오고 양팔 사이에서 고개가 튀어나오더니 등짝에서 거대한 총과 방패까지 꺼내드는 것이 아닌가. 자동차를 찍은 실사 화면과 거대 로봇으로의 변신 과정을 처리한 컴퓨터그래픽이 서로 깔끔하게 조화를 이뤄 마치 진짜로 한 장면 같아 보인다.

광고 3-1

그러나 이 광고는 폭스바겐 광고가 아니
다. 3D와 2D 분야의 컴퓨터그래픽 애니메
이션 작업을 하는 디자이너 마이클 스미스
(Michael Smith)의 개인 인터넷 사이트(www.
themichaelsmith.com)를 알리기 위한 일종의
프로모션용 동영상 광고다. 이 광고를 통해
마이클 스미스는 실사 화면과 CG 화면을 자
연스럽게 접목시키는 자신의 노하우를 과시
하려 한 것이다. 이 사이트를 찾아가보면 그

마이클 스미스가 재창조한 거대 로봇의 이미지.

의 다양한 CG 데모들을 볼 수 있다. 이 광고에서 필자가 언급하고
싶은 제일 중요한 점은 일본의 거대 로봇물, 그리고 그중에서도 변신
합체 로봇물이 서양의 애니메이션 디자이너의 포트폴리오 소재로 응
용되고 있다는 사실이다. 컨텐트 유통의 경계가 무의미해진 글로벌
커뮤니케이션의 시대를 새삼 절감하게 해주는 광고다.

뮤직비디오로 다시 태어난 「마징가 Z」의 후예들
−슈퍼카의 뮤직비디오 「White Surf Style 5」

앞에서 약술하였듯이 거대 로봇들이 펼치는 영웅담의 역사는 일본
의 애니메이션 산업에서 꽤 탄탄한 자리를 잡고 있다. 나아가 이러한
문화적 기반은 이제 단순히 출판만화와 애니메이션의 영역을 넘어서
뮤직비디오에서 패러디되기에 이른다. 그 예가 바로 일본의 인기 밴드
슈퍼카(Supercar)의 뮤직비디오 「White Surf Style 5」편이다. 슈퍼카는
미키 후지사와(보컬, 베이스), 코지 나카무라(보컬, 기타, 신시사이저), 코다
이 타자와(드럼), 준지 이시와타리(기타)로 구성된 4인조 밴드로, 1995

   거대 로봇의 신화, 인터넷 동영상 광고와 뮤직비디오로 재창조되다!

일본의 4인조 밴드 슈퍼카.

년 데뷔 이래 일본을 대표하는 그룹의 하나로 승승장구해왔다.

그러나 필자가 음악 전문가가 아닌 이상 이 지면에서 이들의 음악세계에 대해 왈가왈부할 생각은 없다. 다만 겐 세키구치가 감독한 이 뮤직비디오를 보면서 거대 로봇물이 더 이상 어린이들의 환상을 채워주는 데 그치지 않게 되었다는 사실에 주목하지 않을 수 없다. 즉, 거대 로봇물을 소재로 한 이 뮤직비디오는 1960~70년대 이래 이 같은 내용을 즐겨오면서 어느 덧 청장년이 되어버린 어른들에게 애틋한 향수를 불러일으킨다. 2002년 말 우리나라에서는 인터넷 신문 〈딴지일보〉의 주도하에 「로봇 태권 V」의 복각판이 비디오CD로 출시되었고[3] 만화책의 경우 고유성의 『로버트 킹』과 이정문의 『철인 캉타우』가 소장본용으로 재출간되었다. 만화를 가까이 두고 자란 오늘날의 청장년 세대는 자신들에게 친숙한 여러 가지 아이콘들을 통해 고유의 정체성을 재확인하려는 경향이 있다. 거대 로봇물은 그러한 아이콘들 가운데 하나라 하겠다. 최근 인사동 풍물거리에 1970~80년대에 대중의 인기를 끌었던 추억의 골동품 가게가 생겨났다. 그 점포에 비치된 아이템들 가운데 몇 가지는 단번에 필자의 눈에 띄었는데, 그중에는 마징가 Z와 그레이트 마징가, 그랜다이저, 게타 로보 그리고 순국산 로봇 태권 V 같은 거대 로봇들이 포함되어 있었다. 우리나라와는 비교가 되지 않을 만큼 만화와 애니메이션 시장이 거대한 일본에서도 소위 386세대의 과거에 대한 향수는 우리보다 더 강하면 강했지 덜하지 않으리라.

3) 〈딴지일보〉에 따르면, 이 비디오CD는 25년 만에 제작된 최초의 완전한 극장판 복원본으로 김청기 감독이 공인한 최초의 공식 복각판이다. 여기에는 김청기 감독을 비롯해, 주제가를 작곡한 최창권 씨와 그 노래를 불렀던 최호섭 씨의 인터뷰 동영상 등이 실려 있으며, 수출된 영문판에만 실려 있던 20여 분에 달하는 국내 미공개 부분까지 함께 수록되어 있다.

거대 로봇의 신화, 인터넷 동영상 광고와 뮤직비디오로 재창조되다!

그럼 지금부터 슈퍼카의 뮤직비디오 「White Surf Style 5」편에서 그러한 향수의 흔적을 찾아보기로 하자. 이 뮤직비디오는 도입부부터 상당히 도발적이다. 거실 바닥에 앉아 있는 한 남자의 치켜든 양 팔꿈치에서 김이 피어오르더니 갑자기 그 부분을 경계로 양팔이 정면을 향해 뚝 떨어져 나가는 것이 아닌가. 하지만 정작 알고 보면 이것은 전통적인 거대 로봇물의 관습을 패러디한 데 지나지 않는다. 짧게 삽입된 다음 화면은 마징가 Z를 비스름하게 닮은 거대 로봇이 양팔에서 로켓 펀치를 발사하는 모습을 애니메이션으로 보여준다.

로켓 연료의 김을 내며 날아가는 그 남자의 양팔이 겨냥하는 타깃은 반대편에 서 있던 한 여자다. 그녀는 기겁을 하며 도망치고 남자의 양팔에서 떨어져 나온 인간 로켓 주먹이 그 뒤를 따른다. 간발의 차이로 화장실 안에 숨는 데 성공한 여자가 숨을 몰아쉬는데, 남자의 양팔은 공중에 떠서 화장실 문을 노크한다. 여자가 화장실 안쪽에서 노크로 대응하자 그녀의 위치를 파악한 남자의 양팔이 문을 뚫고 여자의 얼굴을 강타한다. 화장실 바닥에 널브러진 여자를 문에 난 구멍으로 들여다보며 고소해하는 남자, 혀를 메롱메롱 하듯 날름거린다. 그때 드디어 분기탱천한 여자의 일그러진 얼굴이 나타나고, 여자를 뒤로 한 채 꽁지빠지게 달아나는 남자. 더 이상 달아날 수 없게끔 거실의 한쪽 벽으로 남자가 내몰리자 의기양양해진 여인의 양쪽 가슴이 일제히 부풀어 오르더니 각각의 유방이 미사일처럼 발사된다. 이 장면에 바로 이어서 마찬가지로 아프로다이 에이스 같은 여성형 거대 로봇의 가슴에서 미사

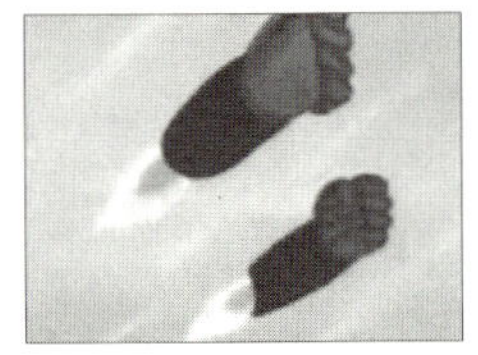

마징가 Z의 로켓 펀치.

마징가 Z와 아프로다이 에이스.

일이 발사되는 애니메이션 화면이 삽입된다.

이쯤 되면 눈치채셨으리라. 이 뮤직비디오은 마징가 Z와 아프로다이 에이스의 고유 특징을 패러디한 코미디인 것이다. 하지만 이 뮤직비디오는 이미 어른이 된 소비자들을 대상으로 한 것 아닌가. 그러므로 단지 과거의 향수를 되새겨주는 이상의 무언가, 즉 플러스알파가 덤으로 제공되어야 한다. 따라서 여자의 유방 미사일 한 쌍이 남자의 얼굴에 한 방 먹이리라 누구나 생각할 즈음, 남자의 로켓 주먹 한 쌍이 그것들을 낚아채 각기 하나씩 움켜쥐는 것이 아닌가. 로켓 주먹이 부드럽게 유방 미사일을 애무하자 멀리 떨어져서 그것들을 리모트 컨트롤하고 있던 여자의 얼굴이 홍조를 띠며 쾌감을 참지 못하겠다는 표정으로 바뀐다. 남자 역시 그러한 상황 전환에 안도하며 미소 짓는다. 유방 미사일과 로켓 주먹이 한창 작업(?)에 열중하자 두 남녀는 차차 감정이 누그러지며 서로에 대한 연모의 마음이 다시 생겨난다. 이윽고 두 사람은 달려와 서로 껴안고 키스한다. 이때 어느새 다시 돌아와 팔꿈치에 합체한 남자의 팔이 여자의 등을 감싼다.

이 뮤직비디오는 거대 로봇물을 즐기던 유년 시절의 감수성 그대로 자신의 신체를 분리 합체하며 노는 젊은 남녀를 통해 오래 전에 우리의 무의식 세계로 넘어가버렸던 과거에 대한 아름다운 향수를 유머러스하게 되살려낸다. 어린이의 텍스트를 어른의 세계로 끌어들여 재구성한 이 뮤직비디오의 감수성은 2000년을 전후해서 복고풍 광고들의 열풍이 불었던 우리나라 광고계를 떠올리게 한다. 당시 복고풍 컨셉의 광고는 한때의 경향으로 끝난 감이 없지 않다. 하지만 복고풍 컨셉은 언제든 다시 광고와 문화 컨텐트 전반에 응용될 여지가 많다. 복고풍에 대한 향수를 느끼는 것은 비단 386세대뿐이 아닐 터이기 때문이다. 모든 세대가 나이를 먹어가고 어느 시점에 가서는 뒤를 돌아보고픈 충동을 느끼게 된다. 광고 크리에이터는 타깃의 특성과 그 주변 환경에 맞

춰 그러한 트렌드의 이용 여부를 판단하게 된다. 이 뮤직비디오는 그러
한 감수성과 통찰력을 지닌 크리에이티브의 표본을 보여준다.

4

UFO의 생김새도 개성시대?

UFO 신화학은 하느님이 그를 믿고 그의 계시를 따르는 이들에게 그의 천사들을 구세주로 내려보내는 전통 종교들의 메시지와 비슷하다. 오늘날 신들의 전차는 UFO다. 지난 반세기 동안 우리가 목격한 현상은 새로운 시대에 걸맞은 종교(a New Age religion)의 번창이다.

—폴 커츠(Paul Kurtz)

1947년 6월 24일 미국의 실업가 케네스 아놀드(Kenneth Arnold)가 처음 목격한 이래, 비행접시는 세상의 뉴스와 가십거리에서 떠나지 않는 단골 메뉴 가운데 하나가 되었다. 당시 그는 비행기를 조종하다가 목격한 접시 형태의 비행물체에 관해 기자회견을 자청함으로써 미국 전역에 걸쳐 센세이션을 불러일으켰다. 오늘날 익숙해진 비행접시(Flying Saucer)란 표현은 〈이스트 오리거니언*East Oregonian*〉지의 기자 빌 베키트(Bill Bequette)가 아놀드와 인터뷰한 내용을 바탕으로 만든 신조어였지만 곧 널리 유행되었다. 이후 비행접시는 UFO의 동의어처럼 사용되고 있으나, 이어 계속된 수많은 목격담들을 종합하면 UFO가 꼭 접시 모양만은 아니며 공이나 시가 또는 그밖의 다양한 형태를 띠고 있다고 알려져 있다. 원래 UFO(Unidentified flying object), 즉 미확인비행물체라는 용어는 이 현상을 연구하던 미 공군의 블루 북 프로젝트(Project Blue Book) 책임자 에드워드 J. 루펠트(Edward J. Ruppelt) 대위에 의해 처음 언급되었다. 애초에 이 용어는 군사적이고 기술적인 정의를 위해 쓰였지만, 지금은 외계인들이 타고 온다고 여겨지는 비행접시와 동의어로 쓰인다. 과학자로서 이러한 존재의 가능성에 대해 부정적인 시각을 갖고 있다가 오랜 연구 끝에 긍정적으로 돌아선 세계적인 UFO학 권위자 앨런 하이넥(J. Allen Hynek) 박사에 따르면, UFO는 공중이나 지상에서 목격되는 발광물체로서 그 비행운동이 현대 물리학으로는 도저히 설명이 불가능한 것이라 정의된다.

1950~60년대에 UFO 현상은 세계 각지에서 무수히 보고되었으며 1970년대에 들어서서 한동안 잠잠해지는가 싶더니 1980~90년대 이후로 다시 목격 소식이 줄을 잇고 있다. 오늘날 UFO 열기는 한층 달아오르고 있다. 그 이유는 단순히 SF만화와 영화들의 범람 때문만은 아니다. 십여 년 전부터 관측기구가 첨단화되고 우주 왕래가 증가하면서 일반인은 물론이고 우주비행사들마저 원반형이나 삼각형 모양의 극초음속 비행물체가 항로를 방해했다는, 도저히 납득할 수 없는 증언들을 계속 쏟아내고 있는 상황이다. 몇 년 전에는 화성탐사선이 화성 표면에서 사람의 얼굴을 닮은 지형을 사진 촬영했다고 해서 논란을 빚은 적이 있다. 미항공우주국(NASA)은 그 사실을 부정했지만 그에 대한 의문이 말끔히 해소되었다고 보기는 어렵다. UFO와 관련하여 한 가지 재미있는 사회 현상은 정부당국이 뭐라고 해명하든 대중은 선뜻 믿으려 하지 않는다는 점이다. 바로 그 덕분에 로즈웰(Roswell) 사건을 미국 정부가 은폐하려 한다는 이른바 음모설에 근거한 TV 미니시리즈 「엑스파일」이 공전의 히트를 칠 수 있었다.[1] 아무튼 전문가들은 지금까지의 온갖 UFO 목격담들을 수집하여 대체로 다음과 같은 몇 가지 유형으로 분류

---

1) 로즈웰 사건이란 1947년 7월경 미국 뉴멕시코 주 로즈웰 지방 부근에 UFO가 추락했으며, 이때 비행체 잔해와 함께 휴머노이드형 외계인 시체 4구가 미국 공군의 손에 넘어갔다는 주장이다. 당시 군당국은 추락한 잔해가 기상 관측기구였다고 발표했으나, 후에 그 잔해를 운반했던 제시 마셀 예비역 대령이 그 운반물은 외계인의 시체였다고 주장함으로써 지금까지 논란을 불러일으키고 있다.

하기에 이르렀다.

* 제1유형의 근접 조우(Close Encounter of the First Kind=CE I) : 가까운 거리에서 UFO가 목격되었으나 주변에는 별 영향을 주지 않는 경우에 해당한다.
* 제2유형의 근접 조우(Close Encounter of the Second Kind=CE II) : 식물이 쓰러지거나 계기류가 고장나는 등 주위의 생물 및 무생물에게 불가해한 물리적 영향을 끼치는 경우를 말한다.
* 제3유형의 근접 조우(Close Encounter of the Third Kind=CE III) : 앨런 하이넥 박사가 그의 저서 『UFO 체험 *The UFO Experience*』에서 처음 사용한 용어로, 목격자가 1백50피트 이내의 가까운 거리에서 UFO는 물론이고 그 주변에서 활동 중인 외계생명체를 만난 경우를 가리킨다.
* 제4유형의 근접 조우(Close Encounter of the Fourth Kind=CE IV) : 목격자가 UFO의 내부를 구경하는 등 외계인 승무원과 실제 접촉한 사례로 일종의 납치 사건과 같은 맥락에서 바라보기도 한다.

과연 UFO는 어디까지 진실이고 어디까지 거짓일까? UFO의 존재에 대해 회의적인 사람들은 UFO에 투영되는 이미지가 시대에 따라 변화 또는 진화하고 있다는 점을 들어 반박한다. 지금까지의 목격자들이 제시한 사진과 기록들을 보면 UFO들은 저마다 생김새가 각각이다.[2] 회의론자들의 해석에 의하면 관찰된 UFO마다 제멋대로 생긴 까닭은 과학문명의 급속한 발달 수준과 떼어놓고 생각할 수 없다는 것이다. 만약 비행기가 발명되기 전에 똑같은 현상을 보았다면 사람들이 UFO를 그처럼 메카닉한 관점에서 볼 수 있었을까? 천사나 하늘의 불덩이 정도로 생각할 수도 있지 않았을까? 우주선과 외계인을 소재로 한 대중문

2) 이에 대해 그 존재를 주장하는 사람들은 여러 가지 형태 가운데 시가형이 모선이고 나머지는 거기에서 들락거리는 부류일 거라고 추정한다. 그러나 그들 역시 무슨 근거로 그렇게 말하는지에 대해서는 언급하지 않고 있다.

화를 전혀 접해본 적이 없음에도 불구하고 선뜻 미확인비행물체로부터 화성인과 금성인의 방문을 연상할 수 있었을까? 모든 목격 사건들 가운데 1~2퍼센트 정도는 신빙성이 간다고 전문가들은 주장하지만, 목격된 UFO들 중 십중팔구는 목격자가 알고 있는 과학지식을 바탕으로 좀더 진보된 비전을 덧붙인 허상이기 쉽다. 대표적으로 미국의 조지 애덤스키(George Adamski, 1891~1965)란 사내가 자신이 외계인들의 초대로 비행접시를 타고 금성에 가봤다고 주장해 사람들을 현혹시켰던 일화가 있다. 애덤스키가 묘사한 금성은 숲이 무성하고 강물이 흐르며 온갖 동물들이 뛰어노는 젖과 꿀이 흐르는 땅이었다. 여기서 중요한 것은 그가 그러한 주장을 펴기 시작한 시점이 1950년대로, 인류가 금성은커녕 달에 인간을 보내기도 전이었다는 사실이다. 1970~80년대 이후 우리는 태양계 곳곳에 보낸 여러 무인탐사선들 덕에 태양계 안에는 지구 외에 생명이 살 만한 행성이 존재하지 않음을 알고 있다. 금성만 해도 지표 온도가 섭씨 400도를 넘는데다 지구 기압의 90배가 넘어 미생물조차 살기 어려운 환경이다. 그러나 애덤스키는 우주에 대한 지식이 부족한 당시 대중을 상대로 자신이 화성인과 토성인까지 만나보았노라고 우겼다. 달에 가는 것 자체를 소설에서나 꿈꿔볼 수 있던 시대에 그의 속임수는 그럴듯하게 먹혀들었다. 하지만 만약 애덤스키가 좀더 상상력이 풍부한 사람이어서 태양계 행성들이 아니라 가까운 장래에 인류의 과학기술로 범접하기 어려운 먼 별에서 온 외계인들을 거론했더라면 지금도 그 진위를 판별하기가 쉽지 않았을 것이다. 그래서인지 최근에는 외계인과 만났다는 주장을 하는 사람들은 몇십 광년씩 떨어져 있어 현재의 로켓으로는 가볼 엄두도 낼 수 없는 먼 별에서 온 외계인을 만났다고 둘러댄다. 다시 말해서 UFO 목격담 자체가 과학기술의 발전에 발맞춰 대응하고 있는 것이다.

각설하고 이 장의 주제는 UFO의 진위를 파헤치는 데 있지 않다. 다만 이런 설명이 있어야만 왜 광고물에 UFO를 소재로 한 작품들이 빈번하게 등장하는가를 이해하는 데 도움이 될 것이란 생각이 들었을 뿐이다. UFO에 대한 이상 열기는 단순히 신기한 목격담에 그치지 않고 심지어는 고등문명권에서 온 외계인들을 메시아로 삼는 종교로까지 발전할 만큼 현대 대중사회의 복잡한 양상을 읽게 해주는 한 단면이다. 그러므로 광고에서 이러한 요소들을 소비자들의 시선을 끌어들이기 위한 복선으로 이용하는 것은 너무나 자연스런 현상인지도 모른다. 여기서는 앞의 UFO 목격담 분류 유형에 따라 관련 광고물들을 차례로 돌아보기로 하자.

제1유형의 근접 조우 : UFO의 생김새도 개성시대? ─ 닛신의 'UFO 컵라면' 광고

　아마 우리나라의 광고 크리에이터들에게 UFO가 나온 광고 가운데 가장 기억에 남는 작품을 물어보면 열에 아홉은 일본에서 방영된 닛신(Nissin)의 'UFO 컵라면' 광고 캠페인을 예로 들지 않을까? 이 라면은 아예 이름부터가 UFO라고 지어졌으니 애당초 그 특이한 이름과 직결된 크리에이티브를 발휘하는 쪽으로 표현 컨셉이 결정되었을 것이다. 문제는 그 다음부터다. UFO만 나오면 다 되는 건가? 아니면 외계인도 찬조 출연해야 할까? 만일 출연시킨다면 어떻게 생긴 외계인으로? 또 외계인은 무슨 해프닝을 벌이지? 외계인이 좋아하는 라면이란 컨셉은 어떨까? 등등 별별 아이디어가 속출했을 것이다.

　하지만 결론은 정말 예기치 못한 방향으로, 다시 말해서 그야말로 광고적으로 매듭지어졌다. 외계인을 등장시켜 복잡한 이야기를 전개하기보다는 UFO란 브랜드 이름 자체와 인스턴트 컵라면의 속성(끓는 물)을 유머러스하게 결합시키는 데 주력하기로 한 것이다. 이 광고 캠페인을 보면 시종일관 UFO가 날아다닌다. 근데 좀 이상하다. 조금만 눈여겨보면 UFO 생김새가 비행접시뿐만이 아니라 끓는 김이 무럭무럭 나오는 물주전자를 쏙 빼닮은 것들이 돌아다니고 있음을 알 수 있다.

시리즈의 첫 번째 광고를 보자. 하늘에 비행접시가 나타난다. 이어 왼쪽에서 또 다른 UFO가 나타난다. 두 번째로 나타난 UFO의 모양은 영락없는 물주전자다. 게다가 주전자 꼭지에서 끓는 김이 연신 나오고 있지 않은가. 물주전자 UFO는 갑자기 비행접시 위에다 뜨거운 물을 붓는다. 기겁을 한 비행접시가 그대로 추락해버린다. 그리고 화면 가득 떠오르는 제품 패키지와 멘트.

　　멘트 새로운 인스턴트 컵라면 'UFO', 그저 뜨거운 물만 부어주시면 돼요.

　두 번째 광고에서는 UFO를 목격한 시골 농부가 자신이 본 것이 진짜라고 떠들어댄다. 마치 기자가 그를 인터뷰하고 있는 듯한 시점의 화면이다. UFO를 봤다고 하면 쉽사리 믿어주지 않을 거라고 지레짐작한 농부가 열과 성을 다해 설명하는 사이, 그의 머리 너머로 진짜 비행접시가 나타난다. 여기까지는 그저 그렇다. 그런데 그 다음에 소비자의 머리카락을 쭈뼛하게 할 정도로 우스운 장면이 이어지는 것이 아닌가. 소비자들은 첫 번째 광고를 기억하고 있을 것이다. 비행접시가 그에 못지않게 정체불명인 미확인 주전자에게 뜨거운 물 공격을 받아 추락하지 않았던가. 이번에는 목격담을 토로하는 농부의 머리 위로 물주전자들이 떼로 등장한다. 기겁을 한 비행접시는 이리 도망가고 저리 도망간다. 이를 놓칠세라 물주전자들은 이리 쫓아다니고 저리 쫓아다닌다. 나머지 구성은 첫 번째 광고와 같다.

세 번째 광고를 보자. 이제 무대는 워싱턴 D. C. 상공으로 바뀌어 있다. 엄청나게 큰 비행접시들이 떼로 나타난다. 거리에 있던 한 여성의 놀라워하는 얼굴 클로즈업. 그리고 예외 없이 등장하는 주전자들의 떼. 이번에도 비행접시들은 혼비백산하여 달아난다. 나머지 구성은 첫 번째 광고와 같다.

이제 UFO도 개성시대에 돌입한 것일까? 지금까지 전 세계에서 목격된 UFO들의 모습을 분류하면 약 40여 종에 이른다고 한다. 하지만 하늘을 자유자재로 날면서 비행접시를 겁주는 물주전자 UFO를 목격한 적이 있을까? 만약 진짜로 비행접시를 타고 지구를 찾아온 외계인들이 있다면 이 광고 캠페인의 태연자약한 익살에 뒤로 넘어가지 않을까? 그들에게도 유머감각이 있다면 말이다. 이 시리즈는 일본의 광고영화제인 ACC에서 수상을 했다.

제2유형의 근접 조우 : 외계인도 알아주는 맛
 ―OLW의 땅콩튀김과자 '버지니아 엑스트라 라지' 광고

　이번에는 UFO가 단순히 목격되는 데 그치지 않고 한 가족의 삶에 스트레스를 주는 사례를 소재로 한 광고를 소개하겠다. 단도직입적으로 말해서 UFO(또는 거기에 탄 외계인)가 도둑질을 하는 이야기다. 스웨덴 제과업계의 선두주자 OLW(Old London Wasa)의 땅콩튀김과자 '버지니아 엑스트라 라지(Virginia Extra Large)'를 위해 제작된 이 광고는 재료의 원산지 증명도 이처럼 기발하게 할 수 있다는 것을 보여주는 흥미로운 케이스다. 이 광고의 요지는 '버지니아 엑스트라 라지'는 미국 버지니아 주의 땅콩농장에서 직수입한 양질의 큼지막한 땅콩으로 만들었기에 다른 유사제품들과는 비교가 안 된다는 것이다. 여기까지는 흔히 보아온 원산지 자랑 광고 컨셉에 불과하다. 그런데 '버지니아 엑스트라 라지' 광고는 그 원산지 증명을 어떻게 하느냐에 따라 소비자에 대한 흡인력이 전혀 달라질 수 있음을 보여줌으로써 칸 국제광고제 수상작이 되는 영예를 누렸다.

광고 4-4

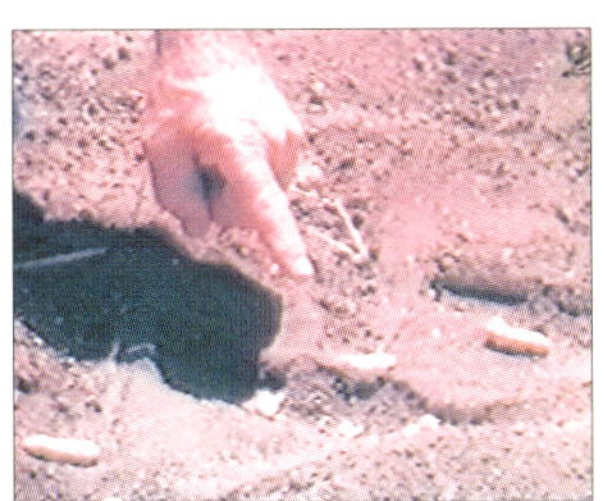

(「엑스파일」처럼 서스펜스와 스릴을 고조시키는 배경음악)

아나운서 멘트 미국 버지니아 주의 앤더슨 가족은 예로부터 세상에서 제일 큼직한 땅콩 재배로 이름이 높습니다. 그런 그들이 외계인을 만나 아직도 충격에서 벗어나지 못하고 있습니다. 어느 날 밤 아버지 앤더슨 씨는 외계인이 땅콩을 훔쳐간 흔적을 발견했습니다. 후에 린다 앤더슨은 자신이 목격한 광경을 괴상한 스케치로 보여주었는데, 공중에 뜬 지렁이 같은 게 땅콩을 먹는 모습이었습니다. 이 장면은 정체를 알 수 없는 비행물체가 앤더슨 가족의 홈비디오에 잡힌 것입니다. 그렇다면, 버지니아 주 엑스트라 라지 땅콩 사건으로 보건대 우리는 외계인이 엄연히 존재한다고 결론 내릴 수 있을 것입니다.

자막 진짜 큰 땅콩은 미국산이다.

이 광고는 처음에는 미국산 땅콩이 중요한 게 아니라 외계인이 UFO를 타고 나타났다는 데 초점을 맞춰 호들갑을 떤다. 큰 지렁이 모양의 외계인이 UFO를 타고 지구의 한 농가를 수시로 방문한다는 얘기를 마치 수십 년간 세계 각지에서 목격한 UFO 경험담 중에서 발굴한 다큐멘터리처럼 보여주는 것이다. 그래서 화질도 아날로그 비디오카메라로 찍어 거칠고 연출도 어설픈데다가 내레이션은 흥분한 뉴스릴 아나운서의 말투처럼 들린다. 그럼에도 이 광고가 주장하는 바는 분명하다. '버지니아 엑스트라 라지'는 외계인도 먼곳에서 찾아올 정도로 좋아하는 미국산 땅콩을 원료로 했으니 얼마나 맛있고 품질이 좋겠느냐는 것이다. 이러한 주장을 노골적으로 코믹하게 했더라면 치기 어린 주장으로 외면당하기 십상이었을 텐데, 오히려 진지한 다큐멘터리 톤과 언뜻 들어도 황당하기 짝이 없는 내용(실제로 UFO에 납치되어 외계인을 만났다고 주장하는 사람들조차도 지렁이 모양의 외계인을 거론한 적은 없다)을 과감하게 배합함으로써 시선을 잡아끄는 광고를 만들어냈다.

제2유형의 근접 조우 : 둘이 먹다 하나가 죽어도 모르는 맛 –아이스크림 '드럼스틱' 광고

우리나라 속담 중에 아주 맛있는 음식을 두고 '둘이 먹다가 하나가 죽어도 모른다'는 표현이 있다. 아이스크림 드럼스틱(Drumstick) 광고가 바로 그러한 개념을 아이디어로 끌어들인 예다. 다만 여기서는 옆자리의 친구 대신 UFO가 등장하고 있다는 점이 다르다.

광고 4-5

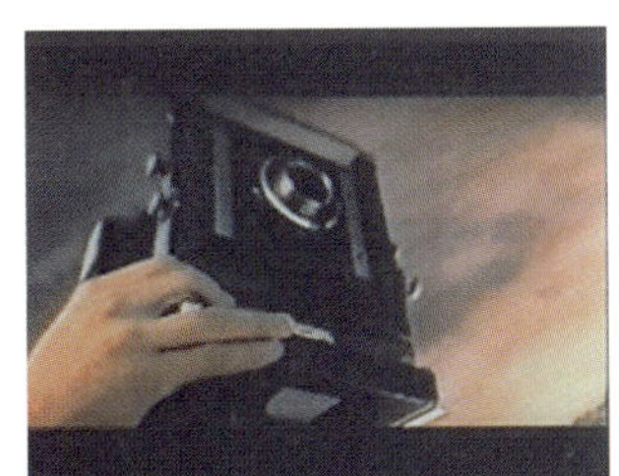
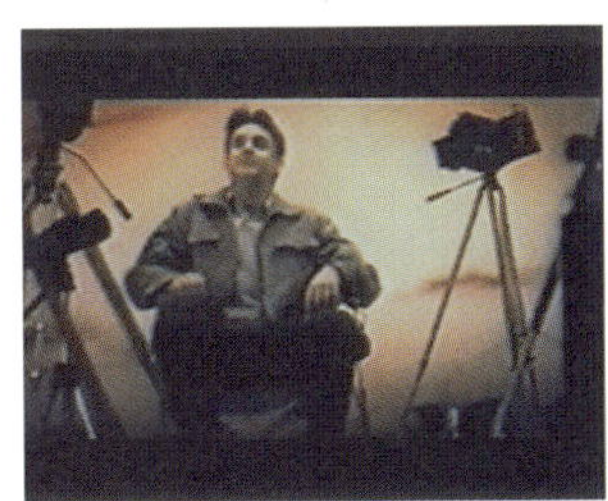

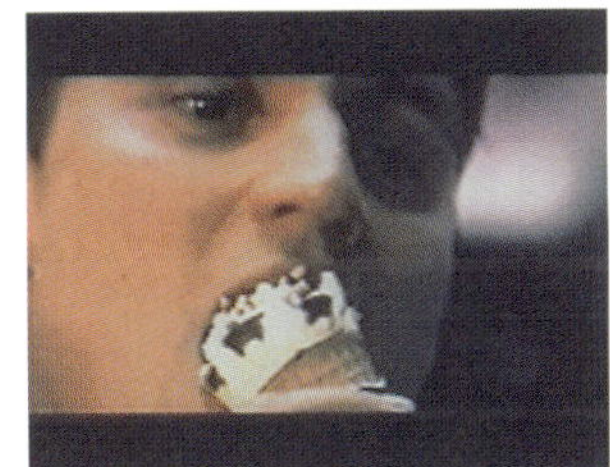

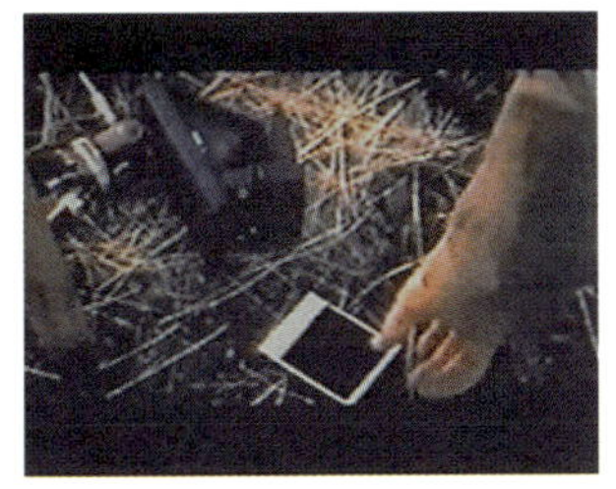 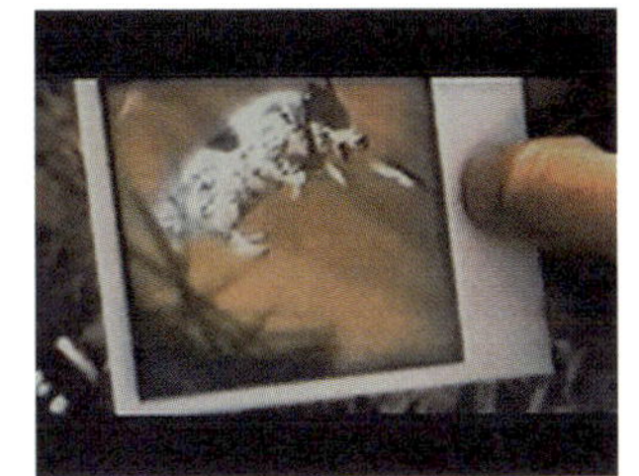 

한 젊은이가 UFO가 자주 출몰한다는 야산에 트럭을 몰고 나타난다. 각종 촬영도구를 세팅한 다음 그는 언제 나타날지 모르는 UFO를 기다리기 지루해 '드럼스틱'이란 아이스크림을 짐 속에서 꺼내 먹기 시작한다. 그런데 젊은이의 표정으로 보아 이 아이스크림 맛이 장난이 아닌 모양이다. 그는 쭉쭉 빨다시피 해서 티끌도 남김없이 다 먹어치운다. 이때 불현듯 그의 머리 위로 날아드는 빛의 원반, 바로 고대하던 UFO다. 같이 데려온 개도 눈치채고 설치해놓은 카메라 렌즈에도 버젓이 미확인비행물체가 잡히건만 정작 이 모든 준비를 단단히 갖춰놓은 젊은이는 아이스크림 먹느라 넋이 나가 있다. 이렇게 되면 약이 오르는 것은 이 친구가 아니라 그의 머리 주위를 뱅뱅 도는 UFO쪽일 수밖에. 마치 자기를 주목해달라는 듯이 UFO는 질풍노도와 같이 그의 주변을 이리저리 휘젓고 다닌다. 세찬 바람이 불고 카메라가 쓰러져도 드럼스틱 맛의 여운을 즐기느라 젊은이는 눈 한 번 제대로 못 뜬다. 결국 UFO는 떠나버리고 드디어 정신을 차린 젊은이가 주변을 두리번거린다. 이때 쓰러진 폴라로이드 카메라에 잡힌 사진이 그의 시선에 들어온다. 개가 원반을 물려고 뛰어오르는 사진이다. 이상하다. 내가 이 녀석에게 원반 물어오기를 시킨 적이 없는데, 하는 표정으로 그는 고개를 갸웃한다.

카피 정신 못 차리게 하는 맛, 드럼스틱.

맛이 끝내주는 아이스크림이란 주장은 직설적으로 해보았자 소비자에게 별 설득력이 없다. 해마다 여러 빙과회사에서 출시하는 신규 아이스크림 브랜드들만 해도 일일이 외우기 어려울 정도로 많은 터에, 맛있다고 일방적으로 떠들어댄다고 해서 믿어주어야 할 이유가 어디 있겠는가. 이러한 어려움을 돌파하는 가장 진부한 방법은 유명 연예인을 등장시켜 '사랑해요, 밀키스!' 하는 식으로 호의적인 이미지를 연계시키는 수법이다. 진부하다고 말하긴 했지만 실제로 이 방법은 효과가 있다. 관여도가 낮고 광고 탄력성이 높은 브랜드일수록 굳이 전문가나 권위자를 내세우지 않고 대중적인 친근감이 많은 연예인을 대변인으로 삼는 것만으로도 소기의 성과를 거둘 수 있다. 그러나 유명 연예인을 쓰려면 천정부지로 올라가는 모델료를 감당해야 하며, 혹여 스캔들이라도 일으키면 계약 조건 불이행을 이유로 소송을 건다 한들 소 잃고 외양간 고치는 격이 된다. 실제로 필자도 십여 년 전에 모 제과의 TV광고를 제작 준비하던 중 촬영 바로 전날 출연하기로 예정되어 있던 인기 가수가 마약 복용 혐의로 구속되는 불상사가 일어나는 바람에 관계자들을 곤란에 빠뜨린 적이 있다. 하지만 이 드럼스틱 광고처럼 유명인이 아니라 광고 크리에이티브 자체에 승부를 걸면 많은 문제가 깔끔히 해소된다. 바가지에 가까운 모델료를 부담할 필요도 없고 예기치 못한 스캔들로 속을 썩이지도 않을 테니 말이다. 다시 말해서 광고주와 광고회사가 브랜드를 광고에 담아 알리는 데 장기적으로 가장 확실한 길은 유명인사에 유임승차(?)하는 기대기 전법이 아니라 크리에이티브 자체의 파워, 즉 독창성과 화제성 있는 아이디어로 승부하는 것이다. 물론 후자의 길은 전자의 길보다 고통스럽고 어렵다. 그러나 쉽지 않게 얻은 공감은 쉽게 잃어버리지 않는다. 내가 광고에 쓴 유명 모델이 계약 기간 만료 후 경쟁사 광고에 버젓이 나오면 어떻게 할 텐가?

제3유형의 근접 조우 : 착각은 자유 — 괴르츠의 패션화 '벨몽도' 광고

    저명한 천문학자이자 우주생물학자인 칼 세이건은 만약 외계의 고등생물이 지구에 찾아온다면 별과 별 사이의 머나먼 여행을 가능케 한 그들의 월등한 과학문명으로 인해 우리 눈에는 그들이 마치 신처럼 보일 것이라고 주장한 바 있다. 이러한 견해는 다른 많은 학자들에게도 일반적으로 공감을 얻고 있으며 대중문화에도 큰 영향을 미쳐 외계인을 초월적인 존재로 묘사한 스탠리 큐브릭 감독의 「2001 스페이스 오디세이」 같은 영화가 나오기도 했다. 하지만 '벨몽도' 광고는 이러한 선입관을 180도 바꿔놓는다. 먼 외계에서 온 고등생명체라 해서, 과학문명이 앞서 있다 해서 반드시 그들이 우리보다 낫다는 근거가 어디 있는가? 이것이 바로 이 광고 크리에이티브의 출발점이다.

광고 4-6

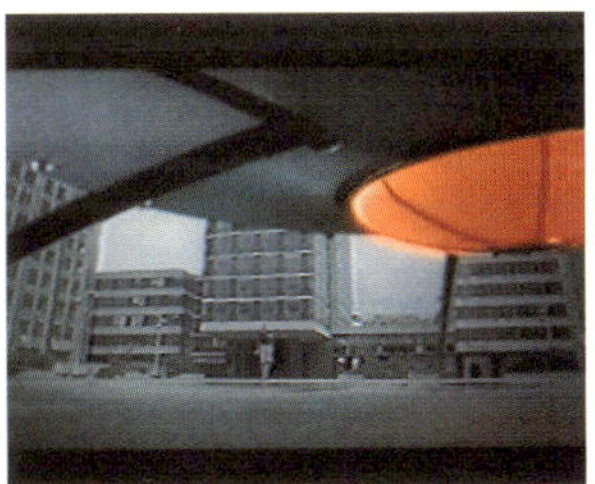

거대한 UFO가 지구의 빌딩 숲 사이로 내려앉는다. 그 UFO 안의 흉측하게 생긴 외계인들은 음흉한 미소를 짓고 있다. 그때 맞은편 빌딩에서 한 멋진 여성이 걸어나온다. 뚜벅뚜벅. 우리로서는 그 여성이 걱정되지 않을 수 없다. 외계인들이 이상한 광선을 발사하는 장치를 가동시키려 하기 때문이다. 그녀는 거의 UFO 코앞까지 다가온다. 그런데 외계인들이 갑자기 경악한다. 대체 어찌된 영문일까? 다음 순간 와지직 하는 소리와 함께 그 UFO는 그 여인의 구두에 밟혀 가루가 되고 만다. 그 외계인들의 우주선은 불과 손가락 하나 길이도 안 되었던 것이다. 다만 우리는 카메라의 주관적 시점 테크닉에 그만 속아 넘어갔을 뿐이다.

어처구니없어 보이는 이 광고의 결말은 외계인에 대한 잣대를 한 가지만 가져서는 곤란하다는 통찰력을 보여준다. 함부르크 소재의 광고 회사 '스프링거 앤 자코비(Springer & Jacoby)'가 만든 이 광고는 소비자의 눈길을 잡아끌려면 기존의 상식이나 전형을 뒤엎어야 한다는 보편적인 진리를 다시 한 번 확인시켜준 셈이다.

제4유형의 근접 조우 : 외계인도 탐내는 맛 – '트위스티' 광고

UFO로 납치되었다고 주장하는 이는 조지 애덤스키뿐만이 아니다. UFO학에서는 UFO의 목격은 물론이고 그 외계인 승무원들에게 납치당한 사람들을 일컬어서 피랍자(Abductee)라고 한다. 애덤스키 이후에도 자신이 피랍자라고 주장하는 이들이 계속해서 등장했는데 그중 가장 유명한 사람들로는 스위스 출신의 에두아르트 빌리 마이어와 미국의 힐 부부가 있다. 빌리 마이어는 애덤스키보다 더 큰 스케일을 보여주는데, 그에 따르면 자신이 1975년부터 1980년대 말까지 지구에서 4백50광년 떨어진 플레이아데스 성단의 에라 행성에서 온 셈야제라는 외계인 여성과 만나거나 텔레파시로 교신하며 방대한 양의 접촉기록을 남겼다는 것이다. 그 메시지에는 인류의 기원이 외계인과 같으며 외계종족이 지구의 초고대 문명의 영고성쇠와 관련되었다는 내용이 담겨 있다. 빌리 마이어와 같은 주장을 펴는 이들은 과학적인 이치보다는 종교적 색채가 강해 그 진위 여부가 극히 의심스럽다.

한편 힐 부부 피랍 사건(Hill Abduction Case)은 1961년 9월 19일에서 20일 사이에 미국 뉴햄프셔 주에서 일어났다. 이 부부는 한밤에 차를 타고 고속도로를 달리다가 이상한 불빛이 점점 가까워지는 것을 느꼈고 그 뒤 기억을 잃었다고 한다. 정신을 차렸을 때는 이미 두 시간이나 지나버린 뒤였다. 그 후로 악몽과 불면증 그리고 신경쇠약에 시달린 두 사람은 정신과 전문의를 찾아가 최면 치료요법을 시술받았다. 그들이 최면상태에서 털어놓은 바에 따르면, 그들은 UFO 안으로 납치되어 지구에서 55광년 떨어진 제타 레티쿨리(Zeta Reticuli)에서 온 난쟁이 외계인들에게 이런저런 생체실험을 당했다는 것이다. 이처럼 귀환한 피랍자들 가운데 일부는 UFO 안으로 납치되어 신체검사라기보다는 생체조직 실험에 가까운 테스트를 받았다고 주장한다. 1992년 UFO 피랍사건 전문가 버드 홉킨스와 데이비드 제이콥스 교수는 미국 총 인구의 2퍼센트인 3백70만 명이 피랍 체험이 있다고 추정했다. UFO 피랍 사건들은 대개 체험자의 기억 상실, 지각(知覺) 왜곡, 외계인에 대한 양면적 태도 및 각종 후유증을 일으킨다. 또 귀환한 사람들 가운데 일부는 놀라운 지식이나 능력을 갖게 되어 기적적인 치료 능력과 더불

광고 4-7

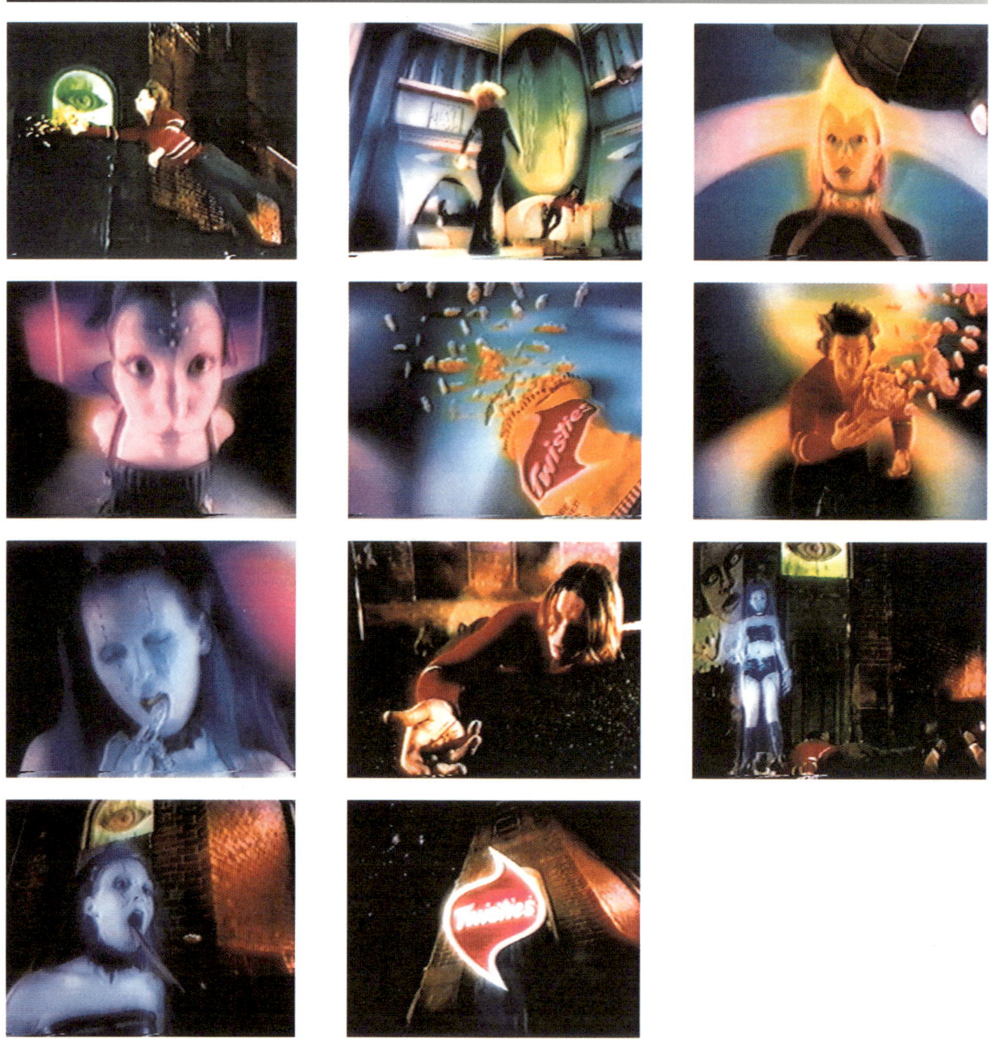

호주 과자 '트위스티'의 광고 또한 위에 소개한 패턴을 충실히 따른다. 한 청년이 트위스티를 맛있게 먹으며 밤거리 뒷골목을 걷다가 갑자기 온몸이 굳어버린다. 마치 그에게만 시간과 공간이 멈춰버린 듯이. 이것은 UFO학 입장에서 보면 일종의 EME(Electro Magnetic Effects)라고 볼 수 있다. EME란 UFO와 근접 조우시 나타나는 물리 현상으로 UFO에 지나치게 가까이 다가가면 자동차 엔진과 헤드라이트가 일시적으로 꺼지고 차내 라디오 소리가 멈추는가 하면, 사람의 경우에는 화상을 입거나 전신이 마비되는 듯한 느낌을 준다. 대다수 UFO 연구가들은 이러한 현상이 UFO에서 방출되는 전자기파(Electro Magnetic Wave) 때문이라고 생각한다. 이리하여 다음 장면은 UFO 안으로 그 청년을 데려온 외계인들이 그가 먹고 있던 트위스티가 도대체 무엇인가를 둘러싸고 논쟁을 벌이는 모습을 보여준다. 이윽고 쓰임새를 몰라 골똘히 머리를 쓰던 외계인들 중 하나가 "이건 먹는 거야!" 하고 소리치자 다들 입맛을 다시며 달려든다. 다음 장면, 온몸이 마비되어 있던 그 청년이 정신을 차려보니 아까 그 뒷골목에 쓰러져 있는 것이 아닌가. 힐 부부 사건처럼 납치되어 있던 시간 동안 무슨 일이 있었는지 아무것도 기억나지 않는 듯 어리둥절한 표정의 그 청년, 손아귀를 펴보니 그 안에 트위스트 한 조각이 남아 있다. 그러나 바로 그 순간 외계인 중 하나가 나타나 그 조각마저 잽싸게 나꿔채 먹어버린다. 얼마나 맛이 있으면! 이 광고 또한 '버지니아 엑스트라 라지'와 마찬가지로 외계인을 등장시켜 맛이 탁월하다는 자랑을 하고 있다. 물론 이 황당한 주장을 어떻게 받아들이느냐는 소비자의 몫이다.

제4유형의 근접 조우 : 외계인도 머리 나쁘면 고생?
―도이치만의 '빅토리' 운동화 광고

도이치만(DEICHMANN)사는 1913년 창업 이래 86년간 영업해오면서 전 세계에 1천7백여 개의 매장을 지닌 다국적 신발 제조업체다. 독일에서 방영된 것으로 보이는 이 광고는 지구인과 외계인 사이의 숨바꼭질을 통해 빅토리(Victory) 스포츠화의 탄력과 점프력을 소구한다.

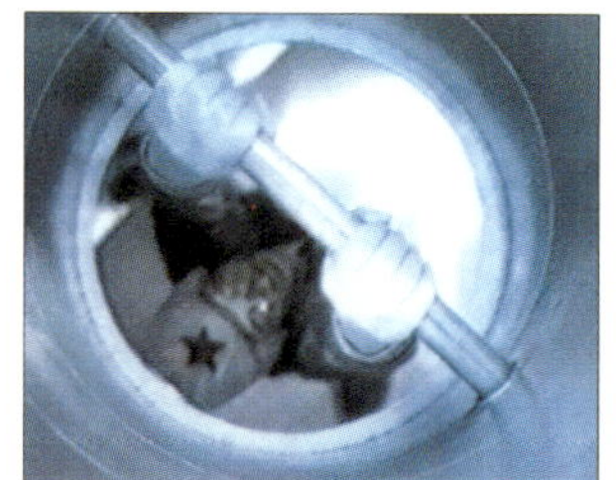
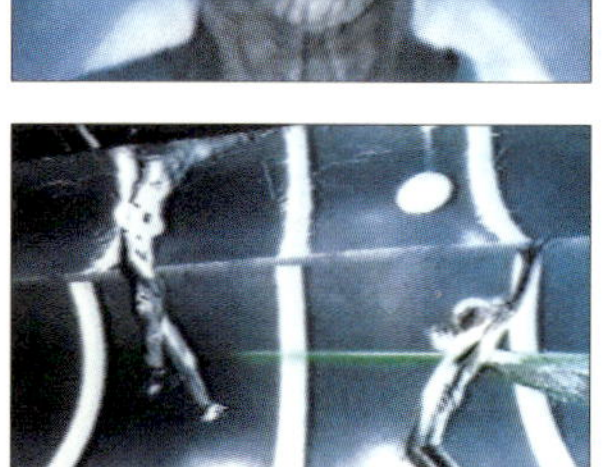

비행접시의 통로 같은 곳에서 외계인과 지구인이 우연히 마주친다. 외계인이 발사하는 광선총을 피해 지구인은 굽은 복도를 따라 도망치지만, 희한하게도 살인광선은 마치 인공지능 유도탄처럼 구부러지며 그를 뒤쫓는다.(실제로 현실에서는 태양이나 블랙홀 같은 엄청난 중력의 간섭 없이 빛이 구부러지는 것은 불가능하지만 위트 광고니까 그냥 넘어가기로 하자.) 이래서야 피할 재간이 없지 않겠는가. 마침내 궁지에 몰린 지구인은 기지를 발휘한다. 빅토리 신발의 점프력을 이용해 천장의 통풍구에 매달린 것이다. 그 바람에 뒤쫓아오던 광선은 그대로 통로를 한 바퀴 돌면서 원래 광선총을 발사했던 외계인의 가슴에 구멍을 내버린다. 이 통로는 하나로 이어져 있었던 모양이다. 이해할 수 없다는 표정으로 죽어가는 외계인에게 빅토리 스포츠화를 내보이며 용용 죽겠지! 하는 지구인의 야유로 광고는 끝을 맺는다. 이제 UFO가 잘 나타나는 호젓한 길을 드라이브할 때는 꼭 빅토리 스포츠화를 신도록 하자. 외계인이 쫓아오면 36계에 그만이니까!

자막 믿을 수 없어. 가격도 마음에 쏙 드는 유명 브랜드 신발, 빅토리.

예외 유형 : 공포 소구의 껍질을 빌린 유머 소구 – 'Chickifilia' 광고

요즘 디지털 캠코더와 하루가 다르게 늘어나는 인터넷 방송국들 덕분에 일반인들의 비디오 영상물 제작이 붐이라고 한다. 만약 여기에 소〔牛〕들도 참여한다면 어떻게 될까? 다시 말해서 소들의 방송국이 생긴다면? 그렇다면 그들의 방송국이 다룰 주요 화제는 무엇일까? 이것이 바로 이 광고의 크리에이티브 출발점이다.

만약 소들이 방송국을 차려서 자신들의 권리를 주장하고 인간들을 계몽시키고 싶은 캠페인이 있다면 무엇일까? 가장 일차적으로 떠오르는 것이 소고기 그만 먹고 다른 고기 알아보라는 얘기가 아닐까? 그래서 소 방송국의 소 프로듀서들은 엄청난 음모를 꾸민다. 즉, 외계인의 침공을 빙자해 앞으로는 닭고기를 주로 먹으라고 협박하려는 것이다. 하지만 소 대가리의 아이큐이다 보니 제작물의 완성도에 문제가 있어 우리가 그들의 음모에 그대로 속아 넘어가기는 어려울 것 같다. 자, 그럼 이제 그들의 협박 메시지를 들어보도록 하자.

방송국 로고 소 방송국 제공

화면 하단 자막 소들은 말을 할 수 없기 때문에 인간의 문자를 쓰기로 결정했다.

왜게윈드리 우리 논장에 찬뇩횟따.

그두른 우리 행성을 빠괴, 아니 파괴, 아니 폭빠시끼지 안케따고 마래따.

사람드리 아프로 닥고기룰 더 머거주기만 하면 마리다.

후얼씬 더 마는 닥고기룰.

(화면에는 농장을 배경으로 UFO가 떠 있다. 개 밥그릇처럼 생긴 이 UFO는 잠시 후에 촬영 미숙으로 황소의 발굽에 실로 매달려 있었음이 드러난다.)

그두른 여기따.

(소들의 외양간이 보인다.)

닥고기 머그라.

엔드 로고 Chickifilia

이쯤 되면 유머를 넘어서 거의 컬트의 경지에 들어서지 않았는가.
팔푼이 같은 소 프로듀서들의 요절복통할 공포 메시지 앞에서 뒤로 넘
어가지 않을 시청자가 없을 것 같다. 앞으로는 닭고기만 먹도록 하자.
외계인이 침공하지 않도록 말이다.

최초의 접촉—무서워요, 외계인

SF용어 중에 최초의 접촉이란 개념이 있다. 이것은 우리 인류가 외계의 지적인 존재와 처음으로 만나는 경우를 상정한 용어다. 영화 「콘택트 Contact」(1997)나 「제3유형의 근접 조우Close Encounters of the Third Kind」(1977, 국내 개봉 제목은 「미지와의 조우」)가 그 좋은 예다. 우주를 돌아다닐 수 있는 능력을 갖춘 외계인들이 지구에서 아주 가까운 별 부근에 있다면, 「콘택트」의 예에서 보듯이 벌써 우리의 라디오와 TV의 송출파를 탐지해냈을지 모른다. 전파는 빛의 속도와 같으므로 이미 태양계를 중심으로 반지름이 90여 광년 되는 구체 안에는 인류가 만들어낸 온갖 잡음들이 메아리치며 사방으로 퍼져나가고 있다.(광년이란 시간 단위가 아니라 빛이 1년 동안 달려서 도달하는 거리 단위이다.) 어쩌면 외계인들은 인류의 역사시대 이전에 이미 다녀갔는지도 모른다. 에리히 폰 대니켄은 지구인이 외계인의 유전조작의 결과물이라고 성서를 재해석하는 센세이셔널한 주장을 펴기도 한다.

외계인에 대한 인류의 관심은 적어도 석기시대로까지 거슬러 올라갈 만큼 오래되었다. 거의 모든 문화권의 신들이 행성들과 동일시된다. 별들과 그곳에 사는 신족(神族)에 대해 궁금증을 갖는 것은 지구상의 모든 문명권에서 지적인 삶의 일부였다. 그러나 그러한 관심은 곧잘 감당하기 어려운 두려움으로 바뀌기 일쑤였다. 현대에 들어와서도 일부 학자들은 전파망원경으로 우리의 존재를 알리거나 외계 탐사선에 우리의 위치를 새긴 동판을 넣어 보내는 것에 대해 반대한다. 칼 세이건의 지적대로, 빛의 속도로도 10만 년이 족히 걸리는 은하를 가로질러 온 지적 존재들이라면 우리에게는 범접할 수 없는 신으로밖에 보이지 않을 것이다. 이런 형태의 불공평한 만남은 필연적으로 인류에게 큰 희생과 굴욕을 강요할지 모른다.

두 얼굴을 가진 외계인. 겉보기에는 우호적인 듯하나 실상은 지구인을 지배하는 것이 목적인 외계인상은 미소 간의 냉전 이데올로기와 연관성을 맺고 있다.

　이러한 두려움은 (UFO를 다룬 장에서 이미 언급했듯이) 대중문화에도 무의식적으로 배어 있다. 단적인 예가 1930년 10월 30일 미국에서 실제로 일어났던 사건이다. 사건의 주동 인물은 후일 불후의 걸작 영화「시민 케인」의 감독으로서 이름을 남기게 될 오손 웰스(Orson Welles)였다. 당시 라디오 드라마 연출자였던 그는 CBS 라디오를 통해 과학문명이 월등히 앞선 화성인들이 지구를 침공하는 내용을 다룬 H. G. 웰스(1866~1946)의 소설 『우주전쟁 *The War of the Worlds*』을 드라마로 각색해 방송했다.[1] 뉴스 보도 형식으로 재구성된 이 드라마가 어찌나 실감이 났는지 중간부터 이 드라마를 듣게 된 사람들은 진짜 그런 일이 일어난 줄로만 알고 겁에 질려 거리로 뛰쳐나오고 피난 가느라 난리법석을 떨었고 도시 교통이 마비될 정도였다고 한다. 그때 거리로 몰려나온 사람들이 무려 1백만여 명에 달했다고 하니 그 문화적 충격을 상상하기란 어렵지 않다. 1949년 에콰도르에서의 상황은 더욱 심각했다. 웰스의 원작을 각색한 똑같은 드라마가 현지 방송국에서 방송되었는데 마찬가지로 오해하는 바람에 공황 상태에 빠져들었다가, 전후사정을 알게 된 사람들은 분노한 나머지 방송국으로 몰려가 불을 질러버렸다. 이후 외계인에 대한 불안과 공포를 반영

1) 원제는 화성과 지구에 거주하는 지적 생명체 간의 전쟁을 의미하는 '두 세계 간의 전쟁'이지만 국내에는 일찍이 '우주전쟁'이란 제목으로 바뀌 소개되었다.

H. G. 웰스의 『우주전쟁』을 삽화로 실은 SF잡지 〈어메이징 스토리스Amazing Stories〉의 표지.

외계인이 침공하는 라디오드라마로 센세이션을 불러일으킨 오손 웰스.

한 영화와 소설들이 무수히 쏟아져 나왔고 이러한 시각은 향후 외계인을 바라보는 대중의 관점의 한 축을 형성해왔다. 이 장에서 소개할 광고들 또한 같은 맥락에 서 있다. 이제부터 외계인의 존재를 위협적으로 다룬 몇 편의 광고들을 통해 광고 크리에이터들의 사고에 사회적 관심사가 어떻게 반영되고 있는지를 구체적으로 살펴보기로 하자.

한국에 쳐들어온 화성인들 – '콤비콜라' 광고

광고 5-1

화성인이 쳐들어온 나라는 비단 영국과 미국만이 아니다.[2] 우리나라에도 그들이 왔다! 다만 이번에는 영화나 소설이 아니라 광고를 통해

침공(?)해왔다는 점이 다르다. 화성인들의 이번 침공 작전을 후원한 돈줄은 '콤비콜라'다.

콤비콜라 TV광고의 요지는 단순하다. 노스트라다무스가 경고한 세기말의 해인 1999년에 화성인들이 지구에 처들어왔으나 콤비콜라를 먹고는 마음이 풀어져 되돌아간다는 이야기다. 이 광고는 거친 펜선을 살린 개성 있는 그림체로 강한 인상을 주는 애니메이션 기법을 채용하고 있다. 하지만 아쉽게도 화성인이란 도발적인 소재를 도입했음에도 불구하고 그 소재를 제품 컨셉과 긴밀하게 연결시키지 못했다. 결과적으로 이 광고는 이렇다 할 플러스 알파 없이 그저 '화성인 침공'이란 SF 장르의 흔한 소재를 나열하는 데 그치고 만다. 우수한 광고로 소비자의 기억 속에 자리를 잡자면 눈에 띄는 어떤 소재를 광고에 끌어들이는 것만으로는 부족하다. 다시 말해서 SF의 플롯을 차용한 우수한 광고가 되려면 SF적인 상황만 빌려올 것이 아니라 그러한 소재를 이용하기 위한 광고 크리에이터의 독창적인 해석이 필요하며, 나아가서 그 해석이 제품의 컨셉과 직결된다면 그야말로 금상첨화가 아닐 수 없다. 그런 면에서 20세기 말에 방영된 이 TV광고는 아직 우리나라 광고계가 SF 컨텐트를 자연스레 녹여내려면 좀더 세심한 노력이 필요함을 보여준다.

외계인에게 시집간 고양이 – '칼스버그' 광고

일본의 SF작가 호시 싱이지의 단편 중에는 외계인들이 먼 외계의 탄광에서 부려먹을 노예를 구하러 지구를 침공하는 이야기가 있다. 하지만 외계인들은 지구인들의 지능 수준에 너무나 실망한 나머지 그냥 떠나고 만다. 하필이면 그들이 지구에서 접촉한 유일한 고등생물은 인적이 없는 일요일 저녁의 동물원 원숭이였기 때문이다. 칼스버그의 TV광고에서도

외계인의 납치에 대한 공포.

최초의 접촉 – 무서워요, 외계인

2) 영국에서는 H. G. 웰스의 소설 『우주전쟁』이 첫 출간 되었고, 미국에서는 이 소설을 원작으로 한 라디오 드라마와 영화가 제작되었다.

자신의 애완 고양이가 외계인에게 납치되었다고 주장하는 사내가 나온
다. 그는 「엑스파일」을 비롯한 수많은 SF영화들에 중독된 나머지 모든
문제의 원인을 외계인 탓으로 돌린다. 심지어 이 광고의 마지막은 그 고
양이와 외계인이 결혼하지는 않았을까 하는 황당한 추정까지 불사한다.

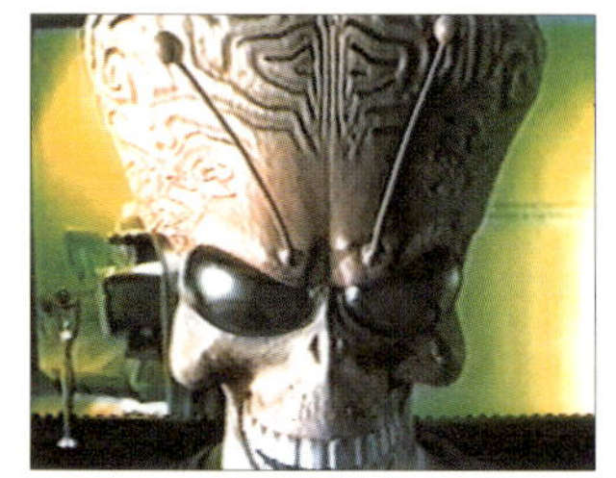

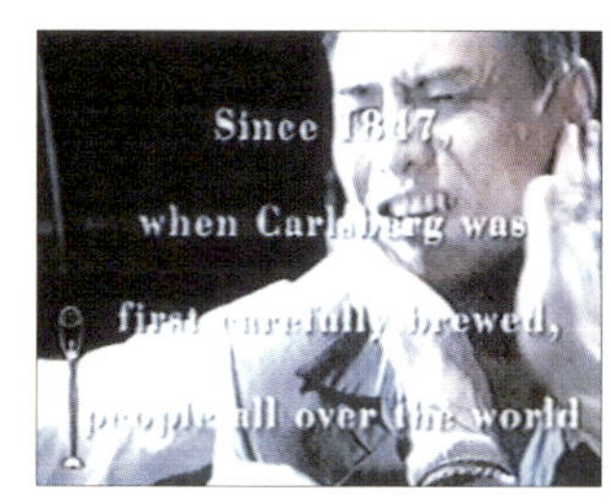

(고양이를 잃어버린 사내가 '제발 집에 돌아오거라' 라는 글이 적힌 전단을 사람들에게 나눠준다. 포스터, 옥외 빌보드, 전광판 곳곳에 고양이를 찾는 광고가 붙어 있다.)

사내 : 이건 외계인이 납치해갔다는 얘기밖에 안 돼. 로즈웰 사건에서 보듯이, 정부는 외계인이 실제로 존재한다는 것을 알고 있어. 넌 「엑스파일」도 안 봤냐?

(그 유명한 로즈웰 필름을 패러디한 장면이 나온다. 즉, 지구인 의사들이 외계인의 배를 가르자 그 안에서 고양이가 나온다.)

친구들 : 너 너무 TV를 많이 본 거 아냐?

(엄청난 크기의 우주선이 메트로폴리스에 파괴광선을 발사한다.)

사내 : 무슨 소리, 저 밖에서 그들이 탄 우주선이 우리를 지켜보고 있다고.

친구들 : 그래 뭐든지 간에, 자 건배!

자막과 아나운서 멘트 1847년 칼스버그가 심혈을 기울여 처음 맥주를 만들어낸 이래, 세상 사람들은 옹기종기 모여서 이런 식으로 얘기 나누길 즐겼습니다. 이것이 바로 맥주가 하는 일 아닙니까.

(고양이가 신부 드레스를 입고 외계인 신랑과 포즈를 취하고 있다.)

이 광고에서 언급되는 로즈웰 사건 장면은 지금까지 UFO와 관련하여 가장 큰 논란을 불러일으킨 사례라 하겠다. 아직도 일부 미국인들은 1947년 7월에 미국 뉴멕시코 주의 로즈웰 공군기지 근방에 UFO가 추락했고 거기서 발견된 외계인 사체를 미국 정부가 부검까지 했으면서도 일체의 사실을 은폐하고 있다는 음모설을 믿고 있다. 한때는 출처를 알 수 없는, 로즈웰의 외계인 부검 장면을 담은 필름이 나돌아 세상의 관심을 모은 적이 있다. 이 칼스버그 광고는 바로 그 필름의 장면을 거의 그대로 재현했다. 단, 외계인 뱃속에서 주인공이 잃어버린 고양이가 나오는 부분만 빼고. 몇 년 전 우리나라 방송을 통해서도 소개된 그 문제의 필름을 기억하는 이라면 이 광고를 보고 데굴데굴 구르지 않을 수 없으리라.

컬트적인 영상으로 일관하는 이 광고에서 중요한 것은 UFO나 외계인의 존재 유무가 아니다. 그보다는 이처럼 세간의 화제가 되는 온갖 입담들이 오가는 자리에서는 언제나 칼스버그가 목을 축여주고 있다, 그게 바로 오랜 전통의 (따라서 모든 이에게 친근한) 맥주 칼스버그가 해야 할 일 아니냐, 이렇게 말하고픈 것이다. 사실 맥주처럼 대중에게 친숙한 기호식품은 전자제품과 달리 브랜드끼리 차별화하기가 쉽지 않다. 한때 하이트와 오비 라거 사이에 물 논쟁이 벌어져 시장 수위 브랜드의 판도가 바뀌는 일까지 있었지만, 페놀 사건과 국민 소득 향상으로 인한 시대적 환경적 요인이 일시적으로 좌우한 때문이지 맥주라는 제품 속성 자체가 전자제품이나 기능성 제품처럼 소비자들에게 항구적으로 어필하기는 쉽지가 않다. 그래서 대부분의 맥주 브랜드들은 이미지 광고를 반복적으로 퍼부어 소비자들을 세뇌시키고자 한다. 그렇다면 어떤 이미지 광고여야 상투적인 멋진 영상으로 흘러버리지 않고 소비자 마음속에 덜컥 하고 걸릴 것인가 하는 과제가 남는다.

칼스버그의 광고 크리에이터는 세간에 화제를 뿌렸던 로즈웰 뉴스릴을 흉내 내어 일단 사람들의 이목을 끌어들인 다음 이렇게 반문한다. '이런들 어떠하고 저런들 어떠하겠어? 중요한 건 이런저런 일들을 놓고 친구들과 옥신각신할 때 칼스버그를 곁들여야 한다는 점 아닐까?' 그렇다. 칼스버그 광고는 맥주가 해야 할 가장 기본적인 속성을 자기 브랜드 가치와 결부시키려 한다. 이런 논리는 신생 브랜드이거나 마이너 브랜드였다면 선뜻 채택하기 어려웠을 것이다. 칼스버그가 덴마크뿐만 아니라 전 세계 어디서나 맛볼 수 있는 인터내셔널한 맥주이기에 이러한 유머가 자연스럽게 받아들여지는 것 아닐까?

문명의 존폐를 내건 외계종족과의 우주 대전쟁─삼보컴퓨터의 '드림시스' 광고

광고 5-3

(제1편)

(제2편)

'드림시스' 광고 시리즈는 내용이나 비주얼 면에서 컴퓨터게임 '스타크래프트'의 영향을 고스란히 받은 듯하다. 인류와 외계종족이 종족의 운명을 걸고 사투를 벌이는 전장에 인기 가수 조성모를 비롯한 지구의 전사들이 출전한다. 이들은 처음에 고전을 면치 못하다가 빠른 스피드로 역전승을 거둔다. 승리의 원동력은 바로 빠른 컴퓨터 드림시스.

이제 외계인과 지구인의 대결전 같은 소재는 만화나 애니메이션, 그리고 할리우드영화를 통해 무수히 반복해서 재생산되고 있다. 그러나 그렇다고 그러한 작품들이 모두 다 성공을 거두는 것은 아니다. 같은 장르라 해도 뭔가 다른 새로운 아이디어나 류(類)를 보여주지 않고서는 아무리 현란한 컴퓨터그래픽을 동원한다 해도 한계가 있을 수밖에 없다. '드림시스' 광고는 외계인과의 전쟁이란 소재를 끌어들였음에도 제품 컨셉과의 긴밀한 연관이나 독창적인 해석을 보여주지 못한 것이 못내 아쉽다. 아직까지 우리나라 광고는 SF 소재를 빌려올 때 그 껍질만 그대로 빌려오는 데 그치고 마는 경우가 많은 편이다. 보다 적극적으로 SF를 주무를 수 있는 노하우가 필요한 시점이 아닐까. 낯선 느낌을 주는 것만으로는 광고를 성공시킬 수 없다. 그 낯설음이 소비자의 공감대와 접점이 있어야 설득력을 갖는 것이다.

외계인의 존재를 찾아서-펩시 '점심시간'

　영화 「콘택트」를 보면 전파망원경을 동원해 외계의 전파신호 가운데 자연 소음이나 우주 방사선이 아니라 인공적인 신호, 즉 외계인의 신호를 탐지하려는 노력을 기울이는 사람들이 나온다. 이것은 비단 영화 속의 이야기로 끝나지 않는다. 실제로 1984년 이래로 SETI(Search for Extraterrestrial Intelligence)라는, 외계 지성체를 탐사하는 비영리 프로젝트가 운영되어 오고 있으며, 이것은 미항공우주국과 1백여 명의 저명한 전 세계 과학자들의 자발적인 지원을 받고 있다.

　만약 우리가 전파망원경을 통해 외계 지적 문명의 전파신호를 받는다면 그 내용은 어떤 것일까? 혹시 외계로부터 우리가 수신하게 되는 첫 메시지가 퉁방울눈을 한 외계인들이 찐득찐득한 살결을 비비대며 애무하는, 그들 특유의 포르노그래피라면 어떻겠는가? 이러한 내용의 전파는 물론 우리 인류를 의식해서 송출한 것은 아닐 것이다. 우리의 TV전파 가운데 일부가 대기권을 뚫고 깊은 우주로 메아리쳐 가듯이 그네들 세계를 위해 발사된 전파 또한 우리의 문명권에 우연히 도달할지 모른다. 우리가 최초로 수신한 외계인들의 메시지가 〈플레이보이〉지의 하드코어 포르노나 다름없음을 깨닫게 된다면 SETI 재단은 전보다 더 어려움에 봉착할까, 아니면 더 많은 지원을 받게 될까?

웬 객적은 소리냐고 반문할지 모르지만, 우리가 자의든 타의든 외계로 흘려보낸 전파신호의 내용이 적어도 초기에는 엔터테인먼트 위주의 메시지였음을 고려할 때 외계인들의 전파신호 또한 그러한 유형일 가능성이 높다고 볼 수 있지 않을까. 아직 인류가 SETI나 오즈마 계획[3]은커녕 외계인 탐사 자체에 관심조차 기울이지 않던 시절에 이미 우리는 라디오와 TV의 오락프로그램을 우주에다 사방팔방으로 몇십 년 동안 쏘아대지 않았던가. 그러니 이렇게 한번 상상해보자. 지구상의 모든 사람들이 사상 최초로 외계인이 CNN에 등장하는 것을 보기 위해 숨을 죽이고 TV 앞에 앉아 있다. 드디어 깔끔하고 빈틈없어 보이는 외계인 뉴스 진행자가 생방송을 위해 우리의 TV에 등장한다. 그의 멘트에 이어 인류로 치면 파멜라 수 앤더슨(Pamela Sue Anderson)쯤 되는 육감적인 외계인 여성이 다섯 개의 다리를 감싸는 육감적인(?) 수영복을 입고 나와 카메라를 향해 물세례를 퍼붓는다. 이때 그 앞을 가로막으며 시시껄렁한 헛소리를 나불대는 비비스와 버트헤드(Beavis and Butt-head) 같은 외계인 개그맨들의 재담이 시작된다. 말도 안 된다고 생각되는가? 외계인들이라고 해도 컴퓨터처럼 이성과 논리로만 존재의 이유를 찾는 부류가 아니라면 그들 역시 여가시간을 엔터테인먼트에 할애할 것이고 그들의 커뮤니케이션 수단은 그러한 내용을 주고받을 게 뻔하다. 따라서 우리가 외계에서 수신하게 될 첫 번째 메시지는 은하연방 대통령의 인사 메시지가 아니라 그네들의 인기 있는 스포츠 경기 실황 중계일 가능성이 훨씬 더 높다.

이번에 소개할 광고는 천문학자들과 우주생물학자들의 위와 같은 의구심을 역이용해 아주 기가 막힌 반전으로 마무리된다는 점에서 인상적인 크리에이티브 솜씨를 보여준다. 매일 12시 정오만 되면 외계문명 탐사용 전파망원경에서 일정한 패턴의 규칙성 있는 음향이 수신된다. 그 메시지의 정체를 둘러싸고 학자들의 의견이 분분하지만 심지어 어느 별에서 보내오는 것인지조차 분명치가 않다. 과연 그 메시지의 내용은 무엇이었을까? 이 광고는 UFO나 외계인이 전혀 화면에 나오지 않음에도 불구하고 대중의 무의식 속에 있는 외계인 신드롬을 극적으로 잘 표현해냈다. 그럼 이제부터 그 반전의 묘미를 직접 느껴보시라.

(거대한 전파망원경을 배경으로 군인들이 철통같은 수비를 하고 있고 그 사이로 기자들이 보도 준비를 하고 있다.)

기자 : 국립우주위성센터에 따르면 과학자들이 먼 외계로부터 내용을 해독할 수 없는 메시지를 받고 있다고 합니다.

과학자 : 맞습니다. 매일 정확히 12시 정오만 되면 우리는 이런 신호를 수신했습니다.

(신호음이 방송된다. 꿀꺽꿀꺽 크~아~아. 대체 무슨 뜻일까?)

기자 : 이제 또 12시가 다가옵니다. 이 괴상한 소리를 들으려고 전 세계가 숨을 죽이고 있습니다.

(TV 앞에 몰려 있느라 인적이 드문 전 세계 거리 풍경, 고뇌에 잠긴 백악관의 대통령.)

(12시를 알리는 종소리와 초침.)

인부들 : 자, 점심시간이다.

(인부들이 도시락을 꺼내놓는 모습에서 카메라 줌아웃하면 그들이 바로 그 전파망원경의 안테나 접시에 앉아 있음을 보여준다.)

인부들 : 꿀꺽꿀꺽 크~아~아

 이것이 바로 속 시원한 갈증 해소의 수수께끼였습니다.

막상 간단한 것도 너무 어렵게 생각한 나머지 풀기 어려운 경우가 왕왕 있다. 이 광고는 사람들의 신경이 완전히 곤두서도록 진지한 분위기를 줄곧 끌고 나가다가 갑자기 엉뚱한 데서 해답을 제시한다. 약간 허탈한 감이 없지 않지만 그 덕분인지 몰라도 정말 갈증이 나지 않는가. 고관여(高關與) 할 만한 이슈가 없는 상태에서 펩시의 이 같은 크리에이티브는 소비자들이 해당 브랜드를 위트 있고 세련된 아이콘으로 기억하게 만들어준다.

외계인도 알아주는 맛―펩시 '에이리언 영화 캐릭터' 편

외계인들은 우리가 이제까지 보아온 어떤 것과도 닮지 않았을 것이다. 오징어와 해삼, 오크나무 등이 우리와 매우 밀접한 연관이 있음을 고려할 때, 외계의 방문객은 오징어보다도 우리와 연관성이 없어 보일 것이다. 오래된 암석에서 발견된 일부 화석은 너무나 이질적으로 생긴 나머지 어느 쪽이 위인지, 또는 심지어 이 괴물들이 정말 우리와 같은 기원을 갖고 바로 이 땅에서 진화했었는지 가늠하기 어려울 지경이다.

―요한 포스버그(Johan Forsberg)

가상의 행성 '다윈 4'에 사는 외계동물 '색-백'(Sac-Back). 웨인 발로위(Wayne Barlowe)의 SF일러스트집 『탐험Expedition』(1990)에 수록된 이 동물은 등에 큼직한 투명 색(sack)을 지고 있으며, 암컷들은 머리를 곧추 세운 채 몸을 땅 속에 묻고 새끼를 낳는다. 암컷들은 새끼를 낳고 나면 남은 생을 지하에 몸을 묻은 채 지내며 수컷이 암컷에게 먹이를 가져다준다.

이제까지 과학소설이 창조해낸 다양한 형태의 무시무시한 외계인 유형들에 비해 할리우드 영화가 시각화해낸 위협적인 외계인들은 상대적으로 인간의 얼굴 표정을 상당 부분 수용하고 있다. 이는 매체의 성격상 영화에서는 외계인의 모습 자체가 관객에게 즉각적으로 감정적인 반향(공포심)을 불러일으켜야 하기에, 위협하는 표정 자체가 인간의 얼굴 근육을 닮게 디자인될 필요가 있기 때문이다. 사실 『우주전쟁』 이래 할리우드가 등장시킨 사악한 외계인들은 대개 심술궂게 생겼거나 해골 같은 얼굴을 한 섹스 파트너(skull-faced sex friends)처럼 보이는 경향이 있다. 같은 맥락에서 H. R. 기거(H. R. Giger)가 디자인한 4부작 영화 「에이리언」의 외계인 캐릭터는 몸체 자체가 남근의 변형으로 읽힌다. 할리우드영화에서 외계인들을 인간과 비슷한 모습으로 설정해서 세련된 가면과 끈적거리는 재료로 분장하는 것만으로 충분하다면 확실히 제작비가 줄어들 것이다. 최근 할리우드영화에 나오는 외계인들이 대부분 축축하고 찐득거리는 살갗을 가진 까닭은 무엇일까? 단순히 찐득거리는 습한 물질이 양수, 점액, 부식액 그리고 독성 있는 체액만을 암시하는 것일까? 그것은 아마 진물이 뚝뚝 떨어지는 외계인일수록 마치 공수병에 걸린 동물처럼 더욱더 무서워 보일 것이란 계산이 깔려 있기 때문이 아닐까?(하지만 실제로 우리가 진짜 외계인을 만난다면 그들의 얼굴 표정을 보고 그들의 기분을 읽어내기란 어려울 것이다.)

　이번 펩시 광고에 등장하는 외계인은 지금까지 영화에 등장했던 외계인들 가운데 가장 무섭고 끈질긴 생명력을 자랑하는 영화 「에이리언」의 캐릭터다. 그러나 이 광고는 무작정 외계인을 등장시키는 데 급급했던 '콤비콜라'와는 격이 다르다. 이 광고는 영화 「에이리언」에 대한 고정관념을 일거에 무너뜨리는 일종의 코믹 패러디 버전이다. 여기서 에이리언은 엄청난 덩치에도 아랑곳하지 않고 파충류처럼 잽싼 몸놀림으로 어두운 뒷골목을 내달린다. 바로 그 앞에는 겁에 질린 두 소년이 발이 닳도록 달리고 있다. 결국 포위되고 만 두 소년의 시야에 펩시 자판기가 들어온다. 엉겁결에 펩시 캔 하나를 에이리언에게 건네주자 그 에이리언은 꿀꺽꿀꺽 시원하게 마시더니 트림을 내뱉고는 사라진다.

（두 소년, 가슴을 쓸어내리며）

소년 1 : 쟤 누구야?

소년 2 : 글쎄, 이 동네 사는 녀석이 아닌가 봐!

　오리지널 영화의 섬뜩한 에이리언 모습을 잊을 수 없는 분이라면, 염산에도 끄떡없는 에이리언의 초인적인 생명력에 기가 질렸던 분이라면 이 광고의 후반부, 즉 에이리언이 펩시를 시원스레 마시고 나서 트림 한 번 진하게 하는 개그에서 신선한 충격을 받을 것이다. 이 광고 덕분에 에이리언이 친근해졌다고? 글쎄, 그건 호주머니에서 꺼내줄 펩시가 있을 때 얘기지.

최초의 접촉―반가워요, 외계인

외계의 지적 생명체는 겉모습이 우리와 아주 많이 다를 것이다. 그들은 「E. T.」에 나오는 외계인을 닮았을 수도 있고 깜짝 놀랄 정도로 아름다울 수도 있을 것이다. 하지만 그에 상관없이 생명 그 자체는 공통분모를 갖고 있다. 나는 그 점을 확신한다.

―프랭크 드레이크(Frank Drake)[1]

뭐든지 한 가지 측면에서만 봐서는 제대로 이해하기 어려운 법이다. SF에서 외계인이란 존재는 공포와 불안의 상징인 동시에 앞선 문명에서 온 우호 사절의 이미지를 띠기도 한다. 사실 우리는 이 광대한 우주에서 인류 이상 가는 지적인 문명을 건설한 외계종족들의 수효가 얼마나 될지 알지도 못하면서 섣부른 걱정이나 기대부터 한다. 학자들이 저마다의 까다롭고 다분히 주관적인 계산에 근거해 내놓은 추론치들이 매우 큰 차이를 보인다는 현실은 이 문제에 관한 인류의 무지와 고민을 고스란히 드러낸다. 예를 들어 제임스 R. 워츠(James R. Wertz)는 은하계 안에 있는 진보된 문명들의 수를 5억 개로 추산했고(1976년), J. 프리먼(J. Freeman)은 3백만 개(1975년), 칼 세이건은 1백만 개(1973년), 프

---

1) 프랭크 드레이크는 캘리포니아 대학 교수이자 SETI의 총책임자이다.

랭크 J. 티플러(Frank J. Tipler)는 오직 우리 하나밖에 없다고 주장했으며(1980년), 마이클 H. 하트(Michael H. Hart)는 이론상 한 개꼴도 안 된다(1981년)고 보았다.[2] 그러나 실로 끔찍하고 견디기 어려운 일은 외계 지성과의 조우가 아니라 오히려 그와 정반대, 다시 말해서 상상할 수 없을 만큼 넓디넓은 이 우주에 사실상 우리밖에 없다는 지식을 얻게 되는 경우가 아닐까? 만일 이 우주에 별 사이의 의사소통 능력을 지닌 이웃들이 존재한다면, 서로 너무 멀리 떨어져 있어 직접 만날 수는 없어도 전파통신을 통해 그 사실을 확인할 수만 있다면 우리의 정신적·철학적 기반은 새로운 토대 위에서 다시 쓰여져야 할 것이다.[3] SF는 늘상 그러한 가설 위에서 외계인들을 등장시키곤 한다.

그러나 1960년대 이래 다양한 전략을 동원해 실시된 수많은 탐사 프로젝트들이 외계인들을 찾아내는 데 실패했다는 사실과 그들 쪽에서도 자신들을 우리에게 알리려는 어떠한 노력('은하클럽'에 우리를 끼워주든지 아니면 지구를 식민화하든지 하는 식으로)도 기울이지 않고 있다는 현실을 어떻게 받아들이면 좋을까?[4] 데이비드 뷰잉(David Viewing)과 D. G. 스티븐슨(D. G. Stephenson) 같은 이들은 우리 태양계가 세심하게 돌보아지고 있는 일종의 자연보호구역일지도 모른다고 생각한다. 외계인들은 마치 우리가 아프리카의 세렝게티(Serengeti) 국립공원에서 야생동물들을 관찰하듯 우리를 지켜보고 있을지 모른다는 얘기다. 한술 더 떠서 마이클 패퍼자이어니스(Michael D. Papagiannis) 같은 천체물리학자는 그러한 외계인들이 태양계의 소행성대쯤에서 우리를 느긋하게 지켜보고 있을지 모른다고 추측한다. 이러한 주장은 또 다른 천체물리학자 존 A. 볼(John A. Ball)의 소위 '지구 동물원설(zoo hypothesis)'과도 맥을 같이 하는데, 이 이론은 원래 인류학자 애슐리 몬터규(Ashley Montagu)가 처음 제기한 것이다. 그에 따르면 인류가 일삼는 핵실험 탓에 인류는 마치 병원균처럼 다른 외계문명 종족들에게 격리된 채 왕따를 당하고 있

2) 그렇다고 해서 티플러와 하트의 추론치가 외계문명의 존재 가능성 자체를 아예 배제한 것은 아니다. 그들은 다만 우리 은하계 내에서의 지적 문명은 우리 인류뿐이라는 것이다. 하트는 은하들의 수가 거의 '무한'에 가깝기 때문에(현재까지의 조사에 따르면 약 1천억 개의 은하들이 있다) 진보된 문명들의 수 역시 이론상으로는 거의 '무한'하다고 가정한다.

3) 나아가 만약 뜻하지 않은 천재지변이나 인류의 잘못으로 지구상의 생명체가 전멸한다 해도, 위와 같은 지식을 얻는다면 생명은 미래의 다른 어디에선가 다시 발생하리라는 것을 알 수 있다. 그러므로 넓은 의미에서의 우리는 영원불멸인 셈이다.

4) 비행접시들은 이러한 논의에 전혀 도움이 되지 못한다. 천체물리학자들은 대개 그것들을 진지하게 받아들이지 않는다. 그리고 그들이 그것들에게 조금이라도 관심을 기울이는 구석이 있다면 현대 지식에 근거해서 볼 때 그것들은 존재할 수 없다는 결론뿐이다.

다는 것이다. 패퍼자이어니스는 외계인들이 지구의 인류를 어떻게 다뤄야 할지 여전히 결정을 내리지 못한 상태라고 본다.(물론 이러한 발상은 지나치게 인간중심적인데다가 마치 '그들'이 우리처럼 사고한다는 근거 없는 가정에 토대를 두고 있다.) 재미있는 것은 이러한 발상이 SF 컨텐트에 고스란히 투영되고 있다는 사실이다. 미소 냉전 초기에 개봉된 할리우드영화 「지구가 멈춰선 날The Day the Earth Stood Still」(1951)에는 핵무기 경쟁으로 자멸의 위기에 처한 인류

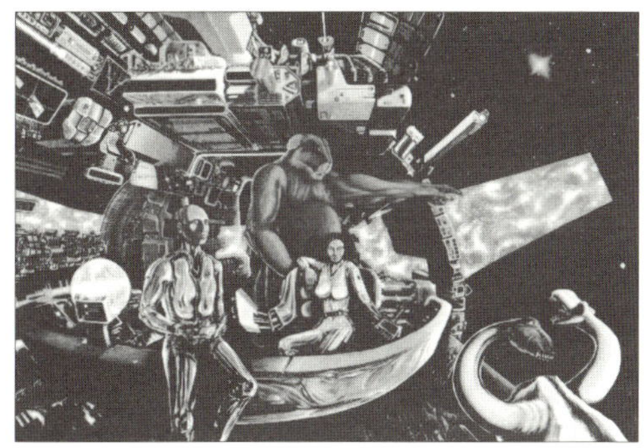

래리 니븐(Larry Niven)의 과학소설 『알려진 우주공간Known Space』 시리즈에 등장하는 외계종족 퍼펫티어 인(그림 오른쪽 아래의 머리가 두 개 달린 캐릭터)은 외계인을 공포의 대상으로 부각시키는 대다수 작품들의 관점과 현저한 대비를 이룬다. 이 외계종족은 인류보다 월등히 높은 과학문명을 누리고 있지만 겁이 워낙 많고 소심한 탓에 인간들을 탐사 작업의 용병으로 자주 고용한다.

에게 경고를 하러 온 일종의 메시아 같은 외계인이 등장한다. 이 영화에서 외계인에 대한 이미지와 관련하여 주목할 만한 점은 외계문명의 대표가 인간들에게 죽음을 당하고도 부활을 통해 도리어 인간들을 용서하는(흡사 예수 같은) 관용의 정신을 보여준다는 데 있다. 다시 말해서 「지구가 멈춰선 날」은 예수의 수난과 부활 그리고 복음의 전달을 SF적인 시각으로 재구성한 작품이다. 매카시즘의 광풍이 휘몰아치고 냉전 이데올로기의 대립으로 원폭전쟁의 공포가 미국인들의 뇌리에서 떠나지 않던 시대에 이 영화의 외계인은 인류에게 다시 한 번 지혜롭게 생각해보자고 제안한다. 따라서 이 영화는 외계인에 대한 근거 없는 공포가 상투적인 설정으로 등장하던 초창기 SF영화사에서 신선한 안티테제로 기억될 만하다.

영화 「E. T.」의 포스터.

오늘날 SF 컨텐트는 어린 시절부터 익숙해져온 대중문화의 한 갈래로 자리를 잡고 있다. 일종의 우주판 서부극으로 만화, 소설, 영화 등에서 많은 속편들과 모방작들을 낳은 「스타워즈」는 어린이들에게 우주에 대한 거의 종교적인 경외감과 이웃집 친구 못지않게 친숙한 외계인들에 대한 이미지를 자연스럽게 전달해왔다. 이탈리아의 중세 신학자 조르다노

브루노가 외계의 지적 존재 가능성을 거론했다가 교황청으로부터 이단으로 몰려 화형당한 지 약 4백여 년이 지난 지금에 와서는, 미국은 물론이고 전 세계의 상당수 시청자들이 TV드라마와 영화로 만들어진 「스타 트렉Star Trek」과 「엑스파일」을 보며 자랐다. 이제 외계인은 실재 여부와 상관없이 대중문화의 주요한 소재거리로 뿌리를 내렸다. 이러한 과정에서 외계인들은 영화 「에이리언」 시리즈처럼 공포 장르의 한 갈래에서 꾸준히 활동하는 동시에 우리 인류에게 결여되어 있는 도덕과 바람직한 이상을 특유의 방식으로 형상화해내기에 이르렀다. 일례로 「제3유형의 근접 조우」는 지구에 착륙한 자애로운 신들을 찬양하는 일종의 복음으로서, 공포와 불안의 상징으로서의 외계인상이 주류를 이루던 SF영화계에 일대 전환점을 기록한 작품이다. 그리고 몇 년 후 그 뒤를 이은 「E. T.」는 친밀하고 다정다감한 외계인상에 대한 결정판격이었다. 물론 아직까지도 SF 컨텐트 산업에서 외계인에 대해 부정적인 시각을 담은 작품들이 수적으로 더 많은 편이긴 하다. 하지만 면면히 지탱되어 온 외계인에 대한 호의적인 시선을 담은 컨텐트들은 다름아닌 바로 우리 자신에 대한 관용과 열린 정신을 무의식적으로 반영하고 있다는 점에서 충분히 고려할 만한 가치가 있다. 일찍이 미항공우주국은 브루킹스 연구소(the Brookings Institution)에 우주 탐사가 인류에게 미치는 시사점에 관한 연구를 위탁한 적이 있다. 이 연구보고서는 우리보다 지적인 외계생명체의 발견과 관련하여 다음과 같은 경고를 하고 있는데 외계인에 대한 일방적인 편견은 곧 우리 사회 내부의 건강성을 해칠 수 있음을 깨닫게 해준다.

인류학적 문헌들은 이 우주에서 자신들의 위상을 확신하는 사회들의 수많은 예들을 포함하고 있다. 그러한 사회들은 다른 관념들과 다른 생활양식을 신봉하는, 이제까지와는 이질적인 사회들과 병존해야만 할 때 붕괴되어버리기 쉽다. 그러한 경험을 거쳐 살아남은 사회들은 대개

가치관과 태도 그
리고 행동을 변화
시키는 대가를 치
러야만 했다.[5]

해당 사회가 우주
에 고등생명체가 얼
마든지 존재할 수 있
다는 개념을 받아들

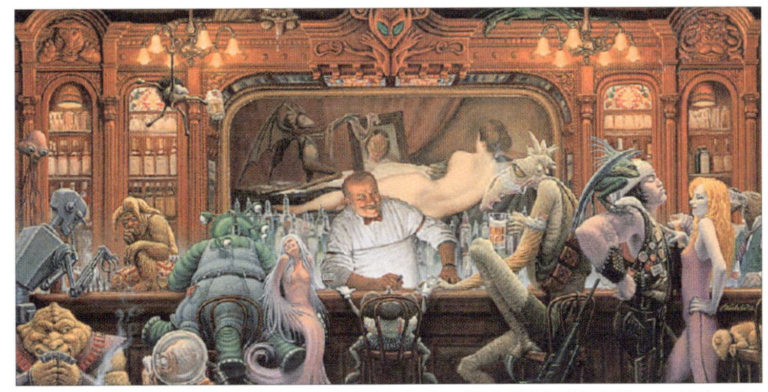

생김새가 다르고 생각도 다른 외계종족들이 평화롭게 공존하는 다원적 사회에 대한 비전은 결코 남의 이야기가 아니다.

인다는 것은 바로 서로 생각이 다른 사람들과 다원적인 사회집단들에 대한 이해심과 관용의 폭이 넓어진다는 뜻이기도 하다. 같은 맥락에서 과학소설가 아서 클라크(Arthur C. Clarke)는 인류가 전통적으로 지구지향적인 시야를 우주적인 전망으로 대체한다면 세상 사람들과 국가들이 스스로에 대해 좀더 제대로 알 수 있을 것이라고 보았다. 광고도 마찬가지다. 광고에 등장하는 외계인들이 언제나 부정적이고 불안한 대상으로만 그려진다면 그만큼 그 사회의 다원성과 융통성이 부족하다는 의미로 해석될 여지가 있다. 동전의 앞면과 뒷면을 함께 보아야만 진실에 더 다가설 수 있는 법 아닌가. 이번 장에서 소개하는 광고들은 그런 면에서 한번 곱씹어볼 여지가 있다.

맛있는데 출신성분 따지랴! ─펩시 'E. T.' 편

어느 사회나 자신들과는 이질적인 사회의 구성원들에게 그릇된 감정이나 편견을 가지기 쉽다. 그러다 보니 SF에 나오는 외계인들은 적대적인 사회와 그 구성원들을 감정적으로 매도하기 위한 선전선동의

5) Donald N. Michael ed., *Proposed Studies on the Implications of Peaceful Space Activities for Human Affairs*, Washington, 1961, p.21.

영화 「E. T.」의 한 장면.

도구로 악용되는 사례가 많았다. 더구나 제2차 세계대전 이후 냉전 구도가 굳어지면서 외계인 이미지는 부정적인 시각에서 벗어나지 못한 채 극한적인 공포를 유발하는 존재로 묘사되는 경우가 빈번했다. 이러한 풍조를 탐탁지 않게 여긴 미국의 천문학자 칼 세이건은 1983년 영화감독 스티븐 스필버그에게 우호적인 이미지의 외계인 이야기를 만들어보도록 권유했고, 그 결과 할리우드의 전통을 깨고 사악하거나 위험하지 않은 외계인을 소재로 한 두 편의 영화가 만들어져 대중적으로 큰 성공을 거두었으니, 바로 「제3유형의 근접 조우」와 「E. T.」이다.(이후 스필버그는 외계생명 탐사를 위한 META 프로젝트에 자금을 지원했다.) 특히 「E. T.」는 독특하면서도 인간적인 따스함을 가진 외계인 캐릭터 덕분에 수많은 파생상품들을 낳았고 이후 SF 컨텐트에 지대한 영향을 끼쳤다. 그런 점에서 여기에 소개하는 펩시콜라 광고 또한 예외가 아니다. 「E. T.」의 한 장면을 패러디한 이 광고는 영화의 분위기를 그대로 빌려와 외계인과 소녀 간의 훈훈한 정을 이끌어내면서 펩시콜라의 절묘한 맛을 자연스럽게 대입하는 재주를 부린다.

(거실, 냉장고 앞에서 펩시 1.5리터 페트병을 흔들어 보이며)

엄마 : 로라, 이 펩시 누가 다 마셨니? 설마 다른 행성에서 온 신비한 존재가 그랬다고 둘러대지는 않겠지?

로라 : 알았어요, 엄마.

(로라, 살금살금 엄마 몰래 외계인을 숨겨둔 곳으로 온다.)

내레이션 펩시의 톡 쏘는 맛을 한 번 느끼면 어느 누구라도 매혹되지 않을 수 없습니다.

(로라, 펩시 페트병을 외계인에게 흔들어 보이며)

로라 : 얘, 펩시를 한꺼번에 너무 마시면 안 돼! (들키잖아!)

E. T. : 미안해.

내레이션 펩시, 새로운 세대의 선택.

뭐니뭐니 해도 이 광고의 미덕은 영화의 한 장면을 그대로 빌려오는 데 급급하지 않고 제품의 장점과 교묘하게 심리적으로 결합시켰다는 점이다. 1990년대 펩시가 내건 슬로건인 '새로운 세대의 선택'에서 '새로운 세대'는 단순히 상식적인 의미의 청소년층, 다시 말해서 인구통계학적인 연령층이 결코 아니다. 자신이 젊다고 생각하고 생명의 에너지가 약동하는 이라면 누구나 '새로운 세대'인 것이다. 그런 의미에서 유치원생과 외계인까지 고정팬으로 끌어들이는 펩시의 맛은 그야말로 상상을 초월하게 되는 것이다.

E. T., 테크놀로지 기업의 이미지를 훈훈하게 바꾸어놓다!
−브리티시 텔레콤의 'Stay in Touch' 광고 캠페인

E. T.를 모델로 한 광고는 펩시뿐이 아니다. 영국의 브리티시 텔레콤은 아예 E. T.가 출연하는 장기 캠페인 'Stay in Touch' 시리즈를 선보였다. 캠페인의 슬로건부터가 영화 「E. T.」의 포스터를 연상시키지 않는가? 이 캠페인의 두드러진 특징은 펩시 광고처럼 E. T.의 모습을 보여주지 않은 채 은근히 암시만 하는 것이 아니라 E. T.를 완전히 드라마의 주역으로 설정했다는 점이다. 그래서 E. T.는 자신이 지닌 특유의 공감능력을 동원하여 오해로 갈등을 빚은 연인 사이를 중재하는가 하면 초능력으로 아이들의 생일파티 분위기를 북돋워주는 등 사람과 사람 사이를 가깝게 해주는 촉매 역할을 한다.

캠페인 중 하나인 〔광고 6-2〕를 보자. 이 광고는 각자 집에 있는 남자아이와 여자아이가 PC로 채팅을 하는 장면으로 시작한다. 둘은 오래 사귄 친구지만 채팅 도중 본의 아니게 상대방의 마음에 상처를 주게 된다. 하지만 자존심 때문에 사과하기를 주저하는 두 사람. 이때 E. T.가 여자아이에게 마음의 폭을 넓히도록 부드럽게 자극을 준다. 덕분에 용기를 낸 여자아이는 남자아이에게 자신의 생각을 솔직히 밝힌다. 그러자 미안한 마음이 든 남자아이 또한 화해의 제스처를 보이면서 두 사람은 다시 서로의 애정을 확인하게 된다는 줄거리다. 그렇다면 여기서 E. T.는 어떤 존재일까? 바로 브리티시 텔레콤 자신이다. 언제 어디서든 마음의 벽이 생겼을 때 부담 없이 허물어버릴 수 있도록 돕는 삶의 동반자, 바로 E. T. 아니 브리티시 텔레콤인 것이다.

브리티시 텔레콤은 우리나라로 치면 한국통신 같은 회사다. 이 회사 역시 이제는 한국통신과 마찬가지로 단순히 전화선뿐만 아니라 인터넷, 통신, 디지털 방송 분야를 넘나드는 다양한 사업영역에 나서고 있다. 하지만 아무리 커뮤니케이션 테크놀로지가 발달한다 해도 그 중심에 인간이 존재하지 않는다면 무슨 소용인가? 이러한 맥락에서 E. T.
는 브리티시 텔레콤이 어떠한 변신과 발전을 거듭하든 영원히 사람과
사람 사이의 끈을 이어주는 든든한 동반자가 되겠다는 의지를 상징하
는 아이콘인 셈이다.

We are not alone! – 휴렛팩커드의 '카프리콘(Capricorn)'편

비록 1980년대의 바이킹 1, 2호와 1990년대의 패스파인더 호가 화성
에 생물이 없음을 누차 확인했지만, 아직도 일부 사람들은 우리가 화성
의 극히 일부만 보았을 뿐이며 화성인이 스스로를 드러내려는 의사가
없는 이상 그들을 한눈에 찾아내기란 쉽지 않은 일이라고 믿고 있다.
「화성 탐사 임무Mission to Mars」나 「화성인 마틴My Favorite Martian」, 「화
성 연대기The Martian Chronicles」 같은 영화들은 그러한 견해의 반영이
다. 특히 「화성인 마틴」은 지금 소개하는 휴렛팩커드의 광고와 거의 똑
같다 해도 과언이 아니다. 단지 휴렛팩커드 제품이 나오지 않는다는 차
이점만 빼고. 제작시기를 감안할 때 이 광고를 착안해 영화를 만든 것
이 아닐까 여겨질 정도다.

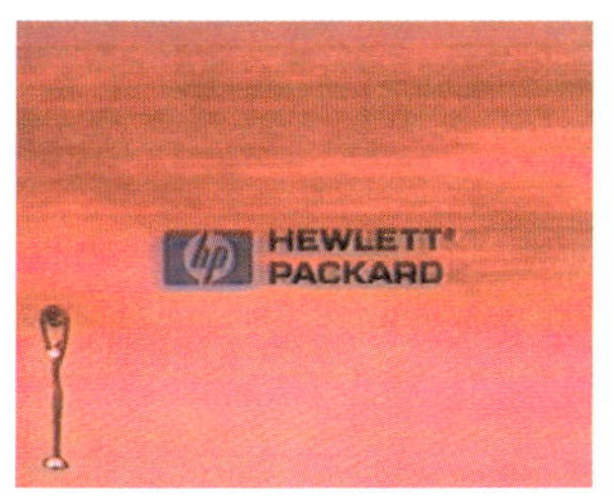

화성 무인탐사선의 망원경이 화성 전경을 담기 위해 이리저리 움직인다. 실망스럽게도 생명의 흔적은커녕 어딜 둘러봐도 황량한 자갈과 바위의 벌판이 끝없이 이어지고 있을 뿐이다. 지구 관제소 사람들은 '그럼 그렇지' 하는 표정으로 아쉬운 마음을 감추지 못한다. 그렇다면 정말 화성에는 아무것도 살지 않는 것일까? 아직 희망을 버리지 않은 지구 관제소는 망원경의 방향을 틀어본다. 역시 을씨년스런 사막이 보일 뿐이다. 그러나 그 짧은 순간 화성에서는 긴박한 공수작전이 벌어지고 있었으니! 화성인들이 그 망원경 앞에 나란히 서서 삭막한 풍경사진들을 계속 이어붙이고 있었던 것이다. 그러자면 망원경이 조금씩 방향을 틀 때마다 그 풍경을 이어갈 여분의 사진이 바로바로 필요한데, 그러한 사진의 조달을 순식간에 가능하게 해주는 것은 다름아닌 휴렛팩커드 프린터다. 이 광고는 이러한 설정을 통해 속도가 빠르고 해상도도 손색이 없는 프린터라는 주장을 친근감 있게 전달한다.

한때 패스파인더 호의 소형 이동탐사체 소저너가 보내온 화성의 화상을 TV를 통해 지켜보며 전 세계인이 흥분과 탄식을 주고받은 기억이 생생하다. 다국적 광고회사 사치 앤 사치(saatchi & saatchi) 싱가포르 지사가 만든 이 광고는 인류의 관심을 끈 역사적 이벤트를 제품 장점과 접목시키는 재주를 부림으로써 타이밍 광고로서의 소임을 다했으며 클리오(Clio) 상까지 덤으로 받았다.

외계인에게도 프라이버시가 있다? –〈스포츠 투데이〉 광고

세 번씩이나 영화로 만들어질 정도로 큰 반향을 일으킨, 외계인을 소재로 한 소설이 있다. 잭 피니(Jack Finney)의 『신체강탈자들의 침입 *Invasion of the Body Snatchers*』(1955)이 바로 그것으로, 이 작품은 외계인들이 하나둘씩 지구인의 외양을 함으로써 은밀하고 감쪽같이 지구인을 대치해나가는 과정을 그린 전율할 만한 작품이다. 한때 공산주의 콤플렉스에 대한 비유로도 읽혔던 이 소설의 으스스한 분위기는 비슷한 소재를 유쾌하게 풀어낸 영화 「맨 인 블랙Men in Black」(1997)에 이르러 완전히 탈색되어버리고 만다. 즉, 외계인들이 인간의 탈을 쓰고 이 사회 안에 숨어 있을 수 있지만, 그들은 나름대로의 사정이 있어 도피(망명)해 와 있을 뿐이며 그리 위협적인 존재들은 아니라는 것이다.

소설 『신체강탈자들의 침입』은 세 차례에 걸쳐 영화로 만들어졌다. 이 포스터는 가장 최근에 만들어진 아벨 페라라(Abel Ferrara) 감독의 1993년 버전이다.(국내 비디오 출시명은 「바디 에이리언」이다.)

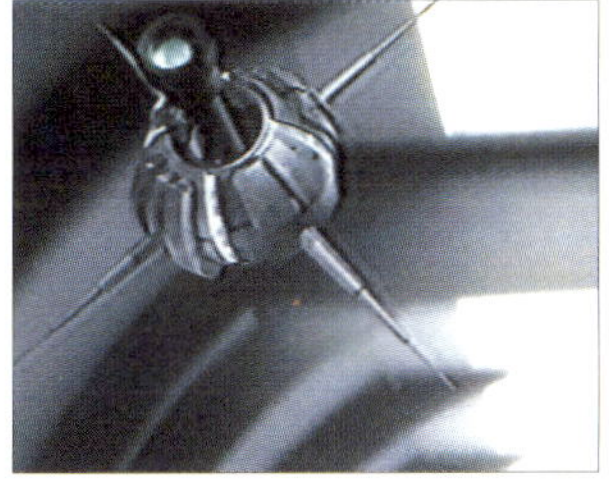

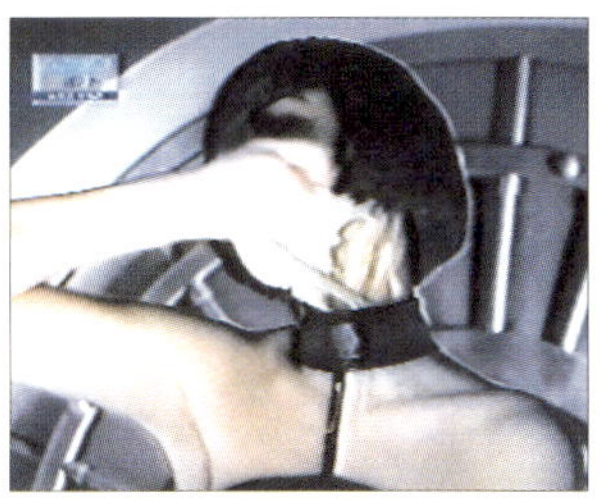

이승연이라는 유명 탤런트를 이용해서 '지구인으로 위장한 외계인'이란 소재를 다룬 〈스포츠 투데이〉의 TV광고도 다원화 시대의 조류에 맞게 「맨 인 블랙」의 경쾌한 해석을 따르고 있다. 한 외계인이 지구에서 신분을 들키지 않고 살아가기 위해 유명 연예인 이승연의 탈을 쓰고 산다. 그러던 어느 날 특종보도를 위해 24시간 눈과 귀를 열고 있는 〈스포츠 투데이〉의 카메라에 그녀의 정체가 우연히 포착된다. 대문짝만하게 '이승연은 외계인?'이란 1면 톱 헤드라인이 실린 〈스포츠 투데이〉 앞에서 그 외계인은 기절초풍을 한다. 파충류의 벌레 포식용 혀를 날름거리는 탤런트 정준의 트레일러 컷도 일품이다. 이 광고는 외계인이 우리 안에 이미 들어와 있을지도 모른다는 SF적 상상과 유명 연예인의 프라이버시, 그리고 특종 취재에 강한 언론이라는 세 박자가 잘 맞아떨어진 본보기라 하겠다.

외계인이 보낸 전파를 찾아라! - NRMA의 'Contact' 편

별과 별 사이의 통신에서 절대 무시할 수 없는 장애물은 시간이다. 어떤 전파신호가 지구에서 다른 외계문명권을 향해 빛의 속도로 여행하는 데 걸리는 시간 말이다. 1974년 11월 16일 프랭크 드레이크 교수는 SETI 계획의 일환으로, 푸에르토리코(Puerto Rico)의 아레시보(Arecibo)에 있는 전파망원경으로 구상성단 M13을 향해 전파신호를 보냈다. 그 신호는 2만 4천 년이 지나 그곳에 도달할 것이다. 만에 하나 그쪽에서 그 신호를 즉각 해독해 답신을 보낸다 해도, 우리가 그것을 받아보자면 또 그만큼의 세월을 기다려야 한다. 그때가 되면 그 전파를 보낸 기억은 고사하고 인류문명 자체가 존속하고 있을지 의심스럽다. 마찬가지로 우리가 외계로부터 어떤 인공적인 신호를 수신했다 해도 그때쯤이면 전파를 보낸 발신지 자체가 아예 존재하지 않을지도 모른다. 따라서 전파신호 수집을 통한 외계문명 탐사 작업은 실시간 쌍방향 대화보다는 다른 문명의 존재 가능성 확인에 더 초점을 맞춰야 할 것이다. 이번에 소개할 광고에는 이러한 외계문명 탐사 작업에 몰두하고 있는 연구원들이 주인공으로 등장한다. 그렇다고 너무 큰 기대는 말라. 이 광고는 어디까지나 광고주의 이해를 반영하고자 하는 것이지 외계문명에 대한 어떤 입장을 표명하려는 것이 아니니까.

최초의 접촉—반가워요, 외계인

자막 외계생명체 관측 스테이션.

(한 남성 연구원이 지루함을 덜기 위해 관측기기와 모니터들 틈바구니에서 미니 골프를 치고 있다. 그 뒤에서는 여자 연구원이 간이침대에 누워 휴식을 취하고 있다. 그때 돌연 모니터에서 경보음이 나며 새로운 데이터가 수신되고 있는 모습이 보인다. 순식간에 비상근무 체제로 돌아서는 연구원들. 각자의 자리로 재빨리 돌아간다.)

연구소장 : (분주한 연구원들 사이로 등장하며) 뭔가 잡혔나?

남자 연구원 : 출력이 아주 약합니다만.

여자 연구원 : (다급한 목소리로) 한두 채널로 고정시켜 보겠습니다.

연구소장 : (컴퓨터에서 출력되는 수신 전문을 읽어보더니) 어디 보자. 잘 모르겠는데. 이건 외계인의 언어야!

(모두가 들떠 있는 가운데 남자 연구원이 계속 출력되는 전문을 읽다가 고개를 갸우뚱하며 소장에게 건넨다.)

남자 연구원 : 이건 소장님한테 온 건데요.

연구소장 : 그렇지. 그들은 우리와 대화하고 싶은 게야.

남자 연구원 : 일종의 투자 정보 같아요.

연구소장 : 뭐?

남자 연구원 : 소장님이 거래하는 은행에서요.

(연구소장, 당혹스런 표정으로 전문을 다시 읽어내려 간다.)

내레이션 투자할 때 도움이 필요하십니까? NRMA에 채널을 맞추십시오. 매주 단계별로 당신에게 필요한 투자 정보를 차근차근 전해드립니다.

어떤 이야기든 도입부가 진지할수록 유머러스한 반전이 힘을 받는 법이다. 이 광고는 이전의 장에서 소개한 펩시의 TV광고 '점심시간'편에서처럼 외계문명의 전파신호를 세계 최초로 수신한 양 흥분하다가 종국에는 전혀 다른 맥락으로 넘어가버린다. 소비자들은 광고에 등장하는 연구원들의 흥분과 열의에 얼떨결에 동조했다가 광고주의 내레이션까지 자연스레 받아들이게 된다. 대체 은행의 투자 정보 상담 서비스와 외계의 전파신호가 무슨 상관이 있겠는가? 하지만 전혀 연관성이 없는 소재 두 가지가 절묘한 접점을 찾아내자 소비자들을 포복절도하게 만드는 훌륭한 광고 한 편이 탄생했다. 광고의 드라마는 소비자가 예상한 수순으로만 흘러서는 절대 시선을 붙잡아둘 수 없다. 가장 효과적인 방법은 아주 이질적인 두 요소를 그럴듯하게 이어붙일 만한 접점을 찾아내 세련되게 가공하는 것이다.

우리나라의 은행 광고는 따분할 정도로 점잖은데다가 일방적인 주의, 주장만 앞세우는 경우가 아직도 많다. '고객 우선주의'라는 캐치프레이즈도 고객의 눈높이나 시선에 맞추지 못한 채 은행의 입장만 노골적으로 강변하는 식이 대부분이다. 반면 NRMA의 광고는 전혀 소비자에게 강요하지 않으면서도 끝까지 메시지에 몰입하게 하고 기억이 남게 한다. 광고 크리에이터의 역할은 광고주의 주장을 강요하는 것이 아니라 소비자들이 편안하게 받아들일 수 있도록 환경을 조성하는 조경사라 할 수 있다. 그러자면 크리에이터 자신이 즐길 수 있는 광고 스토리를 만들어야 한다. 자기가 봐도 재미없는 광고를 누가 꼼꼼히 기억해주겠는가?

타임머신, 시간을 내 마음대로 주무른다?

시간여행을 하는 방법은 크게 타임머신과 타임슬립(Time Slip)으로 나뉘는데, 이번 장에서는 먼저 타임머신을 소재로 한 광고 이야기를 해보기로 하자.(타임슬립은 바로 다음 장에서 자세히 다루기로 하겠다.) 타임머신은 과거와 미래로 갈 수 있는 기계장치를 통칭하는 것으로, 최초의 타임머신이 등장하는 소설은 1895년 H. G. 웰스가 발표한 『타임머신*The Time Machine*』이다. 이후 이 작품은 과학소설과 SF 컨텐트에 깊은 반향을 불러일으켜 무수한 아류작들을 양산해냈고 시간여행 장르라는 SF 하위 장르까지 만들어내기에 이르렀다. 웰스의 『타임머신』은 빛의 속도보다 빠른 회전운동을 통해 4차원 시공간연속체의 시간축(時間軸)을 임의로 변화시켜 미래로 나아간다. 그리고 시간여행자는 지금으로부터 80만 년 후의 미래에서 퇴화의 길을 걷고 있는 인류를 만나고는 실망한다. 그는 혹시나 하는 희망으로 계속 미래로 가보지만 인류는 물론이고 대부분의 생명이 사멸하고 태양은 적색 거성(巨星)이 되어 지구를 말려죽이고 있는 끔찍한 광경 앞에서 삶의 허무를 깨닫는다. 원래 웰스가 이 소설을 쓴 목적은 시간여행 그 자체의 현실성 논의보다는 암울한 미래를 묵시론적으로 보여줌으로써 계급모순의 골이 깊어가고 있음에

도 각국 정부들끼리 전쟁만 일삼던 근대 유럽
사회의 부조리를 풍자하는 데 있었다. 이후의
모든 시간여행담이 이 정도로 인류사회에 대
한 깊은 성찰을 보인 것은 아니지만, 웰스의
이 같은 정신은 자유로이 시간대를 넘나드는
모험을 통해 인류의 미래사와 과거사를 되돌
아보면서 통찰력 있는 비전을 제시하려는 작
가들에게 큰 영향을 주었다.

◀소설 「타임머신」의 표지.

▼H. G. 웰스의 원작소설을 영
화화한 「타임머신」의 한 장면. 퇴
화하여 식인을 일삼는 미래 인류
의 모습은 두 차례의 세계대전을
일으킨 오늘날의 우리와 다를 바
없다.

　그런데 만약 시간여행자가 타임머신을 이용
해 미래나 과거로 가서 자기 입맛에 맞게 역사
를 뒤바꿔놓는다면 이 세상은 어떻게 될까?
사람들의 생각이 여기에 미치게 되자 타임머
신을 통한 사회 풍자 못지않게 인과율의 파괴
나 혼란에 초점을 둔 다양한 아이디어들이 쏟
아져 나오게 되었다. 그렇다면 시간여행을 통한 인과율의 파괴란 무엇
을 의미하는 것일까? 이해를 돕기 위해 막연한 정의보다는 구체적인
실례를 들어보기로 하자. 폴란드의 과학소설가이자 비평가인 스타니
스와프 렘(Stanislaw Lem)은 시간여행의 역설적인 측면으로 다음과 같은
예를 든다.[1]

　피터란 청년이 있다. 아버지 없이 자란 그는 다 커서야 자기 아버지
'존'이 어머니와 자식을 버린 무책임한 사람이었음을 알게 된다. 아버
지에게 따지고 싶었지만 현재 시점에서는 찾아낼 방도가 없었기에, 피
터는 타임머신을 타고 과거로 가서 어머니가 당시 살았을 만한 지역을
돌아다니며 아버지를 수소문한다. 그러나 이 잡듯이 뒤졌건만 조사는
진전이 없고 상심한 그는 그 와중에 한 처녀와 사랑에 빠지게 된다. 하
지만 피터는 과거 시점에 한없이 머물 형편이 못 되었다. 연로한 어머

1) Stanislaw Lem, *Microworld*,
　Harcourt Brace & Company,
　1984, p.136~160.

타임머신, 시간을 내 마음대로 주무른다?

과거로 간 시간여행자가 처녀 시절의 엄마와 로맨틱한 경계를 넘나드는 복선을 다룬 할리우드영화 「백 투 더 퓨쳐Back to the Future」 또한 인과율의 모순을 다룬 대표적인 예이다.

니를 돌볼 사람이 자신뿐이었기 때문이다. 그 처녀로부터 임신하지 않았다는 말을 듣고 안심한 피터는 현재로 돌아와 버린다. 결국 그는 아버지의 행적을 찾아내는 데 실패하고 말았다. 그러던 어느 날 그는 어머니의 서랍에서 우연히 30년이 지난 빛 바랜 사진을 발견하고는 경악한다. 그 사진 속의 여인은 바로 자신이 과거로 날아가 사랑을 나누었던 그 처녀였던 탓이다. 당시 그를 구속하고 싶지 않았던 그녀는 선의의 거짓말로 자신의 임신 사실을 숨겼던 것이다. 이로써 그는 자신이 왜 아버지를 찾아내지 못했는지를 깨닫게 되었다. 그 자신이 바로 그의 아버지였던 것이다. 피터는 실종된 아버지를 찾아 과거로 여행하면서 조사의 편의상 '존'이란 가명을 썼었다. 그리고 이 여행의 결과로 그가 태어났다.

이것은 일종의 순환하는 또는 닫혀 있는 인과관계라고 볼 수 있다. 피터는 어머니의 자식인 동시에 남편이므로 이를 근친상간이란 통상적인 개념으로 다룰 수는 없다. 그가 그 처녀와 사랑을 나눌 무렵, 그의 어머니는 아직 그의 어머니가 아니었고 어머니일 수도 없었지 않은가. 그럼에도 유전적인 관점에서 볼 때, 피터는 그의 어머니와 유전자가 동일하다. 곡절이야 어찌됐든 간에 피터의 어머니는 그를 단성생식으로 낳은 셈이다. 왜냐하면 어떤 낯선 남자도 그녀를 수태시키지 않은 까닭이다. 이른바 닫힌 시간 고리(Time Loop)를 형성하는 이러한 유형은 시간여행을 다룬 SF 컨텐트에서 자주 엿볼 수 있는 인과 구조다. 이러한 유형 가운데 이보다 더 닫혀 있는 시간 고리의 인과율 붕괴 사례를 보여준 작품으로 로버트 하인라인(Robert Heinlein)의 단편소설 「너희는 모두 좀비다All You Zombies」(1959)를 들 수 있다.

한 미혼모가 제왕절개로 아이를 낳는다. 수술 도중 의사는 그녀가 남녀 양성체로 성전환을 하는 편이 더 낫겠다는 판단을 내린다. 그녀는 청년이 되어 병원을 나선다. 방금 전까지만 해도 아이까지 낳은 여자였음에도 불구하고 말이다. 자신을 꼬드겨 임신시킨 남자(애 아빠)를 찾아다니던 그(이전의 그녀)는 시간여행자의 도움으로 애 아빠를 만나기 전의 과거로 돌아간다. 한편 시간여행자는 태어난 아기를 20년 전의 더 먼 과거로 데려가 어느 고아원의 나무 아래에 버린다. 그 아기는 성장하여 처녀가 되고 미래에서 온 성전환 남성과 사랑을 하고 임신을 하게 된다. 그가 종적을 감추자 그녀는 미혼모가 되었고 제왕절개로 아이를 낳는다. 수술 도중 의사는 그녀가 남녀 양성체로 성전환을 하는 편이 더 낫겠다는 판단을 내린다. 자신을 꼬드겨 임신시킨 남자를 찾아다니던 그(이전의 그녀)는…….

약간 복잡해 보일지 모르겠지만 위의 순환은 완벽하게 닫혀 있다. 한 인물이 아버지이고 어머니인 동시에 자식이 된다. 다른 말로 하면 한 사람이 자신에게 임신을 시켜 자신을 낳는다는 얘기다. 여기서 양성체인 인간이 아기를 낳을 수 없다는 사실은 상대적으로 중요하지 않다. 오히려 자기 자신을 낳는 사람의 말도 안 되는 상황이야말로 더욱 불가능한 문제 아니겠는가. 이러한 논리가 시사하고 있는 바는 무(無)에서의 창조 행위다. 시간여행담은 어떻게 이야기 구조를 짜나가든 간에 본질적으로 인과율과 모순을 일으키지 않을 수 없다. 그래서 의도했든 의도하지 않았든 간에 필연적으로 인과율을 다루게 되는 시간여행 작품은 대개 네 가지 유형으로 구분된다.

1. 과거(또는 미래)로 가서 주인공의 의도대로 역사를 바꾸어놓는다.
　—로버트 하인라인의 『여름으로 가는 문』, 폴 앤더슨의 『타우 제

　　　　　　　　　　　　　타임머신, 시간을 내 마음대로 주무른다?

만일 타임머신을 타고 마음대로 과거로 돌아갈 수 있다면 상당수의 사람들은 복수하는 데 타임머신을 이용할지도 모른다. 로버트 하인라인의 소설 『여름으로 가는 문』의 주인공은 친구와 아내에게 철저히 배신당하고 버려진 후에 타임머신을 타고 과거로 돌아가 모든 사태를 미리 막아보려 한다.

로』, 복거일의 『역사 속의 나그네』 같은 과학소설들

2. 과거(또는 미래)로 가서 역사를 바꾸는 이가 없도록 방어하는 미지의 힘이나 세력이 있다.

　—폴 앤더슨의 연작소설 『타임패트롤』 그리고 시간경찰 이야기를 다룬 다수의 액션영화들

3. 방어세력이 없어도 과거(또는 미래)로 가봤자 아무것도 바꾸어놓을 수 없다. 시간의 인과율은 우리 마음대로 통제되는 것이 아니다.

　—이영수의 「허무한 시간여행자의 종말」 단편 시리즈, 영화 「레트로액티브」

4. (앞에서 예로 든 바 있는) 이른바 닫힌 시간여행으로 인해 인과율이 완전히 뒤죽박죽된다.

　—로버트 하인라인의 「너희는 모두 좀비다」

본래 타임머신의 목적은 타임머신 안의 시간은 그대로 두고 밖의 시간을 조절하는 것이다. 하지만 타임머신의 계기가 오류를 일으켜 정반대로 작동한다면 어떻게 될까? SF잡지 〈원더 스토리스Wonder Stories〉에 실렸던 이 일러스트레이션은 타임머신의 코일에 갇혀버린 발명가가 애초 의도와는 정반대로 작동하는 바람에 그 부작용으로 급속히 늙어가는 모습을 보여준다. 곧 그는 늙어 죽을 것이다.

타임머신을 이용한 시간여행이 빚어내는 위와 같은 논리상의 모순은 광고에서도 얼마든지 창의적으로 응용될 수 있다. 특히 시간여행이란 소재는 그 창의적인 특성 때문에 광고 크리에이티브를 어떤 방향으로 전개하느냐에 따라 아이디어의 파워, 즉 광고 메시지의 호감도를 증폭시켜줄 수 있다.

아듀, 코카콜라! – 펩시콜라의 '타임머신' 편

앞에서 논의했듯이, 타임머신을 타고 떠나기에 앞서 시간여행자는 인과율이란 규칙에 유의해야 한다. 과거로 가서 마음대로 사건들을 바꿔

놓으면 현재와 미래가 엉망이 될 수도 있기 때문이다. 그래서 영화와 소설에서는 시간여행 이야기를 재미나게 꾸미기 위해서 이 인과율이란 규칙을 지키느냐 마느냐를 놓고 손에 땀을 쥐는 줄다리기를 시도하는 경우가 많은데, 이번에 소개하는 펩시 광고도 다르지 않다.

(타임머신 연구실, 펩시와 코카콜라 자판기가 문 앞에 있다.)

연구원 1 : 존, 드디어 자네를 과거로 보낼 준비가 다 됐어.

연구원 2 : (펩시 캔을 한 손에 든 채) 자네는 라디오도 TV도 심지어는 청량음료도 없던 시절로 되돌아가는 거야.

연구원 1 : 조심하게. 사소한 걸 조금만 바꿔도 인류 역사가 통째로 뒤집어질 수도 있으니까.

존 : 걱정 말아.

(존이 타임머신 안으로 들어선다. 어느새 그의 손에 연구원이 들고 있던 펩시 캔이 들려 있다. 기계가 작동하자 존은 사라지고 1885년이란 숫자판이 깜빡인다.)

연구원 1 : 1885년. 야호, 우리가 해냈어! 어, 근데 내 펩시 어디 갔지?

연구원 2 : 맙소사, 안 돼! 존이 가져갔어. 큰일났군! 그가 역사를 뒤흔들어놓을 거야.

(두 사람이 걱정하며 문가를 나서는 순간, 펩시 자판기 옆에 있던 코카콜라 자판기가 없어진다.)

연구원 1 : 괜찮을 거야. 그깟 펩시 캔 하나가 뭘 어쩌겠어?

(그들이 거리를 걸으며 말하는 사이, 지나가던 코카콜라 대형트럭이 사라져 버린다.)

연구원 2 : 하긴 그렇겠지, 설마.

(그들 뒤로 보이던 코카콜라 본사 빌딩이 통째로 희미하게 사라져버린다.)

아무리 비교광고 전략에 목숨 건(?) 펩시콜라라지만 이 정도면 너무 심하다는 생각도 든다. 아마 이 정도면 펩시의 시비에 늘 초연한 전략으로 나오는 코카콜라도 내심 발끈하지 않았을까. 서구사회의 비교광고 심의규정이 우리나라에 비해 상당히 관용적이라고는 하지만 받아들이는 사람에 따라서는 분명 불쾌감을 느낄 수도 있을 것이다. 하지만 이 광고는 타임머신이란 소재를 이용해서 광고 자체가 얼마나 호소력 있는, 강렬한 메시지가 될 수 있는가를 보여주었다는 점에서는 참고할 만하다.

과학자가 타임머신을 발명한 이유는?-XXXX 맥주의 '타임머신 연구소' 편

　대부분의 맥주 광고는 너나없이 나름대로의 맛을 강조한다. 뒷맛이 개운하다는 식으로 제품의 물성에서 출발하든, 남자의 맛이라며 소비자의 심성에서 근거를 끄집어내든 간에 말이다. 하지만 안대 가리고 맛 테스트를 하면 대개의 소비자들이 펩시콜라와 코카콜라를 구분하지 못하듯이, 여러 가지 맥주들의 맛을 구체적으로 시시콜콜하게 가려내기란 쉽지 않은 일이다. 실제로 하이트 맥주는 회사명이 크라운 맥주였던 시절, 안대로 눈을 가린 소비자들을 대상으로 OB 맥주와 자사 맥주의 맛 비교 테스트를 실시한 바 있었다. 어느 쪽이 더 씁쓸하고 또 어느 쪽이 더 부드러운가에 대한 물음에 소비자들의 반응은 엇비슷하게 엇갈렸다. 하지만 안대를 벗기고 난 다음 다시 테스트를 하면 소비자들의 의견은 왠지 크라운 맥주가 OB 맥주보다 더 쓰고 터프한 맛이 난다는 쪽으로 쏠려 크라운 맥주측을 곤혹스럽게 하곤 했다. 이처럼 맥주 제품에 대한 소비자들의 인식은 실제 맛보다는 해당 브랜드에 대한 선입관에 상당 부분 좌우되기 때문에, 제품간의 확실한 차별화가 곤란할수록 소비자의 마음속을 비집고 들어가야 하는 광고의 임무가 더욱 막중해지게 된다.(필자가 오래 전에 크리에이터로서 담당했던 하이트 맥주의 '지하 150미터 암반수에서 끌어올린 100퍼센트 천연수 맥주' 캠페인은 페놀 방류 사건으로 떠들썩했던 당시 사회의 흐름을 민감하게 반영한 예로서, 다분히 예외적인 경우라 하겠다.)

　각자의 특성과 맛을 자랑하는 맥주들 가운데 특정 브랜드를 소비자 머릿속에 늘 0순위로 떠오르게 하려면 해당 브랜드의 이미지를 인상적으로 각인시키는 커뮤니케이션 작업이 사전에 필요하다. 이러한 맥락에서 '××××' 맥주가 택한 소재는 뜻밖에도 타임머신이다. 대체 전혀 연관이 없을 것 같은 소재를 왜 맥주 광고에다 끌어들였을까? 우리는 눈길은 끌지만 제품 컨셉과 따로 노는 절름발이 광고들을 흔히 본다.
그렇다면 'XXXX' 맥주 광고는 어떨까? 한 번 살펴보자.

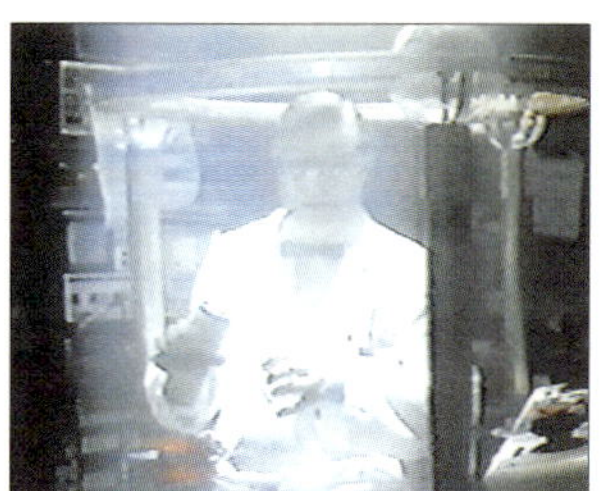 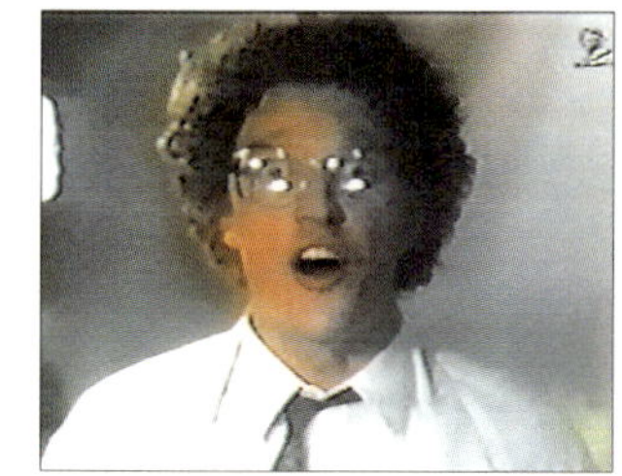 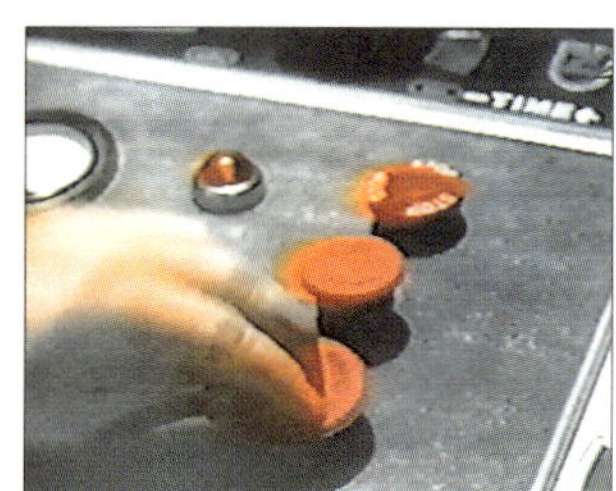

 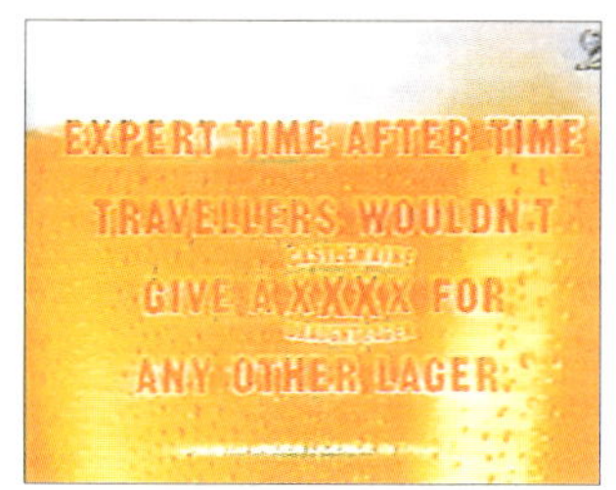

(사막 한 가운데에 자리 잡은 시간여행 연구소, 철조망에 둘러싸인 인적 없는 연구소의 전경은 마치 영화「레트로 액티브」를 연상시킨다.)

(맛있게 맥주를 들이켜고 있는 박사.)

(돌연 연구원이 복도 저편에서 탄성을 지르며 달려온다.)

연구원 : 박사님, 성공입니다. 마침내 우리가 타임머신을 발명했습니다. 이것만 있으면 살아 있는 공룡도 만날 수 있고, 호주를 발견한

제임스 쿡 선장도 만날 수 있습······.

(박사, 연구원이 흥분하거나 말거나 빈 잔을 아쉬운 듯 바라본다. 박사, 맥주잔 옆에 있는 버튼을 누른다.)

연구원 : 박사님, 성공입니다. 마침내 우리가 타임머신을 발명했습니다. 이것만 있으면 살아 있는 공룡도······.

(다시 그 연구원이 복도 저편에서 탄성을 지르며 달려온다. 박사, 다시 잔이 비자 입맛을 다시며 버튼을 또 누른다.)

연구원 : 박사님 성공입니다. 마침내 우리가 타임머신을 발명했습······.

(다시 그 연구원이 복도 저편에서 탄성을 지르며 달려온다. 박사, 다시 잔이 비자 입맛을 다시며 버튼을 또 누른다.)

(상황의 반복.)

(박사, 흐뭇한 표정으로 다시 가득 찬 맥주잔을 들이켠다.)

내레이션 언제나 끝내주는 맛, '××××'를 맛보신 분이라면 다른 어떤 맥주와도 바꾸지 않으실 겁니다.

이 광고는 얼핏 보아 닫힌 시간 고리를 보여주는 것 같지만 그다지 정교하지는 않다. 타임머신 장치에 의해 과학자와 연구원이 맥주를 마시기 전인 불과 몇 분 전의 과거로 돌아가게 되면 거기에는 과거 시점의 과학자와 연구원이 버티고 있지 않은가. 게다가 맥주잔이 비워질 때마다 계속해서 과학자가 과거로 가는 타임머신 버튼을 누른다면 연구실은 과학자들과 연구원들로 가득 차 발 디딜 틈이 없게 될 것이다. 이러한 모순을 SF에서는 흔히 '타임 패러독스'라고 부른다.

이미 앞에서 이와 관련된 예를 언급한 바 있지만 가장 단순화시킨 예를 들자면 '할아버지 살해 패러독스'를 들 수 있다. 만약 과거로 가서 자신의 할아버지를 살해한다면 현재의 나는 어떻게 될까? 이 때문에 대개의 시간여행 작품들은 극적 재미를 위해 인과율을 넘어서는 대신 세상의 질서가 혼란해지지 않도록 안전장치를 궁리해낸다. 과거로 가서 특정 사건을 바꿔놓아도 그 순간 현재의 우주와는 다른, 또 다른 우주가 갈라져 나오기 때문에 원래의 우주에는 아무런 혼란이 없다는 식(이를 '평행우주' 개념이라 부른다)이거나 아예 그런 일이 벌어지지 못하도록 먼 미래에서 온 시간경찰들이 늘 눈을 부라리고 있다는 식으로 말이다.

하지만 이 광고의 경우, 타임머신을 개발한 박사는 몇 번이고 시간을 거꾸로 돌려 자신의 이기적인 욕망을 채운다. 인과율의 모순에 대한 고려나 아무런 안전장치도 없이. 이 광고는 '××××'가 엄청나게 맛있다고 구구절절이 떠들지 않는다. 대신 그 맛에 중독된 과학자의 치기 어린 장난을 보여줌으로써, 이 맥주 브랜드의 맛에 대한 즐거운 인상을 남겨준다. 참, 이 광고는 교훈도 하나 준다. 연구원 노릇을 하더라도 이런 주당(酒黨) 박사 밑에서는 하지 말라.

8

타임슬립, 시공의 틈바구니로 미끄러지다!

SF작가들은 타임머신으로만 시간여행이 가능하다고 보지 않으며, 거기에 바로 문학적인 묘미가 있다. H. G. 웰스가 시간여행 기계를 생각해내기 전에도, 작가들은 풍부한 상상력으로 마음대로 시간과 공간을 오가는 문학작품들을 다수 내놓았다. 19세기 말까지만 해도 문학에서 사랑받은 시간여행 수단은 임의의 타임슬립을 통해 시공의 틈바구니 사이로 빠져나가는 방식이었다. 여기서 타임슬립이란 이야기 속의 주인공이 타임머신 같은 기계장치가 아니라 어떤 특별한 계기를 통해 문자 그대로 과거나 미래의 시공간으로 미끄러져 들어가는 현상을 일컫는 SF 장르 용어다.

그렇다면 타임슬립은 어떻게 일어나는 것일까? 그 원인은 다양하다. 제일 오래된 방법은 찰스 디킨스(Charles Dickens)의 『크리스마스 캐럴 *Christmas Carol*』(1843)과 에드거 앨런 포(Edgar Allan Poe)의 『울퉁불퉁한 산맥의 이야기 *A Tale of the Ragged Mountains*』(1844)처럼 깊은 잠을 자면서 꾼 꿈의 형식을 취하는 것이다. 또는 에드거 라이스 버로스(Edgar Rice Burroughs, 1875~1950)의 『화성의 달 아래서 *Under The Moons of Mars*』(1911)에서와 같이 일종의 유체 이탈이나 심지어는 최면술이 동원되기도 한다. 그러나 이러한 수법들은 너무 막연하고 신비적이어서 정통 SF로 분류하기에는 논란의 여지가 있다. 20세기에 과학소설이 본격적으로 자리를 잡으면서부터는 약물, 냉동보존학(인공동면) 같은 유사과학 수단이 그 동기에 합리성을 부여하려 했지만 초자연현상(기상 이변 포함)을 이용한 타임슬립은 여전히 작가들의 자유분방한 시간여행 수단의 하나로 애용되고 있다.

이처럼 타임슬립이 그 원인과 발생과정에 대해 최소한의 설명밖에 제공하지 않는데도 불구하고 작가들이 이러한 설정을 줄기차게 끌어들였던 것은 이 하위 장르의 태동 자체가 통상적인 SF와는 달리 과학혁명의 이데올로기를 고양시키기보다는 사회 풍자에 주목적이 있었기 때문이다. 이는 다음과 같은 사실에서도 짐작할 수 있다. 실제로 웰스가 타임머신이란 발명품으로 대중에게 큰 반향을 일으켰음에도, 정치사회 비판과 풍자에 관심이 많던 당대의 영국 과학소설가들은 대부분 시간 탐사 수단으로 타임머신이란 기계장치보다는 '환영을 통한 판타지(visionary fantasy)'를 선호했으며, 기계장치를 이용한 시간여행은 미국의 펄프 대중 작가들이 소매를 걷어붙이고 나설 때까지 기다려야만 했던 것이다.

이처럼 타임슬립이 문학에서 일시적으로 써먹는 트릭에 그치지 않고 주요한 표현기법의 하나로 정착하게 되자 주류문학(mainstream literature, 비SF문학) 작가들 또한 너도 나도 이러한 설정을 끌어다 쓰게 되었을 뿐만 아니라 영화와 만화 같은 SF 주변매체들에도 자연히 영향을 주게 되었다. 굳이 오래된 예를 들 필요도 없이, 근래에 개봉된 「동감」과 「프리퀀시」 같은 영화들을 보면 과거의 사람과 미래의 사람이 시공의 틀어진 틈새로 무선통신을 주고받는 이야기가 나온다.

만화라고 별반 다르지 않다. 고바야시 모토후미의 만화 『타임 트루퍼』에서는 22세기의 미래인들이 제2차 세계대전의 막바지 무렵의 격전지로 타임슬립 한다. 달 표면에서 훈련을 받고자 화성을 출발한 다섯 명의 우주비행사들이 1944년 프랑스의 노르망디로 미끄러져 들어가버린 것

이다. 이들은 레지스탕스와 합류하게 되고 급
기야는 독일군의 탱크를 무 자르듯 두 동강 내
버리기까지 한다. 이로써 갑자기 전쟁의 양상
이 달라지지 않을 수 없게 된다. 가와구치 가이
지의 만화『지팡구』또한『타임 트루퍼』와 설
정이 비슷하다. 하지만 전개과정의 밀도와 긴
장감은 더욱더 손에 땀을 쥐게 한다. 일본 극우
팽창주의와 평화 공존이란 두 개념 사이에서

타임슬립을 다룬 한국영화 「동감」.

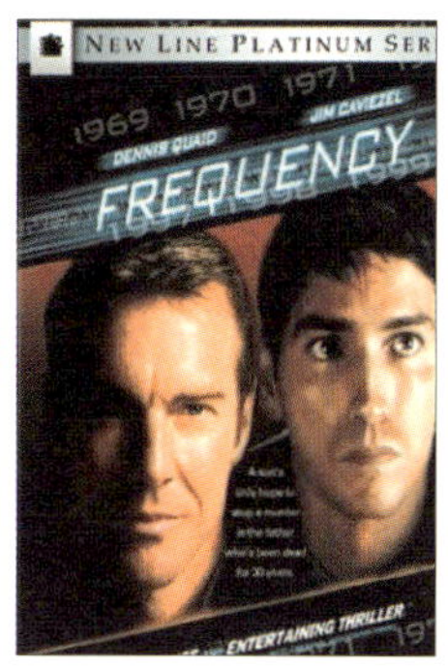

타임슬립을 다룬 할리우드영화
「프리퀀시」.

벌이는 아슬아슬한 줄타기로 유명해진『침묵의 함대』의 작가인 가와구
치는 세계를 상대로 전쟁을 벌였던 시대의 일본 군인과 현대의 일본 자
위대원들을 시공의 틈바구니를 통해 서로 만나게 함으로써 대동아전쟁
의 진정한(?) 의미를 되짚어보고자 하는 야심에 찬 시도를 보여준다.

　21세기 일본의 자위대는 미국의 요청으로 에콰도르에서 발생한 분
쟁을 제압하는 다국적군의 일부로 함대를 파견한다. 여전히 자위대의
무장과 해외 파병에 대한 논란이 가시지 않은 일본 내부 현실에도 불구
하고 미국과 일본의 정치·군사·경제적 공동체로서의 유대관계는 최
신예장비를 갖춘 일본 함대의 파병을 부채질한다. 그러나 태평양 해상
에서 뜻하지 않게 만난 엄청난 태풍과 벼락으로 이 일본 함대는 돌연
1942년 6월 5일 미드웨이 해전이 일어난 해역으로 미끄러진다. 여기서
재미있는 아이러니가 발생한다. 일본 자위대의 함대는 미군과 합동작
전을 수행하러 떠나던 중이었다. 그러나 미끄러진 과거의 시공간 속에
서 미군은 더 이상 아군이 아니라 제1의 적으로 탈바꿈한다. 그렇다면
그들에게 1942년의 일본군은 아군이란 말인가? 실전경험 없이 훈련만
해온 자위대 함대 대원들은 가치판단의 혼란 속에서 자신의 미래를 스
스로 개척해가야 한다.

타임슬립 기법을 만화 속에 대입
한 가와구치 가이지의 『지팡구』.

　위의 예들에서 보듯이 타임슬립은 대체로 SF의 또 다른 하위 장르인

대체역사와 맞물리는 경우가 많다. 즉 '만일 과거의 역사가 이렇게 바뀐다면 그 결과 오늘날과 미래가 어떤 영향을 입을까?' 하는 사고 실험이 타임슬립의 보편적인 용도라고 하겠다. 할리우드영화「프리퀀시」에서 과거와의 무선통신을 이용해서 아버지의 사고를 미리 알려 죽음을 피하게 하려는 미래의 아들처럼 말이다.

초로의 신사가 젊은 날의 아버지와 재회한다! — 산토리 위스키의 '타임슬립' 편

광고 8-1

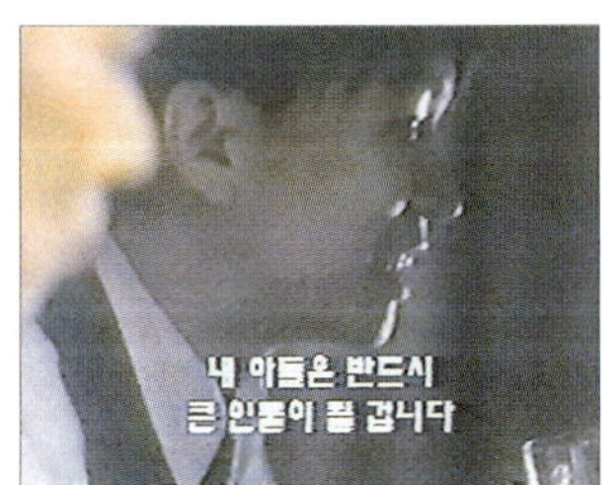

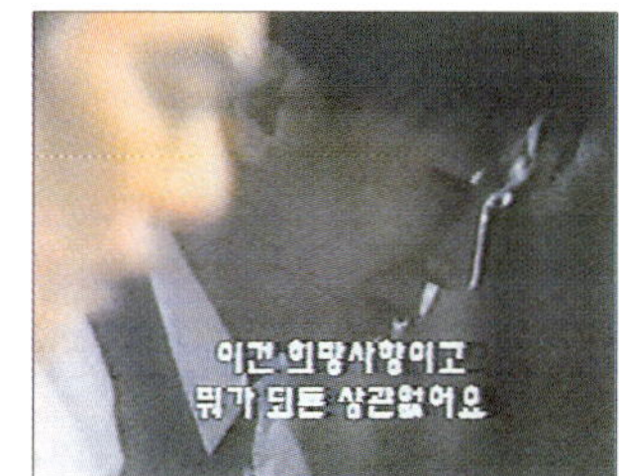

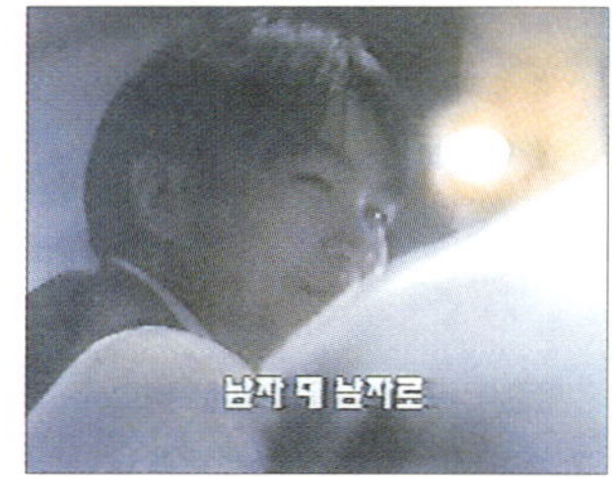

  그러나 타임슬립이라고 해서 반드시 역사의 전복(顚覆)을 기본 플롯으로 삼아야 할 필요가 있을까? 거창한 역사를 뒤집고, 사고로 죽을 사람을 살려내는 소재도 풍부한 상상력을 자극하는 플롯이긴 하지만 과거의 뜻 깊은 추억을 있는 그대로 접해보는 것만으로도 의미 있는 시도가 아닐까. 이번에 소개하는 광고는 타임슬립이란 아이디어를 가지고 한 개인의 사소한 일상을 담담하게 그려내고 있을 뿐이지만 휘황찬란

타임슬립, 시공의 틈바구니로 미끄러지다!

한 역사의 변혁보다 훨씬 더 마음에 와닿는다. 그럼 이제부터 넉넉한 인심이 절로 넘치는, 일본의 산토리 올드 위스키 TV광고 속으로 들어가보자.

나이 지긋한 초로(初老)의 신사가 퇴근길에 우연히 어떤 바에 들어선다.

　　　주인공의 독백 : 그 이상한 바를 발견한 것은 내 나이 쉰이 되는 생
　　　　일날이었다.

향수를 불러일으키는 오래된 일본 대중가요가 바 안을 질척하게 휘감고 있다. 우리의 주인공 노신사는 자리에 앉으면서 바텐더에게 인사 말을 건넨다.

　　　주인공 : 안녕하세요. 오랜만에 듣는 노래군요.
　　　바텐더 : 신곡인걸요.

어처구니없는 대답을 지극히 자연스럽게 내놓는 바텐더 앞에서 노신사는 약간 머쓱해한다. 뭔가 예기치 못한 일이 발생할 것 같은 긴장을 예감케 하는 대조적인 대화이다. 그때 한 사내가 헐레벌떡 뛰어 들어오며 외친다.

　　　사내 : 드디어 낳았어요. 사냅니다.

여기서 재미있는 것은 카메라가 곧바로 새로 등장한 남자의 얼굴을 보여주지 않고 오히려 화들짝 놀라는 노신사의 얼굴을 클로즈업한다는 점이다.

　　주인공의 독백 : 아버지다! 젊은 시절의 아버지잖아!

　뭔가 확실히 이상하게 돌아간다는 것을 깨달은 노신사는 벽에 걸린 달력을 본다.

　　주인공의 독백 : 오늘이 내가 태어난 날인가?

　달력에는 큼직하게 1950년이라고 박혀 있다. 주인공 노신사는, 어찌된 영문인지는 모르지만 50년을 거슬러 올라간 시점의 일본 도쿄의 한 바에 있는 것이다.

　　젊은 날의 아버지 : 같이 한잔 합시다.

　득남 턱을 내겠다는 젊은 청년의 권유에 우리의 노신사는 얼떨결에 합석하게 된다. 믿기지 않을 만큼 새파랗게 젊은 아버지의 얼굴을 노신사는 호기심 어린 눈초리로 슬금슬금 훔쳐본다.

　　젊은 날의 아버지 : 내 아들은 반드시 큰 인물이 될 겁니다.

　부모들이 자식 잘되기를 바라는 것은 인지상정이다. 그러나 막상 자식 입장에서는 부모의 지나친 기대가 부담스럽기 그지없다. 이 광고에 등장하는 주인공 역시 오십 줄에 막 들어선 장년층임에도 불구하고 아버지의 야무진(?) 기대감에 곤혹스러운 표정을 감추지 못한다. 오십 줄이면 이미 인생의 결과가 판가름된 나이……. 그는 과연 아버지의 기대에 얼마나 부응하는 사람이 되었을까? 이 광고는 주인공이 단지 화이트칼라 샐러리맨임을 암시하고 있을 뿐이지만, 그 노신사의 안절부

절못하는 표정에 시청자들은 자기도 모르는 사이에 끌려 들어가지 않
을 수 없다.

　　　　젊은 날의 아버지 : 하지만 그건 희망사항이고, 실은 뭐가 되든 상관
　　　　없어요. 단지…….
　　　　주인공 노신사 : (기대에 목마른 표정으로) 단지?
　　　　젊은 날의 아버지 : 언젠가 둘이서 한잔 하고 싶습니다. 남자 대 남자로.

　　그렇다. 진정으로 자식을 아끼는 부모라면 자식에게 입신양명이나
부귀영화 같은 부담스런 목표를 강요하지 않는다. 그러한 부모가 가장
원하는 것은 더도 덜도 말고 그저 자식과의 허물없는 커뮤니케이션뿐
이다. 젊은 아버지의 분에 넘치는(?) 기대감에 주눅 들었던 늙은 아들
은 아버지의 본심을 알아차리고 목이 멘다. 그때 등장하는 산토리 올드
위스키, 잊지 마시라! 이 텍스트는 광고라는 것을.

　　　　바텐더 : 제가 한 턱 내겠습니다. 이 술도 올해 태어났지요.
　　　　(산토리 올드를 잔에 따르는 시즐 화면.)
　　　　젊은 날의 아버지 : 자, 아들을 위해 건배!
　　　　주인공 노신사 : (목이 멘 목소리로) 아버지를 위해서도!
　　　　주인공 노신사의 독백 : 50년 역사, 아버지와 나의 산토리 올드.
　　　　성우 내레이션 쉰 살이 되었습니다. 산토리 올드.

　　이 광고가 말하고자 하는 바는 단순하다. 산토리 올드가 올해로 50주
년을 맞았다는 얘기다. 만약 이러한 사실을 직설적으로 자랑하고자 했
다면 소비자들은 그리 고운 눈길을 주지 않았을 것이다. 그래서 그게
어쨌다는 말인가! 하지만 이 광고는 낯선 타임슬립이란 소재와, 세대

와 세대를 잇는 기호품이란 크리에이티브 컨셉을 절묘하게 배합한다. 덕분에 산토리 올드는 단순히 위스키라는 물질적 제품에서 그치지 않고 50년 전부터 지금까지 바로 우리 곁에 있어 온 말벗이란 느낌을 물씬 풍긴다. 감성적 제품을 어떻게 팔아야 하는지를 보여주는 모범적인 예라 하겠다. 이 광고를 본 아들이라면 선뜻 아버지께 양주 한 병 권해 드리고 싶지 않겠는가!

흔히 SF 하면 인간적인 냄새보다는 과학문명의 양지와 음지를 보여주는 컨텐트 장르로 받아들이기 쉽다. 그러나 이번에 소개한 산토리 올드 광고는 가장 감동적인 SF는 현란한 특수효과로 도배한 첨단과학문명의 이미지가 아니라 인간 자체의 심성이 한껏 우러나오는 것이어야 함을 몸소 증명하고 있다. SF는 과학이 아니라 과학이란 토대 위에 올라선 예술(문학, 영화, 만화 또는 그 어떤 형식이든 간에)이다. 감동이 없는 예술은 많은 사람의 사랑을 받기 어렵다. 이러한 관점은 광고에도 고스란히 적용된다. 광고는 마케팅의 일부이고 마케팅은 소비자와 시장 환경에 대한 과학적인 분석 이후에 쌓아올리는 상품(또는 서비스) 판매의 논리적 틀이다. 그러나 마케팅 활동을 펼쳐나가는 중요한 가지 가운데 하나인 광고는 과학적 분석에 입각한 논리적 확장만으로는 제 기량을 발휘할 수 없다. 광고 또한 SF와 마찬가지로 인간과의 긴밀한 접점 속에서 공감을 끌어낸다. 결국 어떠한 관점에서든 인간을 들여다보다 보면 한 곳에서 만나게 되는 모양이다.

9

예지안, 앞을 내다보는 자만의 권리
—앞서가는 자들을 다룬 광고

과학소설이 인간의 초능력 중에서 앞일을 내다보는 예지능력에 주목하기 훨씬 오래 전부터 사람들은 이 능력에 지대한 관심을 기울여왔다. 점성술의 역사는 동서양을 막론하고 고대로까지 거슬러 올라가며, 현대에도 소위 '잠자며 미래를 털어놓는 예언자' 에드거 케이시(Edgar Cayce, 1877~1945)를 위시한 많은 예언자들이 그 진위가 의심스러운 가운데서도 활발한 활동을 벌여왔다. 특히 미국의 에드거 케이시는 미래의 굵직굵직한 사건들을 예언한 것으로 유명하다. 그중에서도 1990년대 중반에 몇 차례 발생한 로스앤젤레스 지진과 소련의 공산주의 정권 붕괴 및 소비에트 연방의 해체를 예언한 것으로 유명하다. 아직 실현되지 않은 유명한 예언들 중에는 일본 열도가 바다 속으로 일제히 침몰한다는 주장이 들어 있다.

하지만 과학소설은 막연한 신비주의에 근거해서가 아니라 인간 내면에 잠재되어 있는 초능력 중 하나로서의 예지능력에 관심을 갖게 되었다. 나아가 이러한 작품들의 초점은 예지능력에 대한 기대감 못지않게 그러한 능력의 소유로 인해 빚어지는 도덕적 문제에 맞춰져 있다. 즉, 작가들은 인간이 설사 예지력을 갖게 된다 해도 개인적으로, 그리고 사

잠자는 예언가 에드거 케이시.

회적으로 그러한 능력을 감당할 능력이 있는지에 관해 진지한 고뇌를 거듭한다. 그래서 이러한 전통에 입각한 작품들 속에 나오는, 예지능력의 소유자는 그러한 권능을 갖고도 막상 이렇다 할 영향을 미치지 못하는 무기력한 존재로 그려지는 경우가 많다. 필립 K. 딕의 단편소설 「고소공포증에 시달리는 사나이」가 바로 그 예이다.[1] 이 단편에는 미래에 자신이 살해되리라는 것을 미리 느끼고 그 사실을 매일 밤 악몽을 통해 앞당겨서 보는 사나이가 나온다. 그는 그 악몽이 무의식에 똬리를 틀고 있는 과거의 기억이라 착각하고는 정신과 의사를 찾아간다. 하지만 의사는 그의 악몽이 그 자신의 비극적인 미래에 대한 투사라는 사실을 깨닫는다. 예지안이라고 해서 다 완벽한 존재는 아니다. 그의 경우처럼 완벽하게 미래를 투사하지 못한 채 어정쩡하기만 한 예지능력은 오히려 미래의 불행을 피하지도 못하면서 현재까지 불안에 떨게 만든다. 이 소설은 자신이 주체할 수 없는 초능력은 오히려 자기 자신에게 부담만 될 뿐임을 시사한다.[2]

　예지능력은 SF와 스릴러가 하나로 융합된 장르(주로 영화)에서 감칠맛 나는 극적 요소로 자주 쓰인다. SF의 탈을 쓴 스릴러물이란 표현이 더 정확할 이러한 작품들에서 예지안들이 보여주는 능력은 대개 들쑥날쑥해서 믿어야 할지 말아야 할지 종잡을 수가 없지만 결정적인 순간마다 그러한 능력이 발현되었다가 이내 사라져버려 독자와 관객을 감질나게 만든다. 실제로 이러한 능력을 과학적으로 조사하고자 했던 미국의 J. B. 라인(J. B. Rhine, 1895~1980) 박사의 연구사례를 보아도, 예지안들로 추정되는 피조사자들의 능력이 제각각인데다 그중 가장 뛰어난 능력자로 평가된 피조사자조차 나중에 알고 보니 사기꾼에 지나지 않았음이 밝혀진 바 있다. 그러나 이처럼 예지안에 대한 과학적인 신뢰도가 별로 높지 않음에도 라인 박사의 연구 성과는 SF스릴러물은 물론이고 굳이 SF의 범주에 들어오지 않으면서도 상황 설정을 더욱 정

1) 필립 K. 딕, 이지선 옮김, 『마이너리티 리포트』, 집사재, 2002년, 35~60쪽.

2) J. D. 베레스포드(J. D. Beresford)의 『*Young Stickland's Career*』(1921)에 나오는 주인공과 C. J. 체리(C. J. Cherryh)의 『카산드라*Cassandra*』(1978)에 나오는 여주인공도 이와 비슷한 유형에 속한다.

라인 박사와 그의 아내.

교화하려는 스릴러에 자주 채용되었다. 그중 SF스릴러의 유명한 예를 들자면 스티븐 킹(Stephen King)의 『죽음의 지대*Dead Zone*』(1979)와 필립 K. 딕의 『마이너리티 리포트*Minority Report*』가 있다. 특히 후자는 스티븐 스필버그에 의해 영화화되어 널리 알려졌는데, 소수의 예지능력자들의 예지안을 통해 앞으로 발생할 범죄를 미연에 방지한다는 발상은 SF스릴러물에서 예지안을 바라보는 기본 관점을 새삼 확인시켜준다.

그렇다면 예지안이란 소재를 광고 크리에이터는 어떻게 받아들일지 궁금하지 않은가? 다시 말해서 예지안 자체가 중요한 것이 아니라 그것을 브랜드나 제품의 컨셉과 어떻게 연결짓는지 알아보고 싶지 않은가? 광고는 그 본질상 예지안의 속성을 긍정적으로 풀어 광고 컨셉과 맞물려놓을 것이다. 하긴 언뜻 생각해봐도 미리 앞을 내다보는 능력을 가진 사람이라면 비즈니스나 대인관계를 하기에 유리할 것 같다. 그럼 이제부터 3편의 광고들을 보면서 예지안이 어떻게 활용되고 있는지 차례로 살펴보도록 하자.

남보다 7초 반 앞서 보는 세상 – 〈나우〉 광고

의사 : 당신은 미국 어디에서 태어났지요?

환자 : 아니오.

의사 : 가족이 있습니까?

환자 : 나는 열심히 하려는데 당신네가 내 말을 이해하지 못하는 겁니다.

의사 : 나는 당신을 이해하려 하고 있습니다. 그러나 당신은 내 질문에 대답하지 않고 있지요.

환자 : UTC입니다.

의사 : UTC라니?

환자 : 나는 말리려고 했습니다.[3]

이게 무슨 대화일까? 동문서답도 이 정도면 가히 정신병자와 의사가 나누는 수준이다. 위의 대화는 찰스 에릭 메인(Charles Eric Maine)[4]의 중편소설 『동위원소 인간 *The Isotope Man*』(1957)에 나오는 구절이다. 환자는 원래 방사성 동위원소 연구로 유명한 원자핵 물리학자 스티븐 레이너 박사로, 악덕 기업의 음모에 휘말려 총상을 입는다. 그러나 원자력을 이용한 로켓 엔진 연료 개발을 둘러싼 배후 음모를 캐낼 열쇠를 쥐고 있는 유일한 증인인 레이너 박사는 줄곧 엉뚱한 대답만 하고 앉아 있는 것이 아닌가. 얼마 안 가 박사의 이러한 증상의 원인이 밝혀진다. 박사는 총상 때문에 병원에서 치료를 받다가 딱 7초 반 동안 심장이 정지한 적이 있다. 육체가 잠시 죽었던 것이다. 전기충격요법으로 다시 소생한 그는 정신이 육체를 정확히 7초 반 앞서는 존재가 된다. 그의 의식은 심장이 정지되고 육체가 죽어 있는 동안에도 살아 있었던 모양이다. 다시 말해서 그의 의식은 자신에게 질문을 한 사람보다 7초 반 앞선 세상에 살면서 대답하고 있는 것이다. 보통 사람은 심장이 정지되면 뇌도 죽게 마련이지만 그는 방사능에 오랫동안 조금씩 노출되는 환경에 살아온 탓에 뇌가 특수하게 변한 것이다. 실례로 그의 눈에 불빛을 비추려 하기도 전에, 정확히 딱 7초 반 전에 벌써 눈을 깜빡인다.

사람들은 흔히 예지안 하면 선천적인 능력을 떠올리지만 위의 과학소설은 후천적으로도 이러한 능력을 얻는 예를 보여준다. 하지만 고작 7초 반을 앞서간다고 해봤자 무슨 소용이 있단 말인가? 주식을 사거나 기업을 운영하는 데도 별 도움이 되지 않을 뿐만 아니라 거시적인 미래를 설계하는 데는 아무런 가치가 없다. 이렇게 보면 별 도

<hr>

3) C. E. 메인, 김성묵 옮김, 『동위원소 인간』, 아이디어회관, 1976년, 32쪽.

4) 영국 작가로 위의 이름은 필명이며, 본명은 데이비드 매킬웨인(David McIlwain, 1921~1981)이다. 제2차 세계대전 이후 활발히 활동한 작가로, 소설은 물론이고 라디오 대본과 TV드라마까지 집필했으며, 그의 소설 『타임 슬립』과 『에스케이프먼트 *Escapement*』는 영화로 만들어지기도 했다.

    예지안, 앞을 내다보는 자만의 권리

움이 되지 않는 것 같기도 하다. 하지만 우리의 일상을 찬찬히 들여다보면 먼 미래를 아는 것만 세상을 살아가는 데 도움이 되는 것은 아니다. 7초 반을 미리 알 수 있다면 횡단보도를 밀고 들어오는 비양심 차량을 피할 수 있고 상대방이 카드놀이 패를 어떻게 쓸지 사전에 알 수도 있다. 이번에 소개할 〈나우*Now*〉 광고 또한 그러한 관점에 주목한다.

〈나우〉는 캐나다 토론토에서 발행되는 뉴스 및 엔터테인먼트 관련 주간지다. 뉴스와 엔터테인먼트는 한 가지 공통점이 있다. 둘 다 시사성에 예민한 정보라는 점이다. 그래서 일간신문이건 주간지이건 간에 언론매체들은 서로 자기네야말로 가장 앞서가는 정보를 제공한다고 주장한다. 여기에 소개할 〈나우〉의 광고 또한 같은 메시지를 전달하고자 한다. 그러나 다짜고짜 우리가 제일 잘났고 예쁘다고 우기면 누가 들어주겠는가? 때로 뛰어난 광고는 익숙한 컨셉을 이야기하면서도 겉보기에 전혀 달라 보이는 분을 발라서 차별화하는 데 성공하곤 한다. 이번에 소개할 〈나우〉의 광고 크리에이터는 모델 전략부터 파격적이다. 그가 내세운 주인공은 유명 탤런트가 아니요, 영화배우도 아니다. 하지만 그가 뽑은 주인공은 한눈에 들어오는 강렬한 인상과 행동을 보여준다. 왜 그러한지 직접 광고 내용을 살펴보기로 하자.

예지안, 앞을 내다보는 자만의 권리

한 사내가 거리를 걷고 있는데, 골목에서 유모차가 나온다. 그는 오지랖(?) 넓게도 유모차의 덮개를 덮고 지나간다. 유모차를 밀던 아기 엄마가 기가 찬다는 표정으로 그를 바라본다. 따가운 시선에 개의치 않은 채 계속 걸어가는 주인공. 그 앞의 노천 꽃집에서 한 초로의 부부가 꽃을 고르고 있다. 주인공은 돌연 꽃을 고르던 노신사의 등을 밀어 그 부부가 함께 앞으로 고꾸라지게 만든다. 꽃다발을 휘두르며 항의하려 드는 노신사, 바로 그 순간 자동차가 그 부부가 원래 있던 자리로 뛰어들어 들이받는다. 쑥밭이 된 꽃집을 되돌아보며 아연해진 표정으로, 말없이 앞으로 걸어가는 주인공을 쳐다보는 노신사. 길모퉁이를 돌아서니 이번에는 어느 집 현관에서 축구공이 굴러나온다. 주인공은 공을 따라 현관에서 튀어나오는 소년의 다리를 건다. 그대로 소년이 땅바닥에 구름과 동시에 찻길로 뛰어든 공은 쏜살같이 지나가던 자동차와 충돌한다. 길바닥에 엎드린 채 어리둥절한 표정으로 주인공을 올려다보는 소년의 시선. 다음 길목에서 주인공은 한 중년사내의 앞가슴을 눌러 걸음을 제지한다. 그 사내와 주인공이 옥신각신하려는 찰라 고층건물에서 TV 수상기가 떨어져 눈앞에서 산산조각이 난다. TV의 잔해 앞에서 넋이 나가 있는 중년사내. 다음 상황은 더욱 황당하다. 주인공은 길가에 서 있는 택시 문을 열어놓고 그냥 가버린다. 입 걸은 운전기사라면 욕지거리가 나올 법한 순간이다. 그때 바로 앞 건물에서 한 사내가 팬티 바람으로 튀어나와 그 택시를 타고 달아난다. 그 뒤를 간발의 차로 야구 방망이를 든 건장한 사내들이 쫓아온다. 만약 주인공이 미리 차 문을 열어놓지 않았던들 문 열다가 뒷덜미를 잡혔을 뻔한 아슬아슬한 타이밍이다. 아까 그 아기엄마, 갑자기 소나기가 내려 유모차 덮개를 씌우려고 내려다보니 이미 덮개가 씌워져 있음을 새삼 깨닫는다. 우리의 주인공은 비 오는 거리를 걷다가 품에서 뭔가를 꺼내 휴지통에 버린다. 다음 화면은 휴지통에 꽂힌 잡지 〈나우〉의 클로즈업.

자막 지금은 무슨 일이 일어나며 앞으로는 무슨 일이 일어날 것인가(What Now. What Next).

이 광고를 보면 주인공은 다른 사람들보다 겨우 몇 초 앞선 안목을 갖고 살아가는 것만으로도 많은 사람들을 구하는 현실 속의 메시아가 된다. 소비자들은 광고의 말미에서 주인공이 늘 몸에 지니고 다니는 잡지가 다름아닌 〈나우〉라는 것을 알게 된다. 이 광고는 감성적인 소구 방법의 전형적인 예라 하겠다. 경쟁이 치열하고 두드러지게 확실한 비교 우위가 없을 때에는 논리적인 소구보다는 감성적인 소구가 더 효과적일 수 있다. 이 광고는 〈나우〉에 대해 이러쿵저러쿵 주절대지 않는다. 그냥 〈나우〉를 애독하는 사람의 앞서가는 비전 또는 안목을 통해 자사 잡지의 시사적인 강점을 우회적으로 전달할 뿐이다.

사족으로 한 가지 더 부연하자면, 이 광고는 제품 처리에서 광고주의 혁신적인 면모를 읽을 수 있다. 광고주들은 대개 자기 제품을 신주단지 모시듯 하며, 세계 최고의 제품이라 해도 과언이 아니란 표현을 서슴지 않는다. 그런 그들에게 이야기 전개상 제품을 왜곡하거나 훼손한다는 발상은 어불성설이다. 펩시맨 TV광고 캠페인에서 보듯, 끝부분에 펩시맨이 당한 모습 그대로 펩시콜라 캔이 찌그러지는 연상 컷이 인상적으로 기억되는 것은 바로 그 때문이다. 〈나우〉 광고에서 주인공은 마지막에 가서 잡지 〈나우〉를 써먹을 만큼 써먹은 다음 휴지통에 버린다. 이 광고의 크리에이터는 주인공으로 하여금 하필이면 왜 그런 액션을 취하도록 했을까? 필자가 보기에는 이렇다. 〈나우〉는 바로 코앞의 미래에 지혜롭게 대처하도록 가르쳐주는 지침서다. 그러나 미래의 〈나우〉는 곧 오늘이 되고 과거가 된다. 주인공이 〈나우〉를 휴지통에 버린 행위는 〈나우〉의 본질을 극명하게 보여준다. 영원한 〈나우〉(지금)는 없다. 주인공은 내일의 정보 〈나우〉를 다시 살 것이다. 따라서 오늘의 〈나우)는 그 소임을 다하고 폐기되어야만 한다.

시간을 앞서가는 천사 - '세이코' 광고

　공교롭게도 이 광고의 기본적인 플롯은 〈나우〉 광고와 너무 흡사하다. 하나는 잡지PR 광고이고 다른 하나는 시계 브랜드PR 광고임에도 '시간을 앞서가는 비전'이라는 컨셉까지 서로 닮았다. 혹여 누가 누구를 베낀 것은 아닐까 하는 의혹이 일 정도다.

광고 9-2

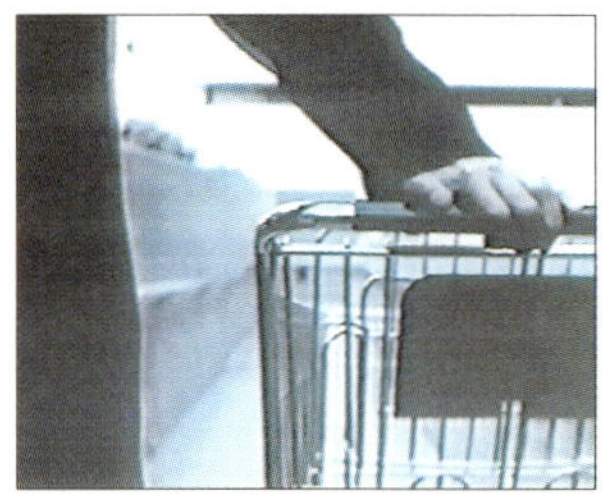

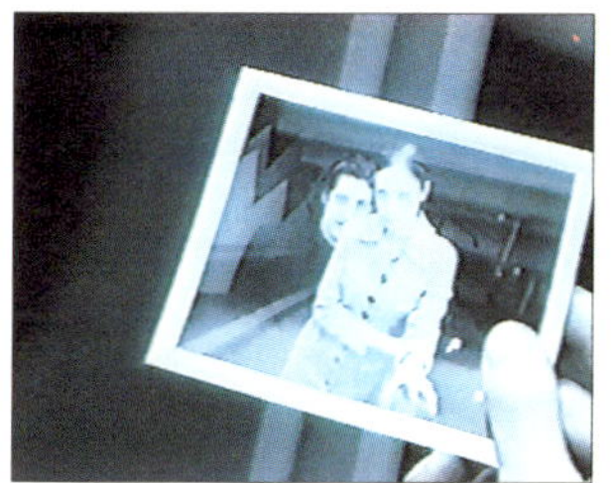

　마천루의 숲, 한 건물과 다른 건물을 이어주는 회랑 어딘가에서 검은 롱코트를 입은 사내가 하늘에다 쪽지 같은 것을 던진다. 장면이 바뀌어 날치기가 어느 노인의 가방을 빼앗아 달아난다. 그러한 소동이 바로 뒤에서 일어나고 있건만 주인공은 앞만 보고 뚜벅뚜벅 걸어간다. 그러고는 길가에 놓여 있는 빈 쇼핑 수레를 뒤로 미는데, 여전히 뒤도 돌아보지 않는다. 한편 날치기 소동을 본 경찰 둘이 쫓아오자 물불 안 가리고 내달리던 날치기는 주인공이 밀었던 수레에 받혀 쓰러진다. 경찰에 의해 체포되는 날치기. 카메라는 아까 그 쪽지가 바람에 날리는 것을 클로즈업하는데, 자세히 보니 무슨 사진 같다. 다시 대로를 활보하던 주인공, 길가에서 택시를 잡던 임산부의 팔을 잡아당겨 질질 끌고 간다. 영문을 몰라 항의하려는 그녀 뒤에서 갑자기 맨홀 뚜껑이 하늘로 치솟는다. 하수도에서 무슨 폭발이 일어난 모양이다. 얼이 빠진 그녀를 뒤로 한 채 계속 걸어가는 주인공, 이번에는 에스컬레이터를 타고 내려간다. 반대편에서는 한 젊은 여성이 에스컬레이터를 타고 올라온다. 그녀는 하늘에서 뭔가 떨어지자 자기도 모르는 사이에 덥석 잡는다. 다시 보니 그것은 사진으로, 주인공 남자와 그녀가 에스컬레이터를 함께 타고 있는 모습이 담겨 있다. 묘한 기분이 들어 에스컬레이터를 내려다보니 주인공 남자가 내려가면서 그녀를 강렬한 시선으로 바라보고 있다.

카피 늘 시간을 앞서 살아가는, 세이코.

이 광고 또한 남보다 앞서가는 시간을 사는 주인공이 마치 하늘에서 강림한 천사 같다는 점에서 〈나우〉 광고에 등장하는 주인공의 메시아 이미지와 겹쳐진다. 전자는 홍콩에서 방영된 광고이고 후자는 캐나다에서 방영된 광고지만, 국적을 불문하고 광고 크리에이터들은 남보다 앞선 시간을 살아가는 선구자에게서 메시아 또는 천사의 이미지를 떠올렸던 것일까? 적어도 한 가지만은 분명해 보인다. '시간을 앞서가는 지혜'라는 동일 컨셉이 두 광고를 맡은 크리에이터들에게 예지능력을 지닌 초능력자라는 캐릭터를 동시에 떠올리게 했다는 사실이다.

남보다 멀리 보는 기업에게 누가 덤빌 것인가? – 삼성 기업PR 광고

앞일을 내다보자면 꼭 타임머신 같은 기계가 있어야만 하는 것은 아니다. 시장 상황을 정확히 이해하고 있는 기업이라면 극심하게 변화하는 시장 환경 속에서도 능동적이고 적극적인 거시 전략 수립이 가능하다. 브라질에 진출한 삼성의 기업PR을 위해 현지 광고회사 ALMAP/

BBDO가 만든 이 광고는 미래를 선도하는 기업으로서의 이미지를 부
각시키기 위해 앞날을 미리미리 예견하고 준비하는 삼성 직원의 에피
소드를 코믹하게 보여준다.

(건널목에서 기다리고 있는 사람 곁으로 정장 차림의 신사가 다가온다.)

신사 : 비 맞기 싫으면 서둘러야 할 겁니다.

행인 : (하늘을 쳐다보며 말도 안 된다는 표정으로) 비라고요?

(신사가 우산을 펴자마자 바로 소낙비가 쏟아진다.)

신사 : 실례지만 조금만 옆으로 가주시겠습니까?

(두 사람의 틈이 벌어지자마자 그 사이로 벼락이 떨어진다.)

행인 : (혼비백산한 채) 당신은?

신사 : (양복 위의 신분증을 보여주며) 삼성. 한발 앞서 미래가 어떻게 될지 알아내 그것을 우리의 힘으로 만들죠.

행인 : 하마터면 죽을 뻔했네. 당신이 내 생명을 구해주었구려.

신사 : 제가 아닙니다. 오늘은 화요일이잖아요.

행인 : 화요일?

신사 : 당신은 화요일에 죽지 않거든요.

행인 : 아～하!

내레이션 우리는 내일을 위한 준비가 되어 있습니다. 삼성

남보다 앞서 살아가는 사람은 경쟁에서 이길 수밖에 없다. 우리나라의 기업광고에서는 첨단 테크놀로지 그룹이라는 이미지를 선점하기 위해 컴퓨터그래픽을 동원해 화려한 미래의 청사진을 제시하는 경향이 그동안 많았다. 하지만 브라질에서 만들어진 이 재기발랄한 광고는 기업광고가 반드시 장중하고 거창한 톤으로만 만들어질 필요는 없다고 반문하고 있는 듯하다. 1998년 칸 국제광고제 수상작이다.

10

인간의 재생과 복제, 그 한계는 어디까지인가?

어떠한 과학기술이든 인간이 만들어낸 것은 양면성을 지니고 있어서 반드시 이득만 주지는 않는다. 원자탄과 중성자탄, 생화학 무기 같은 첨단무기에서부터 환경오염, 변종 바이러스, 게임 중독, 인터넷을 통한 포르노의 범람 등에 이르기까지 과학기술의 어두운 그림자는 한두 가지가 아니다. 이 가운데 최근 가장 대중의 관심을 끌고 있는 논란거리의 하나는 뭐니뭐니 해도 생명공학기술의 발달로 인한 복제인간의 실현 가능성일 것이다. 1997년 영국의 로슬린 연구소에서 탄생시킨 복제양 돌리의 화제성이 이미 사망한 영국 다이애나 황태자비의 유전자로 복제인간을 만들어내겠다는 한 과학자의 아찔한 주장에 빛을 잃기까지 그리 많은 시간이 걸리지 않았다. 현재 각국마다 복제인간 방지를 위한 제도적 규제의 정도를 놓고서 과학자들을 앞세운 생명공학 기업들과 정부 및 시민단체들 간의 공방이 치열한 실정이다.

이처럼 현실에서는 복제인간에 대한 관심이 최근에야 부쩍 높아진 것 같지만, SF에서는 이 소재(또는 이를 소재로 한 주제)를 담은 작품들이 대중에게 어필을 시도해온 지 꽤 오래되었다고 해도 과언이 아니다. 최초의 현대적 과학소설로 꼽히는 메리 셸리의 장편 『프랑켄슈타인 : 또

1910년 에디슨이 제작한 영화 「프랑켄슈타인」.

복제인간의 비애를 동정적인 시선으로 그린 영화 「블레이드 러너」. 필립 K. 딕의 소설 「안드로이드는 전기양의 꿈을 꾸는가」가 원작이다.

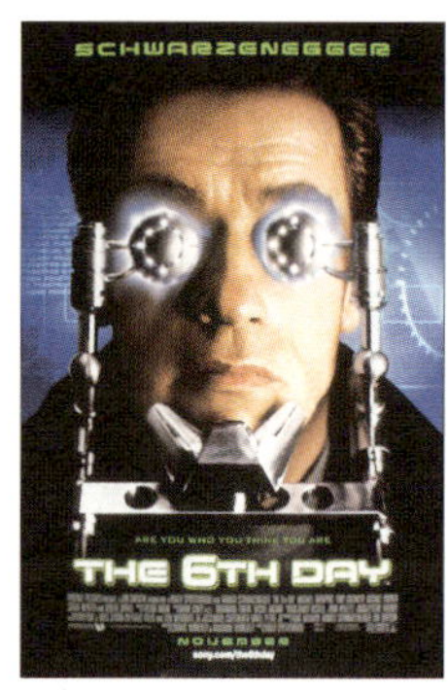

◀ 오리지널 인간과 복제인간이 음모에 맞서 함께 협동작전을 펴는 영화 「6번째 날」. 복제인간의 문제를 진지하게 고민하기보다는 정신없는 액션 연기에 치중해 아쉬움을 남겼다.

1) 이 소설은 세 차례 영화화되었는데, 가장 최근 작품인 1996년작에서는 관객의 공감을 얻기 위해 유전공학을 접목시키고 있다.

는 현대의 프로메테우스』 자체가 (비록 유전자공학까지는 생각해내지 못했지만) 인간의 재생과 복제를 고전과학의 토대 위에서 논의하고 있지 않은가. 또 다른 19세기 소설인 H. G. 웰스의 『모로 박사의 섬 *The Island of Dr. Moreau*』(1896)에서 주인공 모로 박사는 외과적 수술에 의해 동물들의 지능을 개선시킨다.[1] 두 작품의 이 같은 설정은 시대적 한계 때문에 오늘날의 생명과학 입장에서 볼 때는 어폐가 있지만, 그 발상 자체는 실현을 눈앞에 두고 있는 복제인간 개념과 맥을 같이한다고 볼 수 있다. 이제 21세기를 전후한 시점에서 SF 컨텐트는 생명공학의 발달로부터 얻은 광범위한 지식을 바탕으로 단지 복제인간을 만들어내는 수준을 넘어서 그 이후의 미래까지 나름대로 그려보는 단계에 이르고 있다. 데이비드 브린(David Brin)의 『떠오르는 행성 *Startide Rising*』(1983)이 대표적인 예인데, 여기에서는 유전공학을 통해 침팬지종과 돌고래종의 지능을 인간과 동일한 수준으로 끌어올려 우주비행사들로 써먹는다. 브린의 상상대로 유전공학이 발전할지는 미지수이지만 현재까지의 발전과정과 속도로 볼 때 인간의 목표는 단순히 인간을 다시 복제해내는 정도에 머물 것 같지가 않다. 대체 유전공학의 끝은 어디일까?

영화 속의 프랑켄슈타인. 인터넷 영화사이트 IMDB의 집계에 따르면 지금까지 프랑켄슈타인이란 제목을 단 극장용 영화들의 수가 자그마치 80여 편에 이른다고 한다.

　이번 장에서는 외과적 방법을 고전적으로 답습한 광고 한 편과 유전
공학적 뉘앙스로 접근한 광고 두 편을 살펴보기로 하자.

복제가 오리지널만 하랴! – 닛산 자동차의 인쇄광고 ‘프랑켄슈타인’ 편

광고 10-1

헤드라인

　당신의 안전을 고려한다면 늘 오리지널
부품을 쓰십시오.

바디카피

　닛산으로서는 정품이 아닌 부품을 쓰는
행위는 당신의 차에 심각한 문제를 유발할
수 있다는 점을 조언해드리는 바입니다.

　이 광고의 모델은 다름아닌 프랑켄슈타인이
다.(엄밀히 말해서 프랑켄슈타인은 그 괴물을 만든 과
학자의 이름이지만, 언제부터인가 사람들은 과학자와
창조물의 이름을 혼동해서 부르기 시작했다.) 소설에
서 죽은 사람의 살 조각과 근육, 뼈 따위를 긁어모아 새로 만들어낸 괴물
프랑켄슈타인은 정상인과는 비교할 수 없는 흉측한 외모 탓에 사회에 적
응할 수 없게 되자 분노한 끝에 자신의 창조주가 사랑하는 사람들을 죽
이기 시작한다. 이러한 플롯에 착안한 이 재기발랄한 광고는 오리지널
정품 부속을 쓰지 않으면 당신의 차도 프랑켄슈타인처럼 당신에게 복수

(?)할지도 모른다고 위트 있게 경고한다. 하긴 할리우드영화 「멀티플리시티Multiplicity」를 봐도 복제에 복제를 거듭한 인간일수록 바보천지같이 나오지 않던가. 광고회사 TBWA 바르셀로나(스페인) 지사가 제작한 이 광고는 출처도 알 수 없는 B급 부속들을 애용하는 구두쇠 운전자에게 코믹하면서도 섬뜩한 설득력을 줌으로써 뉴욕광고제 수상작이 되었다.

이처럼 대중에게 익히 알려진 주제나 소재에 유머를 가미해 패러디하는 수법은 광고 크리에이티브의 기본 자산 가운데 하나다. 프랑켄슈타인을 등장시킨 또 다른 광고로 볼보 자동차 광고가 있는데, 이 역시 다국적 광고회사 TBWA에서 만든 것이다. 하지만 후자는 리스본(포르투갈) 지사에서 제작된 것이므로 아이디어를 카피했다기보다는 서로 나름대로 궁리하다 보니 일맥상통하게 된 케이스가 아닐까.

비슷한 시기에 제각각 미적분을 발견했다고 인정받고 있는 영국의 뉴턴과 독일의 라이프니츠(Wilhelm Leibniz)처럼 말이다.

아니다, 복제도 오리지널 못지않다! ─ 소니의 디지털 녹음용 미니디스크 광고

게놈 프로젝트의 연구 성과가 매년 진전을 거듭하고 있다. 이제 생식세포를 통한 생명복제는 뉴스거리도 되지 못한다. 체세포 복제를 통해 태어난 소가 어느덧 자라 자연분만으로 새끼를 낳았다는 소식 정도는 되어야 뉴스 전파를 타는 세상이다. 과연 이러한 발전은 어디까지 이를까? 일찍이 폴란드 출신의 SF작가이자 평론가인 스타니스와프 렘은

1980년대 초반에 펴낸 『미시세계*Microworld*』라는 에세이집에서 단 한
톨의 체세포도 남기지 않고 죽은 사람이라도 유전공학적인 조각을 통
해 후손을 얻는 게 가능해지는 날이 올지 모른다고 전망한 바 있다. 물
론 그 아이는 아무런 유전인자도 남기지 않고 죽은 아버지를 쏙 빼닮아
야 한다. 거기에 렘은 유전공학자가 다른 누구의 정충도 사용해서는 안
되며, 엄마가 되겠다는 지원자의 난자만을 가지고 처녀생식(또는 단성생
식)을 일으켜야 한다는 전제까지 덧붙인다. 그러자면 유전공학자는 유
전자를 조율해서 후손이 아버지를 꼭 닮게 태어나도록 임신을 자원한
여인의 염색체 속에 '조각해 넣어야' 한다.

인간의 재생과 복제, 그 한계는 어디까지인가?

　이런 얘기가 아직 판타지로 여겨질지 모르지만 30～40년 뒤면, 어쩌면 그보다 일찍 실현될 일인지도 모른다. 같은 맥락에서 소니의 디지털 녹음용 미니디스크 광고는 오리지널과 복제를 거의 구분할 수 없다는 주제를, 리드미컬한 뮤직비디오 틀에 담아 구질구질한 대사 한마디 없이 보여준다.(디지털 녹음/녹화는 이론상 오리지널 버전을 100퍼센트 그대로 카피해야 한다. 그러나 실제로는 인간의 귀나 눈으로는 구분할 수 없을 정도의 노이즈가

발생하긴 한다고 한다. 이 말은 여러 번 카피하면 디지털 녹음/녹화도 한계를 드러낸
다는 뜻이다.) 이 광고에는 똑같이 생긴데다 똑같은 표정을 짓고 똑같은
행동을 하는 두 사내가 등장한다. 여기서 이채로운 것은 음악의 복제가
거의 완벽에 가깝다는 광고 의도를 강조하기 위해 시각적인 비유를 시
도했다는 점이다. 사실 인간의 귀로는 미묘한 음질의 차이를 구별해내
기가 쉽지 않고 그 식별 능력이 사람마다 제각각일 수밖에 없다. 더구나
TV광고가 방영되는 수상기의 상태에 따라 음질도 천차만별일 수밖에
없다. 그러니 믿기지 않을 만큼 원본에 충실한 재생이란 컨셉을 시각적
비유로 전달하려 한 아이디어는 매우 재치 있는 발상이 아닐 수 없다.

또 하나의 나를 찾아서-LG전자의 '아하프리 2i' 편

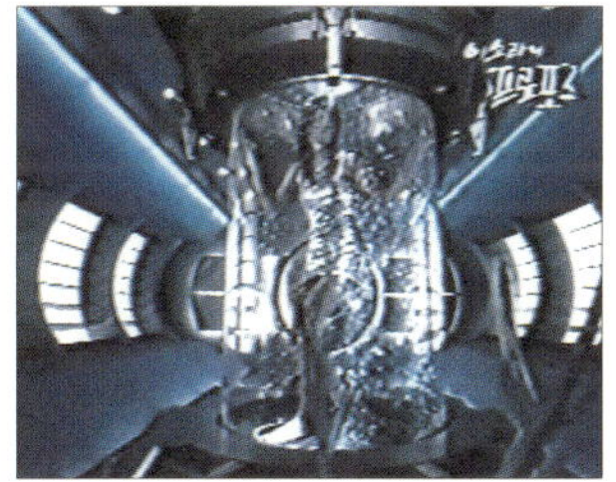
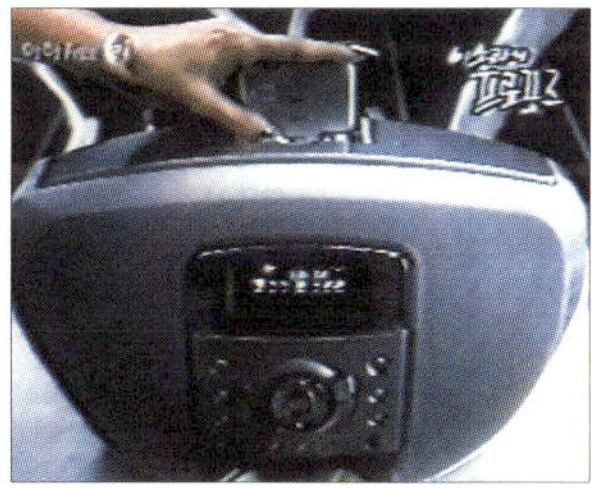

멘트 또 하나의 나, LG 아하프리 2i

앞서 '아지트' 광고에서 언급했듯이, 오늘날 음악이 젊은이들에게서 떼려야 뗄 수 없는 필수품이라면 그것은 '아하프리 2i' 광고에서처럼 또 하나의 나로 의인화될 수도 있다. 그래서 후자의 광고가 택한 SF적 버전이 바로 유전공학적 복제인간이다.

'아하프리 2i' 광고는 오리지널 인간 여성의 몸에 연결된 잭들이 하나둘 벗겨지는 화면으로 시작된다. 실제로는 염색체나 체세포의 배양을 통해 이뤄지는 유전자 복제가 여기서는 시각적인 편의를 위해 오리지널 인간의 몸에서 생기가 빠져나가는 상징적인 이미지로 대치된 듯하다. 이어 오리지널 여성은 연구실의 유리실험관 안에 갇혀 있는 자신의 복제인간에게 다가간다. 물론 그 사이에 '아하프리 2i'의 모습을 인서트해서 연관성을 부여하는 것을 잊지 않는다. 즉, 복제인간을 담은 컷과 '아하프리 2i'의 제품 컷은 교차편집을 통해 동일한 이미지를 갖게 된다. 복제인간이 사회에 미치는 영향에 관한 논란을 비껴간 것이 아쉽긴 하나, 젊은이들의 또 하나의 분신이란 컨셉에 복제인간이란 개념을 끌어들인 것은 시기적절하다 하겠다.

11

에너지가 바닥난 미래

우리에게는 태양과 천체를 모방한 발열장치가 있습니다. (중략) 강한 태양열을 받아내는 시설도 있으며, 지하에는 인공적으로 열을 발생하도록 만들어놓은 시설도 있습니다.

—프랜시스 베이컨의 『새로운 아틀란티스*The New Atlantis*』(1627)[1]

위의 인용문에서 보듯이, 이미 17세기의 유럽 지식인들은 언젠가는 과학기술의 거듭되는 발달로 반영구적인 에너지원 개발이 가능하리라고 내다보았다. 영국의 철학자이자 자연과학자였던 프랜시스 베이컨은 일종의 원형적(原形的) 과학소설로 분류할 수 있는 『새로운 아틀란티스』에서 과학문명의 번성으로 인류가 풍요를 만끽하는 이상향을 그려냈다. 여기서 그는 이러한 이상향이 가능하도록 뒷받침해주는 물적 토대의 하나로서 고갈되지 않고 재순환되는 에너지원의 발명을 들었다. 석유로 자동차를 굴리기는커녕 호롱불 기름으로나 쓰던 시절에 벌써 화석연료 이후의 차세대연료에 대한 비전을 그려냈다는 점에서 베이컨은 선구적인 과학소설가로서의 자질을 충분히 갖추었다 하겠다.

1) 프랜시스 베이컨, 김종갑 옮김, 『새로운 아틀란티스』, 에코리브르, 2002년 1월, 81쪽.

베이컨의 『새로운 아틀란티스』
국내 번역판 표지.

과학소설이 미국 출판시장에서 본격적으로 대중화되던 20세기 초중반에 이르면 화석연료를 포함한 다양한 에너지원을 이용해서 인류문명이 양적으로나 질적으로 급격히 팽창하리란 장밋빛 전망이 무성해진다. 그 덕분에 본격적인 항공기 여행시대가 열리기 전에 과학소설 속에서는 이미 공중 해적이 출현했고(조셉 캠벨 주니어의 『공중해적주식회사』), 잠수함이 실제로 해군의 전략병기로 개발되기도 전에 쥘 베른(Jules Verne)의 노틸러스 호가 극지방의 부빙(浮氷) 밑을 돌아다녔다. 우주여행 연료로는 단순히 이온엔진이나 원자력뿐만 아니라 가상의 신물질이 동원되기까지 했다(이반 애프레모프의 『안드로메다 성운』에 등장하는 애너매존 연료). 과학문명에 대한 이와 같은 낙관주의는 이제는 고전이 되다시피 한 H. G. 웰스의 장편 『다가올 세계의 모습*The Shape of Things to Come*』(1933)에서 이미 예고된 바 있다.

그러나 과학만능주의와 에디소네이드(에디슨 같은 천재과학자가 주인공으로 등장하는 모험물)의 열기가 가라앉으면서 SF가 에너지 공급의 미래를 바라보는 시선은 다분히 냉소적으로 바뀌기 시작한다. 영화 「매드맥스 2」(1981)는 3차 세계대전 이후 극심한 자원 부족으로 허덕이는 미래의 인류가 연료(석유)를 차지하기 위해 사투를 벌이는 디스토피아를 그려냈다. 만화가 원작인 영화 「탱크걸」(1995) 또한 펑크풍의 여주인공 캐릭터가 돋보이기는 하지만 제한된 자원을 가지고 패가 갈려 아옹다옹한다는 점에서 같은 맥락에 서 있다. 한발 더 나아가서 해리 해리슨(Harry Harrison)의 소설 『메이크 룸! 메이크 룸!*Make Room! Make Room!*』(1966)을 각색한 영화 「소일렌트 그린Soylent Green」(1973)에서는 인구 폭증으로 부족한 식량을 공급하기 위해 죽은 시체의 살코기(일명 '소일렌트 그린')를 가공하는 서기 2022년의 우울한 미래가 펼쳐진다.

얼핏 이런 식의 설정들이 허무맹랑해 보일지 모르지만, 실제 우리의 현실을 곱씹어보면 꼭 그렇지만도 않다. 에너지 수요는 기하급수적으로 늘어나고 있는 반면, 천연 에너지 자원의 총량은 그에 반비례해서 줄어들고 있지 않은가. 매장량이 확인된 화석연료는 현재의 소비추세로 보아 석유와 천연가스가 50여 년밖에 쓸 수 없고, 비교적 풍부한 매장량을 가지고 있다는 석탄도 1백여 년을 넘기기가 힘들다고 한다. 더욱이 전 세계 차원에서의 폭발적인 인구 증가는 이러한 불균형을 더욱 부채질하고 있다. 일각에서는 세계 인구는 금세기 중반이면 현재의 2배로 늘어 1백억 명에 육박할 것이며, 지구촌 경제가 전에 없이 활성화되고 생활수준이 올라가면서 에너지 수요는 가파른 상승세를 보여 지금보다 약 5배 이상 증가함으로써 에너지 위기를 더욱 앞당길지 모른다는 우려가 나오고 있다.

이러한 우려의 전조로서 이미 우리를 질리게 만들었던 단적인 사례가 1973년 10월과 1978년 12월 두 차례에 걸쳐 온 세상을 뒤흔들어놓았던 오일 쇼크다. 골고루 나눠 써도 모자랄 판에 일부 산유국 정부들이 일방적으로 밀어붙인 편의주의적 가격정책 탓에 선진국들은 물론이고 당시 우리나라처럼 막 먹고살 만한 문턱에 들어서던 개발도상국들의 경제까지 마비되기 일보직전까지 코너로 몰렸던 뼈아픈 경험이 있지 않은가. 따라서 1980~90년대 이후 SF의 컨텐트가 자원 고갈과 대체 에너지원에 눈길을 돌리게 된 것은 시대 변화의 자연스런 반영이라 하겠다. 실제로 오일 쇼크 이후로 석유를 비롯한 화석연료들을 대체할 만한 새로운 에너지원의 개발이 선진 공업국들의 초미의 관심사로 떠올랐다.

그렇다면 대체 에너지란 무엇을 말하는가? 우리나라의 대체에너지개발및이용보급촉진법 제2조에 따르면 석유, 석탄, 원자력, 천연가스가 아닌 에너지로 다음의 11개 분야이다.

　—재생 에너지 8개 분야 : 태양열, 태양광 발전, 바이오매스(biomass),

풍력, 소수력, 지열, 해양에너지, 폐기물에너지

—신 에너지 3개 분야 : 연료전지, 석탄액화/가스화, 수소에너지

여기서 원자력이 빠져 있는데, 한때 원자력이 새로운 에너지 대안의 구심점으로 떠올랐던 적이 있지만 오늘날에 와서는 일반 대중의 의구심을 말끔히 씻어주지 못해 한풀 기세가 꺾인 처지다. 그것은 혹여 발생할 수 있는 관리 부실로 인한 사고뿐만 아니라 장기적인 측면에서의 환경오염이 우려되기 때문이다. 1979년 미국 '스리마일 아일랜드(Three Mile Island)'와 1986년 러시아 체르노빌(Chernobyl)의 원전에서 발생한 사고는 단순히 돌발적인 재앙으로 그치지 않고 장기간에 걸친 토양 오염 및 피폭자들의 방사능 후유증으로 많은 사람들에게 고통을 안겨주었다. 일단 바닥날 때까지 화석연료만 쓴다 해도 문제가 해결되는 것은 아니다. 환경오염으로 피해를 주기는 화석연료도 만만치 않다. 인류는 산업혁명 이후 끊임없이 각종 화석연료를 태워왔다. 덕분에 매년 1~2퍼센트씩 탄산가스 방출이 늘어 앞으로 30~60년 후면 대기 속의 그 농도가 두 배로 늘어난다고 한다. 이러한 대기오염은 곧바로 지구 온실효과로 이어져 2050년쯤 되면 대기 온도가 3~4도 올라 예기치 못한 기후의 변화, 해수면의 상승 그리고 기존 생태계의 파괴라는 악성 도미노 현상을 일으키게 된다.

따라서 진정한 의미의 대체 에너지는 화석연료를 대신할 뿐만 아니라 공해를 유발하지 않는 그야말로 청정한(Clean) 에너지여야 한다. 그러나 미국의 저명한 과학소설가 로버트 실버버그(Robert silverberg)는 우리가 피상적으로 알고 있는 바와 달리 지금까지 좋은 이미지로 소개되었던 여타의 대체 에너지원들조차 엄밀한 의미에서 청정과는 거리가 있다고 꼬집는다. 그에 따르면 1982년 미국의 국립과학재단(National Science Foundation)과 오두본협회(Audubon Society)가 함께 공개한 환경

보고서에서는 그동안 소위 청정에너지 대안으로 연구되어왔던 것들이 대부분 역설적이게도 환경오염을 오히려 조장할 수 있다는 결론을 내리고 있다.(오두본협회는 저명한 환경감시단체들 중 하나이다.) 그 보고서의 주요 내용을 요약해보면 다음과 같다.

—바이오매스, 즉 동식물 쓰레기를 태워 에너지로 전환하는 방식은 제대로 관리되지 않으면 공기 오염, 산림의 황폐화, 토양 오염 그리고 야생 생태계의 파국을 초래할 수 있다.

—지열발전은 SF가 20세기 초 꿈꾸었던 공짜 에너지원의 소망을 일견 실현시켜주는 것처럼 보였다. 그러나 지열에너지의 대규모 개발은 지하의 유독가스를 누출시키고 지진을 일으키거나 물 부족 현상을 유발할 수 있다.

—수력발전을 위해 댐을 마구 건설하면 귀중한 농경지가 침수되고 침니(沈泥, 모래보다 곱고 진흙보다 거친 침적토) 지대가 늘어나 토양이 침식되고 강물이 썩어버린다.

—전력공급을 위해 풍차를 대규모로 세우면 소음 공해는 물론이고 라디오, TV 그리고 초단파 신호의 송신을 방해할 수 있다.

—전력생산을 위해 바다 표면과 심해 사이의 온도 차를 에너지로 전이하는 방법은 해양생물계의 질서를 어지럽히고 해류의 흐름을 뒤흔들어놓아 기후 변화까지 초래할지 모른다.

—태양열을 직접 전기로 바꾸는 태양전지의 제조는 카드뮴과 갈륨 같은 원소들의 심

지열을 이용한 발전소.

풍력발전소.

태양열을 이용한 발전소.

각한 품귀 현상을 빚을 것이고 그러한 전지들의 대량 배포는 대부분 지역의 지질을 떨어뜨려놓을 것이다.

일찍이 베이컨은 『새로운 아틀란티스』에서 인간이 발명한 기계장치들이 전혀 공해를 유발하지 않으며 천연자원 또한 고갈되는 법이 없는 이상향을 꿈꾸었다. 그러나 현실은 어떠한가. 자원을 채취하면 할수록 자연은 훼손되며 그 자원을 과학기술을 이용해 에너지로 바꾸면 완전연소가 되지 않고 각종 유해물질을 파생물로 내놓는다. 산업사회의 인간은 에너지 생산과 소비의 악순환 고리에서 언제까지고 헤어나지 못하는 것일까. 실버버그는 또 다른 과학소설가 로버트 하인라인(Robert Anson Heinlein)의 말을 빌려 '공짜 점심'은 없다고 단언한다. 그는 대체 에너지 또한 혜택을 받는 만큼 우리가 감수하지 않을 수 없는 부분이 있다며 대체 에너지에 대한 대중의 일방적이고 무지한 환상을 깨부순다. 하긴 그의 말마따나 우리가 혁신적인 대체 에너지를 얻는 대가로 환경 비용을 한 푼도 치르지 않고 수십 억에 달하는 산업사회 인구를 감당하리라고 기대한다면 그 얼마나 속편한 억지인가.

그렇다면 '청정한 대체 에너지와 에너지 위기'란 주제로 광고를 만든다면 어떻게 이야기를 풀어나가야 일반 대중이 고개를 끄덕일 만한 공감을 얻을 수 있을까? 이러한 광고는 당연히 국민 여론의 환기와 의도적인 여론 형성에 목표를 두고 있으니 말이다. 일단 등에 식은땀이 나게 하는 위협 소구나 차근차근 풀어나가는 설명적인 방식이 떠오른다. 그러나 이러한 방식은 대개 상투적인 훈계조에서 벗어나기 쉽지 않다. (물론 100퍼센트 그렇다고 단정하는 것은 결코 아니다. 인간의 창의성에는 한계가 없다. 다만 이런 기법을 쓰는 광고들이 대개 그러한 패턴에서 벗어나지 못하는 경향을 지적할 따름이다.) 그러한 식의 광고들은 여기에다 아무리 늘어놓은들

독자들을 무료하게 할 뿐이다. 이번에 소개할 덴마크의 '청정에너지추
진위원회(Council for Sustainable Energy)'의 TV광고는 심각한 주제를 다
뤄도 그 무게에 짓눌리지 않고 한 발짝 떨어져서 시니컬한 유머를 구사
하고 있다는 점에서 확실한 차별화를 보여준다.

광고 11-1

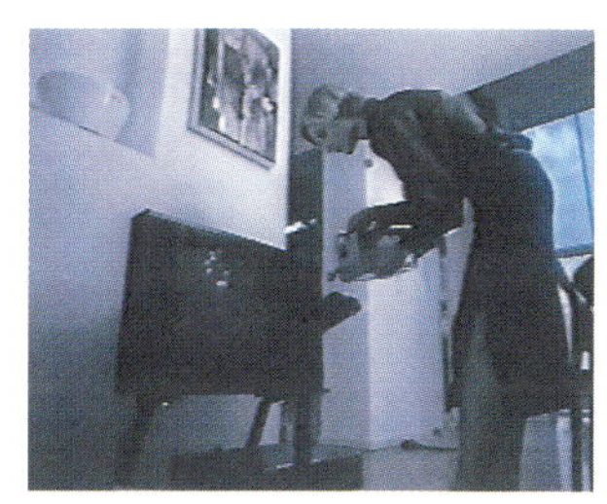
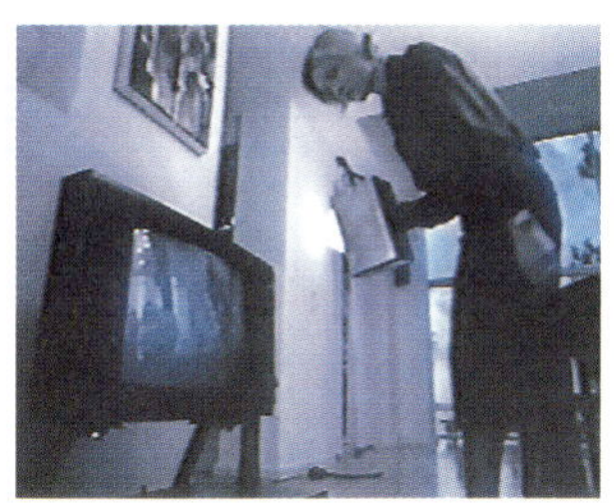

　어슴푸레한 저녁놀, 유럽의 교외에 자리 잡은 한 고급스런 주택에 승용차가 들어선다. 승용차에서 내린 여주인은 어둑어둑한 거실을 가로질러 걸어가 창가에 있는 파이프 같은 것을 발로 몇 번이고 누른다. 갑자기 모터의 시동 걸리는 듯한 소리가 들리고 그 파이프 윗부분이 밝아진다. 알고 보니 전등이다. 여주인은 주방으로 들어와서도 천장에 매달려 있는 전등다발에 손을 대고 뭔가 줄 같은 것을 여러 번 반복해서 잡아당긴다. 그제야 서서히 불이 들어온다. 이 집은 뭐든지 손발로 노동을 해주어야만 전기가 들어오는 모양이다. 이 정도는 약과다. 이 광고의 히트는 뭐니뭐니 해도 미래의 전천후형 TV이다. 주방에서 여주인이 식사 준비를 하는 사이 거실의 TV가 절로 꺼진다. 그러자 그녀는 뜨거운 물주전자를 들고 와 TV 우측에 달린 주입구에 대고 끓는 물을 붓는다. TV에다 물을 붓다니 어디 제정신을 지닌 사람이 할 짓인가? 이미 그런 생활에 익숙해진 듯 보이는 여주인은 다시 전원 버튼을 누르고 주방으로 돌아간다. TV 화면이 멀쩡하게 다시 나오는 것은 물론이다. 당신이라면 이러한 판국에 믹서기까지 손으로 줄을 잡아당겨 전동믹서기로 이용하는 다음 장면에 이의를 제기할 힘이 남아 있겠는가? 마지막으로 이 광고는 저택의 전경을 보여주는데, 불 켜진 방마다 하나씩 달려 있는 연통에서 뜨거운 김이 모락모락 나온다. 그리고 이때쯤 등장하는 유일한 광고 멘트. "공해를 낳는 에너지 소비를 줄이세요. 적어도 쓰지 않을 때는." 무시했다가는 이 광고와 같은 꼴이 된다는 뜻이겠지.

　이것이 우리의 미래란 말인가? 일견 터무니없어 보이지만 우리가 지금처럼 자원을 효율적으로 쓰지 못하고 쓸 만한 대안 에너지를 개발하지 못한다면 언젠가는 모든 것을 우리 노동력으로 해결해야 하는 날이 올지 모른다.(내가 이 광고의 크리에이터라면 이왕 이렇게 설정하는 김에 자동차마저 몇백 미터 갈 때마다 양손으로 뭔가를 한참 돌려야 다시 전기 에너지 계통이 충전되는 에피소드를 끼워넣었을지 모른다.) 이 광고는 우스꽝스러워 보이지만 오히려 목청 높여 외치는 경고보다도 더 끔찍한 일침으로 느껴진다. 어차피 대체 에너지원에 대한 대비는 하루이틀에 끝낼 수 있는 문제가 아니다. 온갖 대안들을 검토해보면서 경제성과 환경오염 영향 등을 종합적으로 고려해 결정할 수밖에 없다. 그렇다면 이러한 사안을 굳이 국민을 계몽시키기 위해 훈장이 훈계하듯이(흔히 광고인들이 농 삼아 하는 표현을 빌면 소위 '공익광고형'으로) 만들 필요가 있을까? 거시적인 관점에서 여러 가지 변인을 복합적으로 고려해서 판단해야 하는 사안에는 감정과 흥분보다는 몇 발짝 물러선 채 곱씹어보는 여유가 필요하다. 덴마크의 광고 크리에이터들은 그러한 지혜를 이 광고를 통해 유감없이 보여주고 있다.

12

SF가 그려낸 교통수단의 미래

과학소설의 원래 취지가 꼭 미래를 구체적으로 예언하는 데 있는 것은 아니다. 진정한 과학소설이라면 테크놀로지의 발달에 따른 우리와 우리를 에워싼 사회의 변화에 깊은 관심을 갖는다. 하지만 테크놀로지와 과학의 발달 수준에 민감할 수밖에 없는 태생적 한계를 지닌 과학소설은 본의 아니게 미래의 예언자 역할을 떠안은 채 맞았느니 틀렸느니 하는 시시비비의 대상이 되곤 한다.

앞으로 교통수단이 어떻게 발달해갈 것인가에 관한 전망도 이러한 논란에서 비껴나 있지 않다. 금세기 전후의 초창기 과학소설들이 그려본 전망들은 어떤 경우에는 너무나 황당무계해서 오늘날의 눈으로는 우스꽝스러워 보일지 모르지만 나름대로 낭만적인 풍취를 지니고 있다. 18세기 후반에 지어진 작자 미상의 『조지 6세의 치세, 1900~1925 *The Reign of George VI, 1900~1925*』(1763)는 영국 운하 유람

미래의 회전형 선박.

선의 미래를 낙관하고 있다. 그러나 이 책의 지은이는 2천 년 동안이나 동력 부분에서 이렇다 할 진보가 없었던 세상에 살고 있었음을 감안해야 한다. 또 한 예로 앞 페이지에 실린 수직으로 세워진 바구니형 회전 보트는 마치 초창기 증기선의 옆구리에 달린 대형 수레바퀴를 연상시키듯 낭만적이다. 그렇지만 현실적으로는 넘어야 할 숙제가 만만치 않다. 이러한 모양의 대형선박이 대서양을 건너자면 바퀴가 완전히 물에 잠기지 않도록 공기보다 가벼운 풍선을 바퀴살 안에 넣어야 할 테고 이처럼 기묘한 형태의 선박이 입항하자면 항구의 접안시설 구조 또한 남달라야 할 것이다. 그리고 무엇보다도 심한 풍랑을 만나게 된다면 이렇게 불안정한 구조물로 어떻게 평형을 유지할 수 있을지 의문스럽다. 이러한 디자인은 20세기 초엽만 해도 결코 희귀한 예가 아니었다. 당시의 수많은 SF 일러스트레이션들은 미래의 탈것들을 묘사할 때 물리법칙을 무시한 채 대중의 흥미를 최대한 끌기 위해 별의별 기괴한 디자인들을 끌어다 쓰는 데 주저하지 않았다.

사실 과학소설의 역사를 돌아보면, 미래의 교통수단이 어떠할지에 관해 진지하게 고민하는 경향보다는 이러한 테크놀로지를 그저 이야기를 드라마틱하게 풀어나가기 위한 편의적 장치로 써먹는 사례가 훨씬 더 많았다. 실제로 쥘 베른의 『지구에서 달까지 *From Earth to Moon*』(1865~70)에 나오는 우주총(space gun)과 H. G. 웰스의 『달세계 최초의 사람들 *The First Men in Moon*』(1901)에 등장하는 반중력 장치 같은 것들은 현실 과학의 입김을 과감히(?) 무시해버린다. 우주여행만 보더라도 우주선을 행성간, 그리고 항성간 운송수단으로서 오밀조밀하게 따져본 작품들은 생각만큼 많지가 않다.

영미권의 저명한 SF비평가 존 클루트는 이처럼 무책임하고 알맹이 없는 허풍선이 주장들이 오로지 문학적 수사(修辭)로만 남용되는 바람에 과학소설 장르의 건강한 성장에 보탬이 되지 못하고 아까운 재능의 낭비만을 가져왔다고 꼬집는다. 그러나 펄프문학 시장을 통해서 본격적으로 대중의 사랑을 받게 된 과학소설이 검증되었거나 조만간 검증될 법한 근거만 갖고 드라마를 짜나가기에는 여러모로 갑갑했을 것이다. 미국의 과학소설가 토머스 M. 디쉬(Thomas M. Disch)의 말마따나 꼼꼼하게 주판알만 굴린다면 과학소설은 아직도 화성, 아니면 끽해야 태양계를 벗어나지 못한 채 그 안에서 맴돌고 있어야 할 형편이다. 그러나 과학기술의 발달 속도는 언제나 인간의 기대와 욕망 수준을 한참 밑돈다. 그래서 인간의 넘쳐나는 상상력의 일부를 체로 건져올리는 과학소설은 때로 판타지 소설과 공통분모를 가진 듯 보인다. 대신 똑같이 탈것이 등장하더라도 SF에는 마법의 양탄자 대신 초광속 우주선이 나선다. 비록 그러한 운송수단을 타는 이들이 비슷한 옷차림에다 거의 오십보백보인 모험을 한다 해도 말이다.

그렇다고 과학소설에서 다뤄진 교통수단의 비전들이 온통 허풍으로만 가득 찼던 것은 아니다. 20세기 초 상상력이 풍부한 과학소설가들이 생각해낸 다양한 아이디어들 중에서 상당수가 오늘날 실현되었다. 개인용 자동차, 여객과 화물을 실어나르는 빠른 비행기, 잠수함 그리고 궁극적으로는 우주로켓에서 보듯이 말이다. 당시 우주선의 이론적 바탕은 러시아 과학자 콘스탄틴 치올코프스키(Konstantin Tsiolkovsky)에 의해 이미 마련되어 있었다.(그는 1903년 『제트엔진을 이용한 우주탐사 *The Probing of Space by Means of Jet Devices*』를 출간한 바 있다.)

그 무렵 위와 같은 교통수단의 혁명적 전환기를 예견하면서 그러한 전망을 구체화시킨 대표적인 작가는 프랑스의 쥘 베른이다. 그는 첫 번째 소설 『기구를 타고 5주간 *Five Weeks in a Balloon*』(1863)에서 국경을 넘나드는 혁신적

기구를 이용한 여행, 쥘 베른의 『기구를 타고 5주간』.

인 교통수단으로서의 기구를 선보였고 『해저 2만 리*Twenty Thousand Leagues under the Sea*』(1870)에서는 그 이름도 유명한 잠수함 노틸러스 호를 등장시켰다. 영국의 SF평론가 존 클루트(John Clute)에 따르면, 교통수단에 관한 한 베른만큼 열정을 보인 작가도 드물 것이라 한다.

비행기의 미래에 대한 허풍 섞인 기대, 거대 비행기 도시.

초창기 SF의 또 다른 한 축을 이룬 영국의 H. G. 웰스는 교통기술의 미래를 전쟁과 결부시켜 바라보려 했다. 『다가올 세계의 모습』에서 웰스는 월등한 항공력으로 공중을 지배하는 독재정부 아래에서 전쟁으로 황폐해진 세상이 새롭게 재기하는 미래를 그렸다.

20세기 초에 내다본 교통수단의 미래에 대한 청사진, 날개에 유리창이 달린 비행기.

미국의 SF 펄프 잡지 시대로 넘어오면서 작가들은 좀더 자유분방한 상상의 나래를 펼치기 시작했다. 1920년대 말도 되기 전에 초광속 우주선이 소설에 등장했으며, 개인 수송의 결정판이라 할 반중력 벨트가 필립 프랜시스 나울란(Philip Francis Nowlan)의 『버크 로저스*Buck Rogers*』 시리즈에 선보였다. 그러나 이 정도로는 부족했던지 과학소설은 급기야 궁극의 교통수단을 발명해낸다. 그것은 바로 인간이 아무런 기계장치의 도움 없이 스스로 육체를 아주 먼 곳으로 이동시키는 소위 '텔레포테이션' 능력이었다. 『타잔』의 작가로도 유명한 에드거 라이스 버로스의 『행성간 로맨스*Interplanetary Romance*』에서 출발한 텔레포테이션은 잭 윌리엄슨(Jack Williamson)의 『우주특급*The Cosmic Express*』(1930)을 거쳐 앨프레드 베스터(Alfred Bester)의 『타이거! 타이거!*Tiger! Tiger!*』(1956)에서 절정을 맞이하는데, 여기서는 텔레포테이션이 대중의 일상적인 여행 수단의 하나로 자리잡기에 이른다.

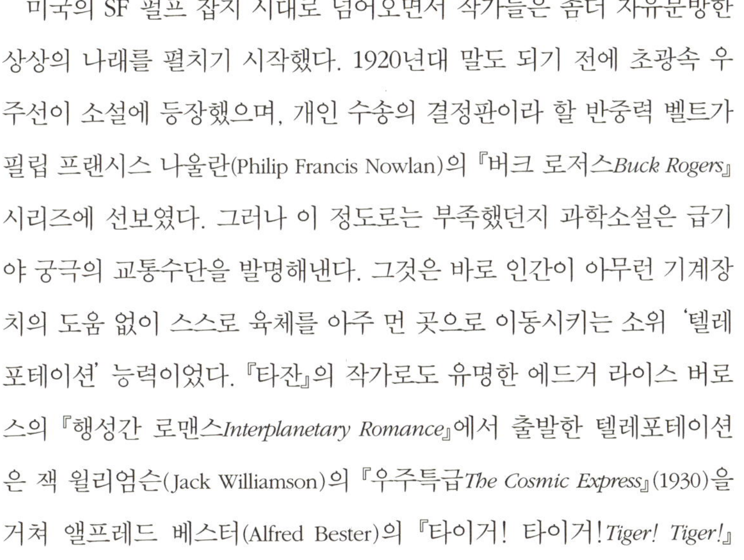

이번에 소개할 광고는 바로 이 텔레포테이션과 관련되어 있다. 그러나 한 가지 차이가 있는데, 그것은 인간의 타고난 능력이 아니라 '순간이동장치'라는 기계의 도움을 받아 일어난다는 점이다. 언뜻 보아 맨땅에 헤딩하는 원조(?) 텔레포테이션보다는 더 과학적으로 보인다.(그러나 과학적으로는 이 또한 현실에서 불가능하다.) 이 개념은 트래키라는 열렬한 마니아 팬들을 양산한 미국의 1960년대 TV드라마 「스타트렉(Star Trek)」 덕분에 널리 알려졌다. 이 장치는 이동시킬 타깃을 조준한 뒤 이동시키려는 목적지 좌표를 입력한다. 이어 그 타깃을 비물질화시킨 뒤 그 형상을 패턴 보관실에 잠시 저장했다가 목표 지점에 발사하면 거기서 타깃이 물질로 재구성된다. 이 장치를 이용하면 행성 궤도를 돌고 있는 우주선 엔터프라이즈 호 안에서 그 행성의 지표면으로 아무런 교통수단을 타지 않고도 순식간에 이동이 가능해지는 것이다. 광고는 이러한 설정에 이미 익숙한 미국 소비자들을 대상으로 하고 있다. 미국의 지역 의류 유통점 광고로서 '풀오버(머리부터 입는 스웨터)' 신상품이 막 도착했다는 메시지를 순간이동장치의 작동 장면에 빗대어 전달하고 있다. 단순히 신제품이 매장에 들어왔다는 그저 그런 정보를

「스타트렉」이란 문화 아이콘과 연결지으니 광고주의 주장이 순순히
머릿속에 들어오는 느낌이다. 광고가 설득력을 지니려면 크리에이터
는 물건이 아니라 문화를 팔아야 한다는 것을 다시 한 번 확인시켜주
는 예라 하겠다.

13

인재와 천재,
어느 쪽이건 나는 오늘도 사과나무를 심는다!

인재(人災)와 천재(天災), 무엇이 다르고 무엇이 같은가? 전자가 우리 스스로 초래한 재앙이라면 후자는 우리의 행실(?)과는 상관없이 그저 재수가 없다고 설명할 수밖에 없는 불행이란 점에서 다르다. 하지만 원인이 누구에 있건 간에 둘 다 자칫하면 인류사회와 문명을 송두리째 가루로 만들어버릴 수 있다는 점에서는 매한가지다. 전자의 대표적인 예가 인류를 만물의 영장으로 끌어올린 과학기술의 부작용 또는 후유증이라면, 후자의 예로는 인간의 힘으로서는 어찌할 수 없는 규모의 천재지변을 들 수 있다. 당신이 만약 이러한 재난을 맞이한다면 어떻게 대응하겠는가? 자의든 타의든 간에 세상이 종말을 고한다고 할 때 우리의 행동지침과 관련하여 가장 먼저 떠올릴 만한 인물로 철학자 스피노자를 꼽을 수 있지 않을까? 이번 장에서 소개하는 광고 두 편은 각기 인재와 천재로 인한 인류의 위기를 그리면서도 그 상황 속에서 의연히 처신하는 멋과 여유를 보여준다는

천재지변의 예, '추락하는 달'. 만일 달이 제 궤도를 이탈하여 지구에 지나치게 가까이 다가오게 되면 썰물과 밀물로 대표되는 조석력이 극대화되고 지구 대기의 흐름에도 악영향을 주어 지구는 대재난을 맞이할 것이다.

공통점을 갖고 있다. 그리고 또 다른 공통점은 공교롭게도 둘 다 나이키의 광고들이란 점이다.

제 스스로 묘를 판 인류사회 그리고 의연한 현대판 스피노자의 이야기 ─나이키 'Y2K'편

과학기술은 동전의 양면을 갖고 있어 잘못 사용하면 핵폭탄이나 환경오염처럼 우리들 스스로를 옥죄는 올가미가 되기도 한다. SF 컨텐트는 이러한 소재로 세기말의 파국을 이야기하며 늦기 전에 인류가 각성할 것을 촉구하곤 한다. 미국에서 방영된 TV드라마 「그날 이후The Day After」(1983)는 핵폭발이 캔자스 주에 있는 작은 마을 주민들에게 미친 파국을 그리고 있으며, 「지구가 멈춰선 날」 같은 영화에서는 아예 우리보다 훨씬 문명이 앞선 은하평의회의 사절이 지구를 방문해서 인류가 핵폭탄처럼 위험한 무기를 경솔하게 마구 사용하면 우주의 안전을 위해 그에 걸맞은 응징을 하겠다는 경고를 하기도 한다.

그러나 과학기술 오용의 폐해는 이러한 것들만이 아니다. 윌리엄 깁슨(William Gibson)의 사이버펑크 과학소설 『뉴로맨서 Neuromancer』 이래로 새롭게 대두한 위협은 컴퓨터공학의 이기적인 남용으로 인한 정보화 사회의 질서 파괴다. 이것은 비단 과학소설가나 감독의 상상에 머물지 않고 실제로 우리의 현실 속에서 가시화되었으니, 해커와 크래커로 대표되는 보헤미안적인 지식인 엔지니어 계급의 등장이 단적인 예라 하겠다.(여기서 크래커란 해커들이 자신들과 구분하기 위해 만들어낸 개념으로, 해커들이 단순히 '정보의 자유로운 유통'이란 명분 아래 해킹을 하는 비교적 순수한 레지스탕스 그룹에 속하는 데 비해 크래커들은 시스템에 손상을 입힐 악의적 목적으로 해킹을 하는 이단아들을 지칭한다.) 이들은 영화 「론머맨」에서처럼 전지전능하고 초인적인 능력을 발휘하지는 못하지만, 닐 스티븐슨(Neal Town Stephenson)의 대중소설 『크립토노미콘*Cryptonomicon*』(1999)에서 보듯이 기업간의 정보 염탐과 보안을 위해 전 세계의 컴퓨터 단말기와 서버들에 수시로 접속한다.

그러나 20세기에서 21세기로 넘어오는 시점에서 사이버 커뮤니티를 불안에 떨게 했던 것은 해커와 크래커들의 난동이 아니라 오히려 아이러니컬하게도 컴퓨터 프로그래밍 설계 시스템 자체에 도사리고 있는 오류였다. 흔히 Y2K 또는 밀레니엄 버그라고 일컬어지는 이 현상은 컴퓨터가 2000년도를 파일 기록에서는 00년으로 표기하는 바람에 1900년으로 잘못 인식하게 되는 결함이다. 이는 데이터 파일의 작성 날짜를 두 자리 수로 표기해온 컴퓨터 프로그램 업계의 오랜 관행에서 비롯되었다. 이러한 관행은 컴퓨터 개발 초기에만 해도 정보를 저장하는 메모리 비용이 비쌌고 자료 입력장치와 저장장치에도 한계가 있었던 탓에 궁리해낸 묘안이었다. 즉, 네 자리 수 연도 표기를 두 자리로 줄이는 것만으로도 많은 비용을 절감할 수 있었던 것이다. 얼핏 단순해 보이는 이 문제가 전 세계 정보화 사회의 근심거리로 대두되었던 것은 단순한 원인에 비해 전 세계에 산재해 있는 수많은 컴퓨터 수를 감안하건대 해결 방안이 간단해 보이지 않았던 탓이다. 따라서 날짜를 오인한 컴퓨터들의 오작동이 철도, 항공, 선박 같은 교통시스템과 금융, 세무, 주민등록 같은 행정시스템의 마비를 불러올지 모른다는 우려가 많았다.

다행히 막상 닥쳐 보니 이렇다 할 큰 피해가 없어 이 논란은 용두사미가 되어버렸지만 Y2K가 한때 지구촌을 강타했던 주요 이슈였던 것만은 분명하다. 그러니 글로벌 광고를 꾸준히 제작해온 나이키 입장에서는 이 화두를 그냥 지나칠 수 없었나 보다. '스포츠용품 브랜드가 웬 밀레니엄 버그?' 하고 의아해하는 독자분도 있을지 모르겠다. 하긴 그렇다. 나이키가 제 아무리 지구촌 곳곳을 시장으로 겨냥하는 대표적인 스

포츠용품 브랜드로서 오지랖이 넓다 하더라도 컴퓨터 프로그래밍 오류
와 무슨 상관이 있단 말인가? 물론 이러한 질문을 논리적으로 반박할
수야 없다. 하지만 광고의 크리에이티브는 반드시 평범한 논리를 넘어
서 그 이상의 논리를 만들어낸다. 언뜻 보아 전혀 상관없어 보이는 요
소들이 알고 보니 그야말로 찰떡궁합이라는 사실을 깨닫는 순간 소비
자들이 그 광고와 해당 브랜드에 대해 품게 되는 인상은 어떠할 것이라
고 생각되는가? 속이 뻔히 들여다보이는 식상한 논리에 입각한 광고의
반응과는 도저히 비교의 차원이 될 수 없지 않겠는가.

인재와 천재, 어느 쪽이건 나는 오늘도 사과나무를 심는다!

새해를 맞이하는 첫날, 한 사내가 침대에서 일어나 화장실로 향한다. 벽과 화장실 문에 붙은 포스터에는 'Happy New Year'라는 통상적인 문구와 함께 'Y2K 문제가 별일 없이 잘 지나갈 거야'란 바람이 큼직하게 적혀 있다. 이윽고 사내는 운동복 차림으로 거리를 나선다. 그가 시내 편의점 앞을 달려 지나치는 사이, 안의 매장에서는 전기제어 시스템의 오류인지는 몰라도 별안간 여기저기서 스파크가 튀면서 어수선해진다. 다음 장면은 열심히 달리고 있는 주인공 옆에 있던 현금인출기들이 제멋대로 지폐를 한도 끝도 없이 토해내기 시작한다. 거리의 시민들이 몰려들어 횡재한 기분으로 얼떨떨해하는 순간에도 주인공은 그러거나 말거나 달리기에 열중한다.

그러나 달리기에만 전념하기가 생각보다 쉬운 것은 아니다. 갑작스런 신호등의 오작동으로 교차로의 차들이 서로 들이받으면서 거리는 아수라장이 된다. 당황한 행인들이 그 사이로 넘쳐나고 거리는 소음과 연기 속에서 통제 불능의 상태에 빠진다. 그러나 주변이 아무리 혼란스런 상황으로 내달아도 카메라는 침착하게 주인공의 일거수일투족을 따라붙는다. 덕분에 우리는 일부 시민들이 폭도로 돌변하고 전투경찰들이 진압에 나서는 사이를 비집고 주인공 사내가 전혀 흐트러짐이 없이 보폭도 일정하게 계속 달리고 있는 모습에서 눈을 떼지 못한다. 이때쯤 사태는 점입가경으로 접어든다. 갑자기 하늘에서 미사일이 날아들더니 달리고 있는 주인공 뒤편 너머에서 대폭발을 일으키는 것이 아닌가! 그리고 그 뒤를 헬기들이 허겁지겁 뒤따른다. 아무래도 군기지의 통제조차 제대로 되지 않는 상황인 모양이다. 다음 장면은 이보다 한 술 더 뜬다. 잠시 숨을 몰아쉬며 주인공이 제자리뛰기를 하다가 다시 앞으로 나아갈 때쯤에 기린 한 마리가 화면 안으로 경중경중 뛰어드는 것이 아닌가. 동물원 관리시설까지 제멋대로가 된 걸까. 하지만 우리의 주인공은 세상이 거꾸로 가든 말든 자세를 다잡고 앞으로 뛰어나간다.

자막 Just do it!

이 광고는 내일 지구의 종말이 와도 당장 사과나무를 심는 심정으로 살아가는 러닝맨(Running man)의 삶의 자세를 통해 생활화된 운동의 필요성을 희화적으로 그려낸다. 나이키는 그동안 숱한 화제 광고들을 만들어왔지만 이 광고 또한 그 반열에 들기에 모자람이 전혀 없는 작품이라 하겠다. 매일매일 규칙적으로 운동해야 건강에 좋다는 당연한 논리를 이 같은 역설적이고 터무니없는 상황 속에 대입한 결과는 어떠할까? 소비자들은 이질감을 느끼기보다는 오히려 즐거운 카타르시스와 함께 스포츠 종합 패션 브랜드로서의 나이키에 대한 호감을 더욱 강하게 갖게 되지 않을까? 가장 현명한 설득은 상대방을 끌어당기는 것이 아니라 제 발로 걸어 들어오도록 유도하는 것이다. 이 광고는 그러한 방식의 크리에이티브가 어떠해야 하는가를 보여주는 실례라 하겠다.

인재는 따지고 보면 인과응보이니 딱히 억울하다 할 명분이 서지 않는다. 그러나 우리가 주체 못하는 과학기술이 꼭 아니더라도 인류를 심각하게 위협할 수 있는 요인이 또 하나 있으니, 그것은 바로 묵직한 소행성이나 혜성이 지구를 들이받는 천재지변이다. 지구 근방을 정기적으로 지나치는 궤도의 소행성들은 현재까지 약 2백여 개가 있다고 알려져 있다. 그중 지름이 70미터 이상 되는 것은 불과 수백 년에 한 번꼴로 지구에 헤딩한다. 이때 발생하는 에너지는 지구상에서 가장 강력한 핵폭탄의 위력에 맞먹는다.(20세기 초 시베리아 퉁구스카 지방을 초토화시킨 대폭발이 좋은 사례다.) 지름이 2킬로미터나 되는 덩치(?)도 1백만 년에 한 번쯤 지구에 충돌하는데, TNT 1백만 메가톤급으로 이 땅의 인류 전체를 말살하는 데 충분한 위력이라고 한다.(1백만 메가톤의 TNT란 지구상의 모든 핵폭탄을 터뜨린 파괴력의 100배에 달한다.) 설상가상으로 앞으로 1억년 안에는 지름 10킬로미터 이상의 소천체가 우리의 터전인 지구와 박치기를 할 확률이 높단다. 천문학적인 확률이라고 웃어넘기기에는 영개운치가 않다. 과학자들의 예상치는 확률이기 때문에 반드시 딱 1억년 후에 일어난다는 게 아니라 당장 몇 달 안에 일어날 수도 있는 사건이기 때문이다. 그리고 일단 일어나면 모든 게 끝이다. 실제로 지금으로부터 6천만 년 전에 있었던 소행성과 지구의 충돌은 공룡을 비롯해서 당시 번성했던 동식물들의 대량 멸종을 초래했었다. 그러나 심각한 고민은 「딥 임팩트」나 「아마겟돈」 같은 영화들로 충분하다. 짧은 시간 안에 메시지를 전달해야 하는 광고는 이 소재를 어떻게 소화하면 좋을까?

지구 종말을 앞두고 우주로 떠나는 신판 노아의 방주.

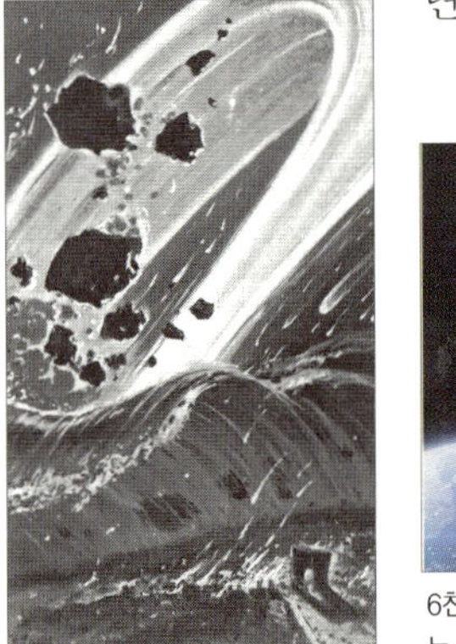

혜성 충돌로 발생한 거대한 해일.

6천만 년 전에 공룡을 멸종시키는 결과를 가져온 소행성과 지구의 대충돌.

인재와 천재, 어느 쪽이건 나는 오늘도 사과나무를 심는다!

　광고회사 위든＋케네디(Wieden+Kennedy)가 기획한 이 광고에서 눈길을 끄는 것은 뒷부분의 황당한 결말이 아니라 대부분의 시간을 할애하고 있는, 소행성 충돌을 앞둔 인류의 다양한 반응을 담은 만화경이다. 'Just Do It!'이란 단순 명쾌한 컨셉을 초지일관 구사하는 나이키 광고답게 지구에 떨어지던 소행성을 한 야구선수가 야구배트로 쳐내버린다는 결말은 「딥 임팩트」나 「아마겟돈」 같은 영화의 단편을 기대한 사람이라면 허전할 만큼 어이가 없을 것이다. 이 커머셜은 'Just Do It!(안 되는 게 어딨어!)'이란 슬로건의 묘미 그 자체에 주력한 광고니까 말이다. 하지만 1분가량의 비교적 짧은 시간 안에 요약된, 종말을 앞둔 인간들의 별의별 모습은 이 광고에서 눈을 떼지 못하게 한다.

　거리의 기차가 소행성의 파편에 파괴되고 다리 아래로 추락한다. 거리의 사람들은 공황상태에 빠지고 그 와중에서 한 거지가 세상의 종말이 곧 도래한다며 이제부터라도 사람답게 살면서 자선을 베풀라고 깡통을 내미는 기지를 부린다. UFO 신흥종교를 믿는 교도들은 들판에 모여 신의 계시인 소행성을 환영하는 집회를 연다. 다이어트 하느라 참고 참았던 여성들은 편의점에 너나없이 몰려와 마구마구 먹어치운다. 그뿐인가. 될 대로 되라는 듯 향락에 몸을 내맡기는 사람들과 겁에 질린 사람들 머리 위로 불덩어리 파편들이 비처럼 퍼붓는다. 상황이 진짜로 험악하게 돌아가자 종말론을 핑계로 행인들을 등치던 거지가 앞장서 달아난다. 전체적인 톤은 코믹으로 설정했지만 세상의 종말에 관해 충분히 묵시론적인 비전을 보여주는 광고다. 이 광고는 세상이 어떤 종말을 향해 치닫건 간에 스포츠를 할 이유는 충분하다고 조크를 던진다. 이유가 뭐냐고? 'Just do it!'이니까.

14

우주로 나가도 보험은 필요하다?
–우주에서 겪을 수 있는 재난을 소재로 한 광고

예나 지금이나 SF 하면 지구 밖 어두운 심연의 우주가 단골 무대 중 하나로 연상된다. 1968년 12월 24일 최초로 지구의 전체 모습을 보여 주는 영상들이 아폴로 8호(the Apollo 8)의 승무원들이 전송한 전파를 타고 TV 화면에 등장했다. 당시 수백만의 사람들에게, 이 사건은 인류 의식(human consciousness)의 역사상 하나의 새로운 장을 여는 것이나 다름없었다.[1] 냉전시절 미국과 소련 중 누가 먼저 달에 인간을 착륙시 키느냐를 놓고 치열한 경쟁을 벌인 끝에 1969년 7월 아폴로 11호가 그 승부에 종지부를 찍었지만, 승리의 트로피는 어느 한쪽이 아닌 인류 전 체에게 돌아간 것이나 마찬가지였다. 인류가 역사상 처음으로 지구가 아닌 육지에 발을 디뎠다는 사실만으로 벅찬 나머지 우주가 이제는 마 치 제 집 안방이라도 된 줄로 착각하는 성급한 사람들도 없지 않았다. 그들은 달에 호텔을 세우고 관광사업을 하겠다는 둥, 화성에 농장을 개 간하겠다는 둥 요란을 떨어댔다.

그러나 우주의 넓고 끝이 안 보이는 저편은 사람들의 마음을 불안하 게 하기에 모자람이 없다. 미항공우주국이 유인 화성 탐사 계획을 섣불 리 밀어붙이지 못하는 이유는 여러 가지가 있다.[2] 정치·경제적인 이

1) Karl Siegfried Guthke(1933 ~), *The Last Frontier : Imagining Other Worlds, from the Copernican Revolution to Modern Science Fiction*(원제: *Der Mythos der Neuzeit*), Cornell Univ. press, 124 Roberts Place, Ithaca, New York 14850, 1990, p.1.

2) 이제는 우주 개발 기술 경쟁 을 정치선전의 대리전으로 삼던 1960~70년대와는 달 리 화성에 인간을 제 일착으 로 보내 얻을 만한 정치·경 제적인 이유가 불투명하기 때문에 달 너머의 우주탐사 에는 상대적으로 비용이 저 렴한 무인 탐사선들이 애용 되고 있다.

유도 크지만, 다른 한편으로는 일주일 남짓이면 다녀오는 달 여행이 아니라 편도로만 6개월씩 걸리는데다[3] 한번 도착하면 1년간은 그곳에서 대기해야 하는 총 3년여의 화성 탐사 프로젝트는 우주비행사들의 몸과 정신 건강에 심각한 손상을 입힐 우려가 있기 때문이다.[4] 이러한 문제는 우주가 인간의 몸에 끼치는 영향이 복잡한 까닭도 있지만, 그에 못지않게 그동안 우주 개발 분야에서 생명공학이 엔지니어나 물리학자들에 비해 홀대를 받아온 탓도 없지 않다. 1999년까지만 해도 미항공우주국의 의학분야 연구비는 전체 예산의 2퍼센트를 넘지 못하는 수준이었다. 이 때문에 2020년 인간을 화성에 보낼 3개년 계획을 구상 중인 미항공우주국은 이 여행의 기술적 노하우는 제법 자신하고 있지만 의학적 문제에 대해서는 확실한 답안을 갖고 있지 못하다.

1997년 미항공우주국과 국립우주생체의학연구소(NSBRI)에서 차출된 요원들로 구성된 팀은 1988년과 1995년 사이에 우주비행 임무에 참여했던 남녀 279명의 경험을 검토했다. 분석 결과 무려 175가지의 생체의학적인 위험이 확인되었다. 그중 4가지는 상당히 위험하고 발생할 확률이 높으며 마땅히 치료방안도 없는 다음 유형들로 분류되었다. 과연 인간이 우주 전역에서 쏟아지는 방사선과 무중력 상태에 노출된 채 장기간을 견뎌낼 수 있을까?[5] 의학적 위급상황에 처한 우주비행사들이 도중에 제대로 치료를 받을 수 있을까? 장기간 좁은 공간에 고립된 탓에 생겨날지 모르는 심리적인 문제들은?[6] 미항공우주국 관료들은 수많은 전문가들의 자문을 받아 이러한 문제들에 대한 해답을 얻으려 애쓰고 있다.[7] SF영화 「화성 탐사 임무Mission to Mars」는 관련분야 과학자들의 자문을 받아 그와 같은 고민을 좀더 설득력 있게 제시하고 있다.

그렇다고 해서 우주 여행시 기술적인 어려움이 전혀 없다고 단언할 만한 상황은 아니다. 1986년 발사 도중 대폭발을 일으킨 우주왕복선 챌린저 호 이전에도 아폴로 1호의 승무원 세 명이 발사대에서 일어난

3) 조지 부시 미국 행정부는 핵추진 연료를 이용하는 화성탐사선 개발계획(일명 프로메테우스 프로젝트) 비용을 2004년 의회 예산안에 반영할 계획이다. 이렇게 하면 편도 6개월 여행을 2개월로 단축할 수 있지만, 1963년 핵실험금지조약 이래 우주에서의 방사능 오염을 우려하는 반대 목소리와 재정적인 부담으로 구체적인 실현 여부는 아직 불투명하다.

4) Jerome Groopman, "In Sickness and in Space," 〈Good Weekend〉, Australia, 2000. 5. 13. p.4.

5) 우주 방사선(宇宙線)의 위험성은 장기간의 무중력 생활 후유증보다 더 끔찍하다. 우주선은 지구를 에워싼 자기장 덕분에 약화되지만 대기권 너머에는 우주 어디에나 퍼져 있다. 빛의 속도에 준하는 속도에다가 대개 철입자들(iron particles)로 구성된 우주선은 사람의 몸을 너무 쉽게 꿰뚫는다. 두개골까지도 말이다. 속도가 빠른 입자들이 피하조직을 꿰뚫게 되면 본질적으로 핵반응을 일으키는 것과 다를 바가 없다.

6) 단조로운 선내 근무, 폐소공포증, 만성 수면 부족뿐만 아니라, 정신건강을 유지하는 데 필요한 일상의 친근한 인간관계까지 박탈당한다.

7) 이러한 문제를 인식한 미항공우주국은 마침내 2000년경 12개 대학연구소들로 구성된 비영리 컨소시엄에 연구의 일부를 외주로 주기로 결정했다. 이 컨소시엄의 명칭은 국립우주 생체의학연구소(National Space Biomedical Research Institute, NSBRI)이며 휴스턴에 있는 베이어 의과대학에 본부가 있다.

화재로 우주는 가보지도 못한 채 타 죽었으며, 러시아(당시 소련)의 경우에도 워낙 비밀주의를 고수해서 그렇지 이런저런 사고로 불귀의 객이 된 우주비행사들의 숫자는 미국을 훨씬 웃도는 것으로 알려져 있다. 또한 성공적인 발사를 했다고 해서 안심하기는 이르다. 우주에는 중간에 연료 재급유를 위한 주유소나 간식을 사먹기 위한 편의점 또는 아플 때 들를 만한 병원(특히 밀폐된 좁은 공간에서의 스트레스 상담을 위한 정신병원)이 존재하지 않는다. 닐 암스트롱이 달에 발을 디디던 해에 개봉된 그레고리 펙 주연의 영화 「우주 조난Marooned」은 대기권을 선회하던 미국의 우주선이 기계 고장을 일으켜 승무원들의 생존이 어려워지자, 악천후를 뚫고 부랴부랴 추가 우주선을 발사해 구조한다는 가슴 조이는 모험담이다. 그러나 실제로 한 우주선이 사고가 일어나면 구조 우주선이 뒤따라 올라가 구할 시간적 여유가 없을 것이다.

　우주에서의 생존 논리는 과학적이다 못해 냉혹하다. 우주선의 연료만 해도 자동차 기름처럼 무조건 가득 채우면 되는 일이 아니다. 우주선의 무게와 승무원 무게까지 정확하게 계산된 토대 위에서 연료가 주입되는 것이다. 연료 자체가 우주선의 중량을 무겁게 하기 때문에 불필요한 여분의 연료라 생각할 수밖에 없다. 자칫하면 불필요한 여분의 연료 무게 때문에 추가 연료가 필요하게 된다. 톰 고드윈의 중편소설 『차가운 방정식』은 이러한 지식을 기반으로 인간의 존재조건에 대한 황당하면서도 진지한 고찰을 보여준다. 중량이 극도로 제한된 화물 우주선에서 밀항자가 발견된다. 밀항자의 정체는 우주기지에 있는 오빠를 만나겠다고 무작정 숨어든 철부지 소녀다. 만약 그녀가 우주선이 아니라 파도에 출렁이는 배에 타고 있었고 이미 출발지를 떠나온 지 오래되었다면, 어쩌면 그녀는 마음씨 좋은 선장에게 담요와 비스킷을 선사받았을지도 모른다. 그러나 그 우주선은 목적지에 꼭 필요한 물품들만 실려 있는 소형 화물 우주선이고 우주선 조종사도 한 명밖에 없다. 여기서 조금이라도 무게가 늘면 우주선의 궤도가 어긋나게 된다. 또 목적한 별에 도착해서 우주선을 제어하려고 할 때도 초과된 무게 때문에 보조 로켓의 연료가 제 역할을 하기에 힘이 부친다. 더욱이 일단 떠난 우주선은 배와는 달리 되돌아갈 수도 없다. 하나만 삐끗해도 모두가 우주의 미아가 되는 상황이다. 소녀의 상식으로는 조종사의 설명을 전혀 납득할 수 없었지만 그녀가 모두를 위해 할 수 있는 선택은 하나뿐이다. 에어록을 열고 우주 공간으로 뛰쳐나가는 것. 이 우주선의 선장이자 조종사가 그녀에게 해줄 수 있는 유일한 대접은 중량 초과로 궤도 이탈 효과가 일어나기 전에 기지의 오빠에게 작별의 전파 교신을 할 수 있도록 해주는 일뿐이다. 아날로그식 상식이 더 이상 상식으로 통하지 않는 곳, 바로 우주이다.

또 우주선의 복잡한 계기류는 언제든 고장을 일으킬 위험성을 안고 있다. 만약 사소한 결함이 아니라 우주선의 가장 중요한 두뇌 부분, 즉 컴퓨터 제어부에 문제가 생기면 어떻게 될까? 우주선은 광대한 우주에서 좌표를 잃고 영원히 떠돌다가 태양의 인력에 빨려 들어가버릴 것이다. 하지만 이 정도는 아무것도 아니다. 아서 C. 클라크의 단편소설 「파수 The Sentinel」를 영화화한 스탠리 큐브릭 감독의 「2001 스페이스 오디세이」는 우주선의 통제 컴퓨터가 미쳐 승무원을 살해하는 에피소드를 담았다. 바이오컴퓨터와 나노 단위의 컴퓨터 소자가 논의되고 있는 시대이고 보면 앞으로 우주선의 제어 설비는 더욱더 정교해질 것이고 많은 역할을 통제 컴퓨터에게 맡기게 되면 우리가 알고 있는 위험은 줄어들지만 그만큼 우리가 미처 알고 있지 못한 위험은 늘어날 가능성이 있다.

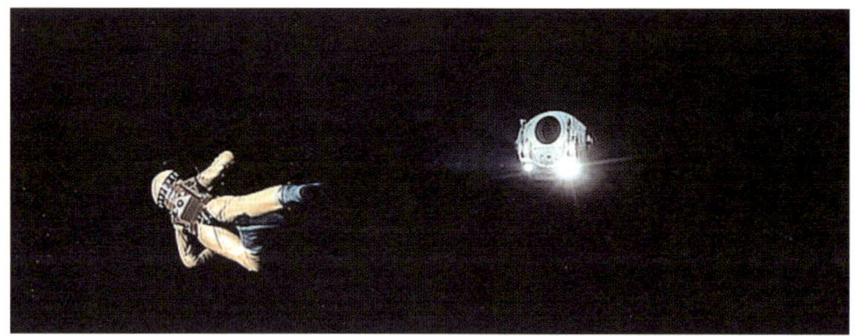

재수 없으면 컴퓨터에게 당한다? 우주선 통제 컴퓨터가 논리회로에 문제를 일으켜 승무원을 살해하는 내용을 다룬 영화 「2001 스페이스 오디세이」.

이처럼 우주 여행시 만나게 되는 예기치 못한 재난은 SF, 특히 스페이스 오페라에서 자주 접하게 되는 소재다. 이러한 소재를 광고에 끌어들인다면 어떤 제품이나 브랜드에 적합할까?

우주로 나가도 보험을 들어야 안심? – '델타 로이드' 광고

우리나라의 보험 관련 광고들을 보면 천편일률적이라 해도 과언이 아닐 정도로 대개 두 가지의 유형으로 나뉜다. 하나는 진지하다 못해 노골적인 위협 또는 공포 소구를 하면서 당신이 지금 당장 모종의 조치(?)를 취하지 않으면 당신과 당신 가족의 미래가 캄캄해진다는 식으로 유도하는 광고들이다. 다른 하나는 이렇다 할 근거도 제시하지 못하면서 막연히 그 보험회사에 보험을 들면 왠지 좋은 일이 있을 것 같고 마음이 든든해질 것 같은 기분이 들게 하는 소위 뽀시시(!)한 광고들이다. 예를 들어, 본인의 부주의로 인한 교통사고가 가족에게 얼마나 큰 상처를 주는지 극화해서 보여주는 교통 상해 관련 보험회사들의 광고가 전자에 속한다면, 동양생명의 '수호천사' 광고 캠페인에서처럼 보험회사를 늘 성심으로 보살펴주는 애인으로 설정하거나 2001년 방영된 알리안츠생명 광고 캠페인처럼 이마의 주름이나 손바닥의 주름에다 인생의 분기점마다 중요한 사건과 행사들을 자막으로 띄워 점잖은 소구를 하는 광고들은 후자의 세련된 변형으로 볼 수 있다.

이러한 두 가지 소구 방법들은 나름대로 보험상품의 성격이나 시장 상황에 따라 일장일단이 있다. 그러나 사람을 설득하는 크리에이티브 커뮤니케이션 세계는 실로 광대하다. 보험상품을 광고하는 데 반드시 이 두 가지 방법에만 머리가 고착될 필요가 있을까? 패턴에 익숙해지고 나면 시들해지기 쉬운 소비자의 마음을 되돌려볼 만한 또 다른 참신한 소구 방법은 없는 것일까? 해외에서도 보험 광고가 진지하다 못해 충격적일 만큼 무서운 임팩트를 담는 사례가 있긴 하다. 하지만 필자가 여기서 짚고 넘어가고 싶은 것은, 적어도 해외의 광고계에서는 그런 소구 방식만이 전부가 아니더란 사실이다. 필자가 해외의 온갖 광고물을 모조리 다 본 것은 아니므로 통계적으로 말하기는 곤란하지만 적어도 각국의 우수 광고 크리에이티브들 중에서 옥석을 가려 상을 주는 국제 광고제에 출품된 작품들을 비롯해 『Lurzer's Int'l Archive』와 『Shot』같이 전 세계 최신 우수 광고물들을 스크랩해 보여주는 자료집들에 근거해서 볼 때 그러한 생각이 든다.

일례로 여기에 소개할 델타 로이드(delta lloyd)의 광고는 우리나라의 보험 광고에서는 보기 쉽지 않은 구미식 소구 방식을 보여준다. 이 TV 광고는 처음에 광활한 우주에 외로이 떠 있는 우주선과 그 안에서 무중력 상태로 작업하는 우주비행사를 보여준다. '보험 광고에 웬 느닷없는 우주선?' 하고 생각할지 모르나, 어쨌든 그 우주비행사는 무중력 공간을 두둥실 떠다니면서 콧노래를 부른다. 노래는「아름답고 푸른 도나우 강」이다. 이 광고의 크리에이터는 왜 하필이면 이 곡을 골랐을까? 단순히 우주의 정적이고 평온한 분위기를 전달하기 위해서였을까? 아니면 곧이어 닥칠 위기의 반전과 대비시키려는 의도 때문이었을까? 그러나 SF영화 팬이라면 이 광고의 전반부에 흐르는 콧노래 멜로디에서 스탠리 큐브릭 감독의 SF 고전영화「2001 스페이스 오디세이」를 떠올릴 수 있을 것이다.「아름답고 푸른 도나우 강」은 그 자체로도 이름난 클래식음악이지만, 이 영화에서 가장 유명한 장면, 즉 인류가 오스트랄로피테쿠스 수준에서부터 우주로 진출하는 기술문명 단계로 진화하는 3백만 년에 이르는 과정을 단순한 커트 편집으로 이어붙인 장면에 쓰여 더욱 큰 명성을 누린 바 있다. 이 점을 의식했다면 이 광고의 크리에이터가 SF의 문외한이라 보기 어려울 것이다.

다시 델타 로이드의 광고로 돌아가자. 태평스런 콧노래를 부르며 우주비행사가 홀로그램 계기판을 느긋하게 들여다보는데 어디선가 너트 하나가 떨어진다. 우주선의 부속 어딘가에 균열이 생긴 모양이다. 그 너트는 무중력 상태인 우주선 안에서 중심을 잡지 못하고 이리저리 돌아다닌다. 이것이 만약 창에 부딪쳐 흠이라도 내면 우주선 안팎의 압력 차를 더욱 부채질하여 결국 창문이 기압 차로 터져버릴지도 모른다. 이러한 사정을 모르는 우주비행사는 세월아 네월아 하는데 갑자기 너트가 그의 헬멧을 강타하면서 분위기는 급작스레 반전된다. 그제야 문제를 알아차린 우주비행사, 그 너트를 잡으려 하지만 무중력 상태에서는 거동이 마음 같지 않아 섣불리 움직이지 못한다. 잘못 건드려 그 너트의 관성에 더욱 가속을 주게 되면 창문에 부딪쳐 금이 갈지도 모른다. 식은 땀을 흘리며 너트의 궤적을 뚫어져라 따라가는 우주비행사의 시선. 드디어 재빠른 손동작으로 그는 너트를 낚아챈다. 땀을 닦으며 숨을 몰아쉬는 우주비행사, 이제 한숨 돌린 셈이다. 그나저나 이게 어디서 나온 거지? 그가 안도의 표정을 짓고 있는 바로 그 순간 그의 헬멧 뒤로 그 너트와 한 짝이었던 볼트 나사 하나가 둥둥 떠서 지나간다. 그러나 전혀 이를 눈치채지 못하고 눈앞의 현실에만 만족하고 있는 우주비행사의 칠칠맞지 못한 표정. 그 다음에 떠오르는 보험회사 델타 로이드의 로고.

그렇다. 어차피 보험이란 예상하지 못한 뜻밖의 위험을 대비한 안전 장치이다. 뜻하지 않은 위험은 비단 땅 위에서만 일어나는 것이 아니다. 지구 밖 세계에서도 언제든지 어떠한 유형으로든 발생할 소지가 있다. 이 광고는 언뜻 보기에 가장 정교하고 가장 과학적인 첨단장비에 둘러싸여 있는 우주비행사를 소재로 해서, 그래 봤자 인간이 살아가는 환경은 그 어디에서든 만일에 대비한 보험을 필요로 한다는 메시지를 코믹하지만 간담이 서늘하게 전달한다. 실제로 우주선 안에서는 사소한 실수라도 재수 없으면 곧바로 생명유지 시스템의 파손으로 이어질 수 있지 않은가. 따라서 이 광고의 전체적인 톤은 유머터치를 기조로 하고 있지만 소비자들의 뇌리에 개운치 않은 뒷맛을 자연스럽게 남겨준다.

결론적으로 말해서, 이 광고는 보험회사나 보험상품을 광고하는 방법에는 진지한 공포 소구와 막연한 신뢰도 제고를 목표로 삼은 이미지 소구도 가능하지만, 때로는 소비자들의 심리적 방어장벽을 낮추는 유머 소구와 위협 소구를 한데 결합하는 복합적인 소구 방식도 유용함을 보여준다. 이러한 소구 방식으로 유명한 또 다른 보험회사 광고의 예를 들자면 몇 년에 걸쳐 칸 국제광고제의 그랑프리를 비롯해 다수의 상을 탄 센트럴 비히어(Central Beheer)사의 광고 캠페인을 들 수 있다.

네덜란드에 본사를 둔 이 다국적 보험회사의 광고 캠페인은 아주 우스꽝스러운 상황으로 시작하지만 그게 마냥 웃을 수만은 없는 위험천만한 결말로 마무리되면서, 그러니 보험이 필요하지 않겠느냐는 익살맞은 반문으로 끝난다. 이 캠페인 중 가장 화제가 된 것은 '타이타닉'편이다. 이 광고는 처음부터 마지막 순간에 이르기 직전까지 어떤 짐을 여러 가지 교통수단을 이용해 나르는 과정을 꼼꼼하게 보여준다. 이 짐은 걸핏하면 떨어지거나 파손될 위험을 겪을 듯 말 듯하면서 아슬아슬하게 운반된다. 그러한 위험을 간신히 모면할 때마다 소비자들은 가슴을 쓸어내리며 눈을 떼지 못하게 되는데, 결국 그 짐은 무사히 어떤 배에 실리게 된다. 그런데 떠나는 그 배의 이름이 바로 타이타닉이잖은가.[8] 이쯤에서 소비자들은 너무도 어처구니가 없어 껄껄 웃다가도 불현듯 찝찝한 생각이 들게 마련이다. '그렇지, 어디서 어떤 일을 겪을지 누가 안담.' 결국 소비자들은 이어 올라오는 보험회사 로고에서 쉽사리 눈길을 떼지 못한다.

어떤 소구 방식이든 그것이 소비자들에게 반향을 일으키면 유사한 소구 방식을 베낀 광고들이 뒤따라 제작되는 경우가 적지 않다.(이러한 경향은 따지고 보면 영화계와 다를 바 없다.) 이렇게 되면 아무리 시장을 제대로 파악한 광고라 하더라도 설득력에서 참신함을 잃어버려 애초의 기대 효과만큼 반향을 일으키기 어렵다. 따라서 광고의 크리에이티브는 제품 및 브랜드 컨셉에서 출발해야 하지만 그 기본기에만 충실해서는 곤란하며, 그에 못지않게 시대의 흐름과 경쟁 광고들의 소구 방향 등을 종합적으로 판단해서 결정되어야 할 필요가 있다.

8) 타이타닉 호는 1912년 뉴펀들랜드 근해 남쪽에서 침몰한 영국 호화 여객선으로, 이 배의 이야기는 할리우드 블록버스터 영화로 여러 번 제작된 바 있다.

그런 면에서 보면 델타 로이드의 광고는 2가지 면에서 소비자의 주목을 끈다. 하나는 보험회사 광고에 부담 없는 유머터치가 가미되어 있다는 것이요, 다른 하나는 난데없이 보험회사 광고에 우주선과 우주비행사가 등장함으로써 시각적으로나 내용적으로 스캔들을 일으킨다는 점이다. 물론 스캔들을 위한 스캔들은 광고주에게 아무런 도움을 주지 못한다. 지금도 광고가 뜨는 바람에 광고 감독이나 모델만 재미를 보고 정작 제품이나 광고주는 소비자에게 기억되지 못해 죽을 쑤는 경우가 왕왕 있다. 이 책의 여기저기에서 누누이 말하지만 'Back to the basic'은 기본이다. 광고하는 목적이 분명히 설정되고 난 다음에야 크리에이터의 뇌는 차별화를 향해 RPM(분당 회전수)을 높이는 법이니까.

예기치 않은 손님을 위한 커피 – '게발리아' 커피 광고

광고 14-2

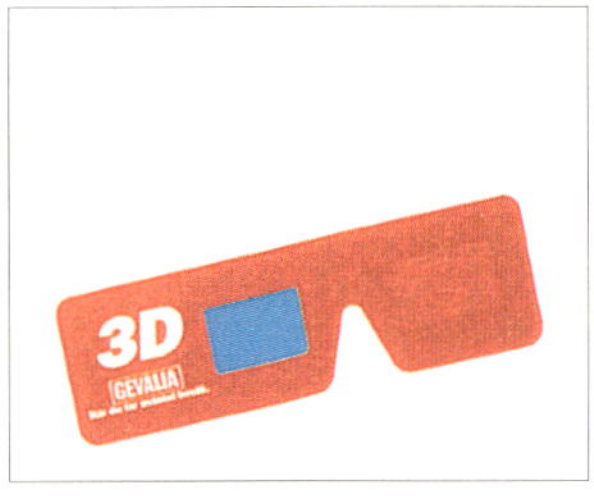

　이번에는 커피 광고다. 이 역시 논리적인 연결은 언뜻 보아 황당하다. 커피 광고에 웬 우주선? 이 광고의 키포인트는 바로 '예기치 않은 손님을 위한 커피, 게발리아(Gevalia)'라는 컨셉에 있다. 커피는 크게 두 가지 용도로 쓰인다. 하나는 자신의 마음을 어루만지기 위해서요, 다른 하나는 자신을 찾아온 손님의 마음을 배려하기 위해서다. 그런데 손님이란 존재가 항상 예약을 하고 방문하란 법이 없다. 불시에 찾아온 손

님은 그만큼 더욱 피곤할 수도 있고 더욱 반가울 수도 있다. 그가 누구냐에 따라서 말이다. 공자님이라면 그의 말씀대로 학문적인 담소를 나눌 수 있는 벗이 멀리서 찾아온다면 버선발로 나가서 맞이할 것이다. 그럼 그처럼 예고 없이 찾아온 손님에게는 무엇을 대접해야 할까? 예약이 있었다면 미리 찾아올 손님의 취향에 맞게 음식이나 차를 준비할 수 있었을 것이다. 하지만 상황이 여의치 못할 경우에는 어떤 것을 내놓아야 손님을 위한 메인 디시(main dish)가 준비될 때까지 부담이 없을까? 답은 두말할 나위 없이 동양에서는 차요, 서양에서는 커피일 것이다.

이 TV광고는 여류 우주비행사가 지상의 관제센터와 대화를 나누는 장면으로 시작한다. 마치 여성으로서는 세계 최초로 우주비행사가 되어 성공리에 임무를 마친 러시아의 테레슈코바를 떠올리게 하는 도입부다. 그러나 이 광고에서 그녀의 우주비행사로서의 운은 별로다. 소유성 떼에 둘러싸여 기기 고장을 일으킨 그녀는 지구에 불시착하게 된 것이다. 공교롭게도 착륙한 곳은 여유로운 골퍼들의 그린 한복판이다. 그야말로 예기치 못한 곳에서 만난 남성 골퍼들과 여류 우주비행사, 양측의 어처구니없는 만남은 그녀가 남성들에게 내민 게발리아 커피로 인해 자연스럽게 전환된다. 이처럼 황당무계한 상황에서도 커피의 김과 향은 사람들의 놀란 가슴을 가라앉히고 상대방에 대한 친근감이 무럭무럭 피어나게 한다. 특히 그 브랜드가 유럽인들 사이에서 이름난 게발리아라라면.

15

냉동인간이 된 기상천외한 이유

과학소설은 1960년대 말 '뉴 웨이브(new wave)'라는 새로운 문학조류의 격랑을 헤쳐나오면서 소재가 다양해졌다. 하지만 아직까지도 SF 하면 우주를 무대로 한 작품들이 우선 떠오르는 것 또한 사실이다. 그만큼 SF는 원시시대부터 그리스 자연철학시대를 거쳐 오늘에 이르기까지 인류의 우주에 대한 동경을 짙게 드리운 컨텐트 장르인 셈이다. 우주는 상상할 수 없으리만치 넓고 넓은 망망대해다. 우리가 사는 태양계와 가장 가까운 또 다른 태양인 켄타우루스자리 알파별(Alpha Centauri)까지는 빛의 속도로 달려도 4.3년이 걸린다. 이것은 설사 장래에 인류가 광속의 1/10 속력을 내는 우주로켓을 개발한다 해도 편도 여행으로만 43년이 걸린다는 얘기가 된다. 은하계를 횡단하거나 또 다른 은하계로 건너뛰려면 빛조차 각각 10만 년, 2백만 년씩 걸린다. 이래서야 어디 우주의 이곳저곳을 제 집 드나들 듯이 뛰어다니는 우주 영웅들의 스페이스 오페라를 펼칠 수 있겠는가!

궁하면 통한다고 했던가. SF작가들은 저마다 이러한 악조건 속에서 우주여행을 할 수 있는 아이디어를 궁리해냈다. 막연히 빛보다 빨리 달리는 우주선이란 설정은 너무 편의적이고 상상력이 부족해 보인다. 그리다 보니 SF에 등장한 초광속 우주선은 정체불명의 특수엔진이나 연료를 이용하던 단계에서 나아가 공간을 비틀어 만들어낸 인공 웜홀(Wormhole)이나 자연의 블랙홀을 지름길로 삼는, 훨씬 더 그럴듯한 설정으로 업그레이드되어 왔다. 그러나 로켓의 속도를 무지막지하게 늘리거나, 어마어마한 중력으로 내리누르는 웜홀과 블랙홀을 관통한다는, 현실적으로 무리한 발상말고 장거리 우주여행이 가능한 또 다른 방법은 없을까? 이런 취지로 나온 아이디어가 바로 세대 우주선(Generation Ship) 개념이다. 이것은 초광속 우주선이란 황당한 가정을 포기하면서도 항성간의 여행을 그럴듯하게 받아들일 수 있게 해준다. 여기서 세대 우주선이란 말 그대로 우주선 안의 승무원들이 한 세대에서 다음 세대로 대를 이어가며 목적지까지 가는 여행 방식이다. 그러나 세대 우주선이 가능하려면 인간 공동체의 생태계를 유지시켜줄 만한 거대한 우주선과 생식이 가능한 남녀 승무원들이 수백 명 이상 필요하다. 또한 여기에는 사회조직을 유지시켜줄 다양한 직군의 사람들이 포함되어야 하고 환경 시스템이 폐쇄적이면서도 완벽한 자율 정화 기능을 지니고 있어야 한다. 초광속 우주선보다야 현실성이 있는 방법이지만 너무 비용이 많이 들고 번거롭기 그지없어 보인다.

그래서 나온 또 다른 아이디어가 바로 냉동수면이다. 냉동수면법을 이용하면 모든 것이 단순명쾌해진다. 우주선이 일단 출발하면 컴퓨터 제어 시스템의 관할 아래에서 승무원들은 극저온의 가사상태로 거의 나이를 먹지 않은 채 냉동보관이 된다. 이쯤 되면 목적지까지 수백 년이 걸리든 수천 년이 걸리든 문제없다. 도착지에서 깨어나면 되므로 식량이나 공간, 복잡한 사회조직 따위의 문제로 골머리를 앓을 까닭이 전혀 없다. 승무원 수도 아폴로 우주선처럼 서너 명이면 충분하니 모든 게 경제적이지 않은가.

하지만 어떤 기술이든 반드시 원래 용도로만 쓰이란 법은 없는 법이

다. 별과 별 사이의 장기간 여행을 위해 SF 장르에서 고안된 이 기술을
우리 삶의 투영인 광고에 어떤 식으로 끌어들일 수 있을까? 이제 기상
천외한 용도 하나를 당신 앞에 선보이고자 한다.

인간의 욕심은 끝이 없다?─미시건 주 복권 광고

(복잡한 기계장치들이 즐비한 연구실, 그 중앙의 유리관에 한 남자가 들어
있다.)

컴퓨터 안내음성 : 이제 신진대사가 느려지기 시작합니다.

연구원 1 : 그래서 저 친구, 언제 다시 깨어나고 싶대?

연구원 2 : 에, 그러니까 슈퍼복권 1등 당첨금이 1천만 달러로 오르
는 때라더군.

연구원 1 : 왜 그렇게까지 기다리고 싶어하지? 당첨금이 이미 1백50
만 달러를 넘어섰잖아.

연구원 2 : 맞아. 게다가 매 주마다 1등 당첨자가 나온다는군.

연구원 1 : 그럼 1천만 달러까지 판돈이 오르길 기다리자면, 그는
아마 저기서…….

연구원 2 : 영원히 썩어야겠지.

연구원 1 : 뭐, 그렇겠지. 커피 마실래?

연구원 2 : 자네가 사는 거지?

내레이션 당장 슈퍼복권을 사십시오. 대체 판돈이 얼마나 되길 기다리고 있는 겁니까?

냉동인간이란 아이디어를 생각해낸 SF작가들은 이 소재가 복권 광고에 이처럼 코믹하게 쓰일 거라고 상상이나 할 수 있었을까? 사람의 욕심은 끝이 없는 법이다. 톨스토이의 우화 중에 이와 비슷한 이야기가 있다. 악마가 어떤 사내와 계약을 한다. 하루 동안 걸어다닌 만큼의 땅을 넘겨주기로 말이다. 단, 해가 지기 전에 모든 일을 끝내야 한다. 그 사내는 한발 한발 내딛을 때마다 자신의 땅이 불어나는 것에 홀린 나머지 땡볕에서 잠시도 쉬지 않고 허겁지겁 돌아다니다가 해질 무렵 과로로 죽고 만다. 위의 냉동인간을 모델로 삼은 광고는 톨스토이 우화의 SF버전이라 할 수 있다.

흔히 냉동인간 하면 미래에 다시 깨어난 인간이 바라보는 묵시론적인 세계를 연상하기 쉽다. 그곳이 외계의 낯선 땅이건 지구이건 간에 말이다. 하지만 위의 복권 광고는 그런 선입관을 떨쳐버리라고 일침을 가한다. 아무리 특이한 소재라도 그것을 소개하는 데 그쳐서는 훌륭한 광고가 아니다. 제대로 된 광고라면 아주 독특한 소재라 해도 제품(또는 브랜드)의 커뮤니케이션 컨셉과 하나로 융화되어야 한다.

우리나라에서 이따금 SF적인 요소가 광고에 도입되면 내용과 따로 놀거나 그 특이한 이미지 자체만 겉돌아 정작 광고주의 메시지를 전달하는 데는 실패하는 사례가 왕왕 있다. 이러한 몰이해는 비단 광고 제작물에서만 보이는 것이 아니라 영화, 만화, 애니메이션에서도 많이 발견된다. 이것은 아직 우리나라 사람들이 SF를 사회의 삶 속으로부터 연장된 미래의 비전이 아니라 그냥 별난 눈요깃거리 정도로 받아들이는 탓일 것이다. SF는 원래 현실 사회와 동떨어진 액션영웅담이 아니라 과학기술문명이 사회 전반에 미치는 긍정적인 면과 부정적인 면을 균형 있게 되짚어보려는 의도로 만들어졌음을 상기하라. 최초의 현대 과학소설로 꼽히는 메리 셸리의 『프랑켄슈타인 : 또는 현대의 프로메테우스』가 그 전형적인 예 아닌가.

미국의 광고회사 W. B. Doner & Company가 제작한 이 광고는 '이보다 더 큰 당첨금을 보장하는 복권은 없다'는 주장을 유쾌하게 소화하는 것만으로 그치지 않고 인간의 원초적인 욕망을 재치 있게 전달함으로써 소비자들의 공감을 얻어낸다. 컨셉의 전달이 명확하고 소비자가 기꺼이 공감해주기만 한다면 광고로서야 더 바랄 것이 없다. 중요한 점은 SF 같은 색다른 요소나 기법은 수단이 되어야지, 그것에 컨셉이 가려져서는 곤란하다는 사실이다.

16

인간의 초능력은 한이 없다!
–초능력자를 모델로 삼은 광고들

미국 만화의 슈퍼영웅 중 하나인 플래시맨(The Flash)의 장기는 마하 단위로 재야 할 정도로 빠른 달음박질이다. 그는 한 번에 무려 3천 마일을 주파할 수 있다.[1] 정상적인 인간이라면 꿈도 꾸지 못할 일이다. 이 거리를 마하의 속도로 달리자면 자그마치 37만5천 칼로리를 단번에 소비해야 하는 것이다.[2] SF 컨텐트가 일찍부터 다뤄온 소재 중 하나는 이처럼 육체적으로나 정신적으로 정상인의 능력을 훌쩍 뛰어넘는 초능력을 지닌 인간들의 이야기다. 원래 초인이란 주제의 역사적 기원을 따져보자면 니체의 니힐리즘 철학과 진화론으로까지 거슬러 올라가지만 대중의 입담에 흔히 오르내리는 단서를 제공한 것은 다름아닌 과학소설이다. 하지만 그 소재가 시지각(視知覺) 요소가 강조되는 만화나 영화로 넘어오면서 초능력자들의 잠재능력은 한도 끝도 없는 상상력의 극한을 향해 치닫게 되었다. 그러니 대중적인 과학소설 작가들이 인류의 미래를 과학적으로 전망한 진화론의 주창자 찰스 다윈을 별로 반기지 않았던 것도 일면 이해가 간다. 1859년에 출간된 다윈의 저서 『종의 기원*The Origin of Species*』을 보고 있노라면 그 이론이 과학적으로 맞고 틀리느냐에 앞서 드라마적인 요소가

1) Lawrence Tucker, *Books*, "Sci-fi Special Edition", USA, December 2002, p.71.

2) 그러나 어떤 한 측면의 탁월한 능력이 무조건 유리한 것만은 아니다. 플래시맨이 음속보다 빨리 달린다고 치면 주변의 소리는 전혀 들을 수 없게 된다.

별로 두드러져 보이지 않았으니까 말이다. 다윈에 따르면, 적자생존은 우리가 얼핏 떠올리기 쉬운 검투사의 전투 따위와는 거리가 멀었으며 만사가 번식의 성공과 관련 있었다. 즉, 후손을 많이 남길수록 당신의 유전인자가 살아남을 확률은 많아진다는 얘기다. 반면 18세기에 라마르크가 주창한 또 다른 진화론은 작가들의 주목을 받았다. 당시 라마르크는 어린이들은 부모의 업적을 직접 물려받는다고 주장했다. 과학적 논리와 연결되면서도 뭔가 센세이셔널한 요소가 없을까 늘 갈망하던 과학소설 작가들로서는 당연히 그의 주장이 마음에 들었다. 그 결과 원시인이 불을 발견하자 그의 자식들이 담배를 피우며 큰다는 식으로 선사시대를 배경으로 한 소설들이 헤아릴 수 없이 많이 쏟아져 나왔다.[3]

초능력은 흔히 ESP라는 약어로 쓰이기도 한다. ESP는 우리가 익히 알고 있는 감각 및 지각 능력 이외에 아직 충분히 계발되지 않은 여분의 지각능력(Extra-Sensory Perception)을 뜻한다. 이 개념은 미국의 J. B. 라인 박사의 이상심리학 저서 『여분의 감각을 통한 지각*Extra-Sensory Perception*』에서 소개된 선구적인 연구 덕분에 널리 대중화되었다.[4] 이 개념은 '제2의 눈(second sight)' 또는 '육감(sixth sense)'이란 과학용어를 좀더 대중적인 느낌으로 가다듬은 것이다. ESP에 대한 라인 박사의 조사 결과는 인간의 보다 광범위한 잠재능력에 대한 이해를 넓혀주었을 뿐만 아니라 그러한 능력을 소재로 삼은 이야기들이 대거 등장하는 빌미를 제공했다. ESP 덕분에 인류 진화의 새로운 돌파구가 열릴지 모른다는 가정에 대해 과학소설가이자 사회사상가인 웰스는 회의적이었지만 싸구려 SF잡지들에다 매달 매력적인 읽을거리를 실어야 했던 대중적인 과학소설가들에게는 이 개념이 상당히 먹음직스러워 보였다. 특히 20세기 중반 SF잡지 〈어스타운딩 사이언스 픽션*Astounding Science Fiction*〉의 편집자이자 펄프 과학소설계의 대부격이었던 존 W. 캠벨

3) John Clute, *SF: The Illustrated Encyclopedia*, Dorling Kindersley, London, 1995, p.40.

4) 라인 박사는 19세기부터 유럽에서 활발히 연구된 심령현상과 초심리학이 20세기 들어 하나의 독립된 학문 분야로 확고하게 자리잡게끔 기틀을 다진 사람이다. 그는 통제된 조건에서 피조사자가 의도한 번호가 나오도록 주사위 던지기를 하거나 카드 그림을 투시력을 통해 알아맞히도록 하는 실험을 거듭해 마침내 의미 있는 결론을 얻었다. 그 실험 결과의 통계적 유의성은 미국 수리통계학회에서도 인정을 받았다.

상대방의 감정을 고스란히 받아들이는 능력을 지닌 파우더와 나우시카.

(John W. Campbell)이 라인 박사의 열렬한 숭배자로서 바람잡이 노릇을 한 덕분에 ESP를 소재로 한 이야기들은 제2차 세계대전 이후 한동안 붐을 이뤘다.[5] 지금까지 SF 컨텐트에 등장한 ESP의 구체적인 예들을 들자면, 앞서 플래시맨의 사례에서 보듯이 정상인은 엄두조차 내기 어려운 체력(순발력과 순간 도약 능력을 포함한)과 비상한 두뇌 회전 능력에서부터 출발하여 투시력, 텔레파시, 예지능력, 사이코키네시스[6], 텔레포테이션[7] 그리고 염화(念火, mental fire raising) 능력[8] 등 무척이나 다양하다. 이밖에 일종의 텔레파시이지만 그 능력이 제한적인 엠파시(empathy)란 것도 있다. 이것은 상대방의 생각을 읽어내지는 못하지만 감정은 마치 자신이 몸소 느낀 것처럼 받아들이는 능력을 의미하는데, 미야자키 하야오의 만화『바람계곡의 나우시카』에 등장하는 나우시카와 영화「파우더Powder」(1995)의 주인공이 바로 이러한 능력을 발휘해 부조리한 세상에서 고통받는 인간과 동물의 영혼을 어루만진다.

뮤리엘 재거(Muriel Jaeger)의 『육감을 지닌 사나이The Man with Sixth Sense』(1927), 그리고 에드먼드 해밀턴(Edmond Hamilton)의 『미래를 본 사나이The Man Who Saw the Future』(1930)와 『엑스레이 눈을 지닌 사나이The Man with X-Ray Eyes』(1933)에서 보듯이 초기의 대중적인 과학소설들은 그처럼 유별난 능력이 따지고 보면 축복이라기보다는 저주에 가깝다는 쪽으로 결론을 유도한다. 초인들을 사회의 한 일원으로 받아주기에는 그들에 대한 세상의 편견과 공포가 지나치게 강한 탓이다. 과학소설 역사상 ESP 능력자들을 다룬 대표 걸작들이라 할 『이상한 존Odd John』, 『인간을 넘어서More Than Human』, 『슬랜Slan』, 『파괴된 사나이The Demolished Man』 같은 작품들은 그러한 맥락에서 하나같이 초능력

5) ESP 붐은 전쟁이 끝나고 냉전이 시작되던 당시 분위기와 맞물려서 미국의 과학소설 작가들은 텔레파시를 스파이 활동에 쓰는 데 상당히 많은 관심을 보였다.

6) 흔히 염력이라고 번역되며, 마음의 힘으로 물건을 움직이는 능력을 뜻한다. 유대인 초능력자 유리 겔러가 여기에 속한다고 볼 수 있다.

7) 인간의 몸을 마음의 힘만으로 이동시킬 수 있는 능력을 뜻한다. 이 능력은 텔레파시나 사이코키네시스와는 달리 아직까지는 현실세계에서 발견된 바가 없으며 오로지 SF가 만들어내는 상상의 세계 속에서만 존재한다. 앨프레드 베스터의 소설 『타이거! 타이거!』가 이러한 능력을 주 소재로 삼은 대표적인 작품이다.

8) 마음의 힘만으로 불을 일으킬 수 있는 능력으로, 만화 『바벨 2세』에서는 전기를 뿜어낼 수 있는 능력과 함께 사용된 바 있다.

자들의 신출귀몰한 모험담보다는 정상인들(기
성사회)과의 갈등에서 오는 심리적 스트레스에
초점을 맞추었다.[9] 이러한 관점은 20세기가
끝나가던 해 동명만화가 원작인 영화「엑스
맨」에서 다시 한 번 부활한다. 이 영화는 갈수
록 현란해지는 할리우드 특수효과의 내공(?)
을 과시하는 전시장에 그치지 않고 돌연변이
초능력자들이 독특한 능력 때문에 오히려 정
상인들에게 따돌림을 받는 부조리한 상황을

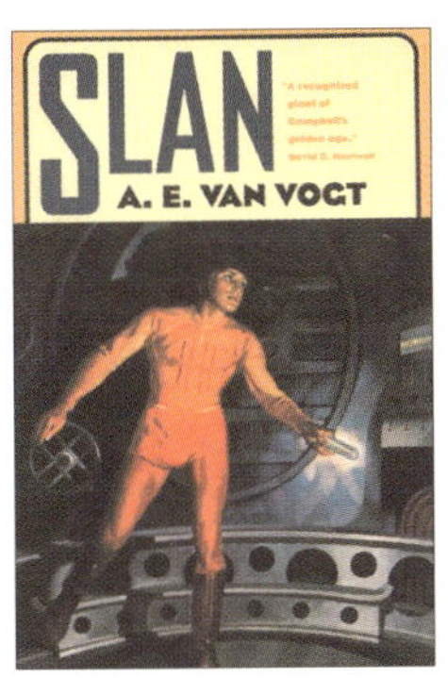

다수의 정상인들이 소수의 초능
력자들을 잔혹하게 탄압하는 미
래를 그린 「슬랜」.

정상인을 초인으로 만들려는 인
간의 욕망과 그 부작용을 다룬
재패니메이션 「아키라」.

통해 청소년 또는 신세대와 기성세대 간의 갈등을 우회적으로 그려냈
다는 평가를 받았다. 이러한 계열의 재패니메이션 걸작으로는 오토모
가츠히로가 원작만화를 그리고 애니메이션 연출까지 담당한 「아키라」
를 들 수 있는데, 이 작품은 잠재능력을 외과적 수술에 의해 최대치로
끌어올려 초인이 된 사람들이 결국 부작용에 시달린 끝에 세상에 재앙
을 가져온다는 내용으로 초기 과학소설의 초인에 대한 이율배반적인
시선을 다시 되살려내고 있다.

　하지만 1938년「슈퍼맨」을 효시로 해서 등장한 만화 속의 슈퍼영웅
들은 대부분 위의 사례보다 심리적으로 단순하게 재구성되어, 시민들
을 대신해 사회악에 맞서는 정의의 사도로 돌변한다. 소설 속의 초인들
은 자신들의 초능력 때문에 사회생활을 하는 데 장애를 겪지만, 만화
속의 초인들은 대부분 진짜 자기 모습과 보통 사람으로 위장한 모습을
때와 장소에 맞게 조절해가면서 절대 들키지 않는 아슬아슬한 줄타기
의 명수들이다.[10] 이러한 슈퍼영웅들에 대해 만화 속 대중뿐만 아니라
현실 속의 대중 또한 열광하지 않을 수 없다. 그린 랜턴은 특수반지를
이용해 무슨 물건이든 즉석에서 만들어내고, 지구보다 20배나 중력이
강한 크립톤 행성 출신인 슈퍼맨은 지구의 하늘을 날아다니며, 헐크는

9) A. E. 밴 보웃(A. E. van
Vogt)의 소설『슬랜』은 텔레
파시 능력을 지닌 신인류가
정상인의 몰이해에 맞서 투
쟁한다는 내용을 담고 있다.

10) 이중 자아를 지닌 슈퍼영
웅의 대표적인 예를 들자면
슈퍼맨(클라크 켄트), 스파
이더맨(피터 파커), 배트맨
(브루스 웨인), 원더우먼(다
이애나 프린스) 등이 있다.

여성 슈퍼영웅의 대표 주자 원더
우먼.

감마선 피폭 후유증으로 무지막지한 괴력을 뿜어낸다. 그 외에도 원더우먼, 아쿠아맨, 환상의 4인조(Fantastic 4), 플래시맨, 캡틴 마블(Captain Marvel), 탄환맨(Bullet man), 플라스틱맨(Plastic man), 캡틴 아메리카(Captain America), 스컬맨(Skull man), 사이보그 009, 바벨 2세 등 만화가 창조해낸 초인들의 예를 들자면 한이 없어 보인다. 특히 그중에서도 「슈퍼맨」은 초인 만화 캐릭터의 효시이자 대표주자로서 오늘날에도 미국의 개척정신과 미국식 정의 구현의 아이콘으로 자리잡고 있으며, 원더우먼은 몇 안 되는 여성 슈퍼영웅 중 하나이며 그 배역을 맡았던 여배우 린다 카터는 〔광고 16−1〕에서 보듯이 화장품 광고 모델로도 활동한 바 있다.

11) 여기서 렌즈맨이 착용하는 렌즈는 인공적인 고안장치로, 이를 착용한 렌즈맨 개개인의 텔레파시 능력을 증폭시켜주고 우주의 온갖 언어를 통역해주는 기능을 한다. 렌즈맨이 아닌 사람이 착용하면 목숨을 잃는다.

십중팔구는 '무슨무슨 맨'이라고 이름 붙이는 이 같은 슈퍼영웅들은 일본 만화와 애니메이션에서도 왕성하게 활동하고 있다. 토우도 쿠레이의 만화 『에이트맨』의 주인공인 안드로이드 탐정은 그 캐릭터의 기본 설정이 흡사 플래시맨의 일본판처럼 보인다. 1984년에는 미국 작가 에드워드 엘머 스미스(Edward Elmer Smith, 1890~1965)의 소설 『렌즈맨Lensmen』(1950~54) 시리즈가 「신세기 렌즈맨」이란 재패니메이션으로 다시 태어났다.[11] 다카야 요시키의 만화 『철인전사 가이버』에서는 주인공 쇼우가 몇백만 년 전 외계인들이 무기로 쓰던 생체 이식 갑옷과 합체하여 초능력 전사로 거듭난다. 『철인전사 가이버』는 애니메이션은 물론이고 미국에서 영화로도 제작되었다.

이번 장에서는 ESP와 초능력자들을 소재로 삼은 광고들을 다루되,

특히 슈퍼영웅 캐릭터들 위주로 살펴보도록 하겠다. 이는 대개의 광고들 또한 만화나 영화처럼 초능력자와 정상인들 간의 복잡한 갈등을 다루는 구도보다는 초인이 악당을 제거하고 정의를 구현한다는 단순명쾌한 논리를 선호하기 때문이다. 아무래도 이쪽이 부담도 없고 대중적인 아이콘으로 기억되기 쉬울 테니까 말이다.

미국 작가 스미스의 원작을 토대로 제작된 재패니메이션 「신세기 렌즈맨」.

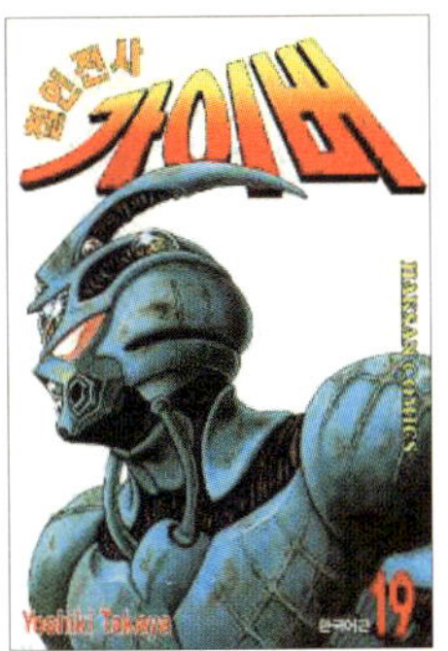

외계인의 갑옷을 물려받아 무소불위의 초능력을 갖게 된 소년이 지구를 악의 무리로부터 지키려는 이야기 「철인전사 가이버」.

섹시한 슈퍼맨?─TV드라마 「슈퍼맨」의 프로모션 광고

제리 시겔의 각본과 조 슈스터의 그림이 창조한 슈퍼맨이란 캐릭터는 원래 크립톤이란 외계 행성에서 온 휴머노이드형[12] 외계인이지만, 어느새 미국의 가치와 이데올로기를 전파하는 전도사로 탈바꿈해버렸다. 슈퍼맨이 미국인의 삶 속에 얼마나 깊숙이 뿌리내리고 있는가를 보여주는 단적인 예로, 제2차 세계대전 당시 미국 정부의 전시 국채(War Bond) 판매를 홍보하던 선전용 만화책자의 표지에 슈퍼맨이 등장한 바 있다(《*World's Finest Comics #8*》: 1942~43년 겨울호). 당시의 할리우드 스타들과 마찬가지로, 슈퍼맨은 배트맨, 로빈과 함께 대중 앞에서 전시 국채를 사서 그 돈으로 일본을 침몰시키자는 플랜카드를 내걸고 있다.

12) 겉모습이 인간을 닮은 종족이란 뜻.

「슈퍼맨」의 창안자이자 각본을 쓴 제리 시겔(Jerry Siegel)과 슈퍼맨의 오리지널 드로잉을 그려낸 조 슈스터, 그의 그림은 이후 슈퍼맨 캐릭터의 기본형이 되었다.

제2차 세계대전 당시 정치선전 포스터의 모델로 등장한 슈퍼맨과 배트맨, 로빈.

슈퍼맨은 만화뿐 아니라 여덟 차례에 걸쳐 TV 시리즈로 만들어졌고 여러 편의 영화로도 만들어졌다. 이번에 소개하는 광고는 그중에서도 1993년 방영된 TV 시리즈 「로이스와 클라크 : 슈퍼맨의 새로운 모험Lois & Clark : The New Adventure of Superman」의 프로모션 포스터다. 이 광고의 특색은 슈퍼맨이 가족의 가치를 수호하는 보수적인(?) 기존 이미지에서 탈피해 다분히 파격이라 할 섹시한 이미지로 재포장됐다는 점이다. 슈퍼맨처럼 유명하고 오래된 캐릭터는 그 폭넓은 인기 못지않게 너무나 친숙한 바람에 진부하게 느껴질 위험이 상존한다. 그래서 새로운 버전의 슈퍼맨 컨셉을 구상한 기획자 지닛 칸(Jenette Kahn)은 특수효과로 뒤범벅된 영웅담보다는 클라크 켄트란 신문기자 신분으로 위장한 슈퍼맨과 그의 애인 로이스 레인이 벌이는 밀도 있는 심리 드라마로 방향을 끌고 가려 했다. TV 시리즈의 방영 개시 전 붐업 조성을 위해 제작된 이 인쇄광고에는 러닝셔츠 차림의 슈퍼맨과 로이스가 살을 맞대고 있는 모습을 담았다.(그때까지만 해도 미국인들은 결코 슈퍼맨에게 베드신을 기대한 적이 없었다.) TV광고에서는 로이스 레인이 진홍빛 천에 고혹적으로 누워 "믿을 수가 없어요. 전 이제 완벽한 남자를 만났거든요"라고 속삭였다. 마케팅 측면에서 이 프로모션 캠페인의 목적은 지금까지 소년들의 전통적인 역할모델을 해온 슈퍼맨을 여성들의 섹스 심벌로까지 확장시켜 시청률을 높이는 것이었다. ABC에서 방영된 이 TV 시리즈는 방영 전부터 파격적인 홍보 캠페인으로 화제를 불러일으키더니 결국 경쟁사들의 간판 프로그램들을 제치고 줄곧 상위의 시청률을 기록해 프로그램을 협찬한 광고주들을 기쁘게 해주었다고 한다.

밤의 슈퍼맨! – XXX 콘돔 광고

슈퍼맨은 1938년 출판만화로 데뷔한 이래 처음에는 그저 보통 사람보다 힘이 센 정도였지만 시간이 지날수록 엄청난 힘을 지닌 존재로 파워업되어 왔다. 만화잡지 〈액션 코믹스*Action Comics*〉에 처음 연재되던 신인(?) 시절만 해도 슈퍼맨은 머리 위로 자동차를 들어올리는 괴력을 보여주는 정도로 충분했다. 몇 년 지나자 비명을 지르는 승객들이 가득 탄 버스 몇 대를 통째로 들어올렸다. 그리고 또 몇 년이 지나니까 바다를 건너는 여객선을 들어올렸고 1960년대에 이르자 아예 행성들을 움직이기에 이르렀다.[13] 그러나 '강철인간(Man of Steel)'이라 불리는 슈퍼맨의 화려한 이면에는 나름대로의 아픔이 있음을 그의 광적인 팬들조차 잘 모르고 있는 듯하다. 대체 슈퍼맨이 남에게 털어놓을 수 없는 고민이란 무엇일까? 1970년대 말 과학소설 작가 래리 니븐은 그의 아픔을 정확히 짚어냈는데, 그것은 바로 슈퍼맨이 출신성분 탓에 성생활을 즐기는 데 크나큰 애로사항이 있다는 사실이다.

올해로 슈퍼맨은 우리나라 나이로 66세가 되지만 만화책과 영화, 애니메이션 등에서 여전히 강건한 장년의 사나이로 겹치기 출연을 거듭하고 있다. 뭐, 좋다. 슈퍼맨은 어차피 태양계에서 멀리 떨어진 크립톤 행성에서 온 외계인이니까 인간 수명의 잣대로 노화 수준을 따지는 것은 무의미할지 모른다. 그러나 칼 엘(Kal-El, 슈퍼맨의 크립톤 이름)이 이제는 우주의 먼지로 사라진 행성에서 살아남은 몇 안 되는 크립톤 종족

13) Lawrence Tucker, *Books, Sci-fi Special Edition*, USA, December 2002, p71.

중의 하나라는 사실을 냉정하게 받아들인다면, 그가 아직까지 결혼하지 못하고 있는 것은 굳이 작가들이 로이스 레인을 가운데 두고 슈퍼맨과 클라크 켄트란 칼 엘의 이중자아가 경쟁하는 기묘한 삼각관계 만들기에 골몰하고 있어서만은 아니란 것을 알아차릴 것이다.

슈퍼맨이 결혼하지 못한 채 아직도 노총각 냄새를 풀풀 피울 수밖에 없는 진짜 이유는 그가 지구인 여성과 사랑을 하기에는 정신적, 육체적으로 먼저 해결해야 할 심각한 문제가 한둘이 아니기 때문이다. 실로 큰일이 아닐 수 없다. 아무리 슈퍼맨이 하늘을 날고 긴다 한들 그냥 늙어 죽어버린다면 크립톤 종족이 멸종의 위기에 몰리는 것이다!(영화 「슈퍼걸」을 기억하시는가? 이렇게 되면 슈퍼맨의 조카인 그녀가 아마 최후의 크립톤인이 될 듯하다.)

정신적인 문제란 명쾌하다. 과연 외계인인 슈퍼맨이, 로이스 레인은 둘째치고라도 엘리자베스 테일러 뺨치는 미모를 지닌 지구인 여성을 봤다고 한들 그녀에게 성적인 욕구를 느낄 수 있을까? 크립톤 행성 사람들과 지구인들은 겉으로는 서로 별 차이가 없어 보이는 휴머노이드 종에 속한다. 신체 골격과 크기, 신체 부위별 기능 그리고 심지어는 식사습관까지 서로를 빼닮았다. 하지만 겉모습에 현혹되어서는 곤란하다. 슈퍼맨은 호모사피엔스와는 유전적으로 아무런 관계가 없다. 분명 크립톤 여성들은 지구의 여성들과는 전혀 다른 페로몬이나 성적 매력을 지녔을 것이다. 지구 여성의 대표격으로 로이스 레인을 예로 들어보자. 슈퍼맨 입장에서 느끼기에 그녀의 체취는 크립톤 여성의 체취와는 천양지차이며 오히려 지구산 원숭이 냄새에 가깝다. 이렇게 놓고 보면 작가들이 슈퍼맨과 로이스를 어떻게 해서든 맺어주려고 하는 작태(!)는 교회법이나 관습법 기준으로 보건대 소돔과 고모라를 조장하는 짓이나 다름없지 않은가.

잠깐, 더욱 황당한 문제가 있으니 정신적인 측면은 이쯤에서 그치기로 하자. 하긴 66세면 인생의 단맛 쓴맛을 다 알 만한 나이 아닌가. 더구나 그는 납을 빼고는 모든 것을 투시하는 엑스레이 눈을 타고났다. 그렇다고 슈퍼맨을 치한이나 변태로 모는 것은 억울하다. 그저 경솔한 여성들이 부끄러운 줄도 모르고 섬유와 납 성분을 함께 섞어 짠 옷을 입고 다니지 않은 탓일 따름이다. 일단 슈퍼맨이 유전적으로야 지구인 여성에게 아무런 흑심도 생기지 않겠지만 사회 속에서 인간으로 위장하고 오래 산 덕분에 여성에게 어떻게 해야 한다고 학습 또는 세뇌되었다고 쳐보자.

그렇다고 해서 문제가 해결되는 것은 아니다. 육체적인 사랑을 나누는 동안 남녀의 뇌파를 검사해보면 오르가슴이 쾌락을 주는 한편으로 간질 증세와 닮아 있다고 한다. 다시 말해서 근육의 의식적인 통제력을 일시적으로 잃어버린다는 뜻이다. 슈퍼맨은 강철에다가도 손톱자국을 남기는데, 오르가슴에 도달한 그가 잠시나마 신체적인 균형을 잃는다면 로이스 레인은 어떻게 될까? 슈퍼맨의 크립톤제 근육은 지구보다 중력이 20배 높은 행성에서 살도록 자연이 만들어준 것이다. 아마 가랑이에서 흉골까지 으스러지고 내장이 튀어나온 그녀 앞에서 슈퍼맨은 오르가슴의 여운을 즐길 처지가 아닐 것이다. 그게 전부가 아니다. 슈퍼맨이 그녀의 몸 안에 배출한 크립톤제 정자들은 연약한 인간의 자궁을 가볍게 뚫고 나가 머리통을 날려버린다. 왜냐? 슈퍼맨은 빛의 속도로 움직일 수 있으며 그의 정자들 또한 기관총의 탄환 속도 못지않은 탓이다. 이제 알았을 것이다. 슈퍼맨과 로이스 레인 사이에는 정신적으로나 육체적으로 정상적인 이성관계가 성립할 수 없다. 독신의 고민을 해결하는 차원이 아니라 크립톤 종족의 보존을 위해서라면 인공수정을 권할 도리밖에 없다.(만약 슈퍼걸을 배우자로 떠올리는 이가 있다면, 명심하시라. 그녀는 슈퍼맨의 친조카라는 사실을. 종족의 보존이 먼저냐, 근친상간의 죄악을 피하는 것이 먼저냐 하는 문제는 또 다른 논쟁을 불러일으킨다.)

슈퍼맨의 조카 슈퍼걸, 그녀 또한 종족 보존의 과제를 안고 있다.

그러나 슈퍼맨의 성생활에 대한 재미있는 발상을 보여준 이는 래리 니븐만이 아니다. 〔광고 16-3〕의 크리에이터는 슈퍼맨의 초인적 속성을 앞에 소개한 TV 시리즈 프로모션 광고 포스터보다 더욱 섹스어필하게 재구성해 보여준다. 피임을 원하는 남성과 여성이 사랑에 앞서 반드시 챙겨야 할 필수 품목은 콘돔이다. 그러나 콘돔 또한 가격에 따라, 용도에 따라, 재질에 따라 천차만별이다. 그렇다면 어떤 콘돔을 써야 안심할 수 있을까? 래리 니븐에 따르면, 슈퍼맨이 인공수정을 하려면 정상인과는 비교가 되지 않을 만큼 고된 수고를 감수해야만 한다. 슈퍼맨은 일단 달까지 날아가서 달 표면에서 자신의 정액을 사출해야 한다. 이것은 꼭 프라이버시 때문만은 아니다. 슈퍼맨의 정액이 날아가는 속도는 음속을 넘어서기 때문에 지구 표면에서 그랬다가는 공기를 가로지르는 파열음이 사람들에게 큰 소음이 될 것이고 앞을 가로막는 것은 뭐든지 뚫고 나가버릴 것이다. 그래서 인간이 만들어낸 금속제 시험관으로는 받아낼 재간이 없다. 슈퍼맨은 자기의 정액을 사출한 다음에는 빛의 속도로 날아가서 자기 손에 다시 담아야 한다. 그 정액의 엄청난 운동량 값이 0이 되었을 때 비로소 시험관에 들어가 기다리고 있던 난자와 만나게 된다.[14]

그런데 이 광고의 비주얼을 보자. ××× 콘돔을 뚫고 나가려고 애쓰

14) 그렇다고 문제가 다 해결된 것은 아니다. 로이스 레인의 난자는 인간 남성의 정자를 받아들일 것이라는 전제 아래 자연이 선물한 것이다. 정상적인 정자들이라면 제일 먼저 난자의 막을 뚫고 들어간 녀석을 제외하고는 모두 퇴출당하게 마련이다. 그러나 크립톤제 정자들은 인간 남성의 정자와는 기본체력이 다른 천하장사들이다. 슈퍼맨의 첫 번째 정자를 받아들이고 난자가 막을 두껍게 감싼다 해도 바로 조금 뒤에 도착한 정자들이 어마어마한 힘으로 막을 찢고 들어온다. 그렇게 들어오는 정자들의 수가 무려 2~3억 개. 이래서야 아무리 시험관에서 수정을 시키고자 한들 가능할 리가 없다. 난자는 흔적도 없이 가루가 될 테고 슈퍼맨의 지칠 줄 모르는 정자들만이 시험관을 뚫고 나가려 버둥댈 것이다.

고 있지만 결국 그 안에서 버둥거리고 있는 인물은 다름아닌 슈퍼맨이다. 지금까지의 과학적 논리에 입각한 슈퍼맨의 성생활상의 애로사항을 감안할 때 이 광고의 주장은 말도 안 된다. 그러나 이 광고는 오히려 황당무계하다 못해 어이가 없게 만들기 때문에 더욱 소비자들의 기억에 깊은 인상을 줄 수 있다. 광고 비주얼의 하단에 자리 잡은 카피 '여분의 힘이 더 보강된 콘돔, 남보다 더 공격적인 분을 위해'라는 구절마저 읽고 나면, 슈퍼맨의 점잖은 기존 이미지에 익숙한 이들은 이 노골적이고 장난기 가득한 소구 방식에 파안대소하지 않을 수 없으리라.

콘돔은 일면 고관여 제품 같으면서도 막상 저관여 제품이 되기 쉽다. 임신을 두려워하면서도 정작 어떤 콘돔을 써야 좋은지에 대해서는 그다지 고민하지 않는 경우가 많은 탓이다. 그래서 '××× 콘돔'은 자사 제품의 장점을 주절주절 늘어놓는 대신 임팩트 있는 비주얼로 단번에 기억되는 쪽을 택했다. 더욱이 사람들의 프라이버시와 관련된 민감한 제품임에도 불구하고 위트와 유머가 광고주의 과장된 주장을 어루만지고 있어서 소비자들의 거부감을 없애준다. 이 광고는 1997년 뉴욕 광고제에서 파이널리스트에 올랐다.

슈퍼 여성, 슈퍼 엄마 - 코카콜라 광고

인간의 초능력은 한이 없다!

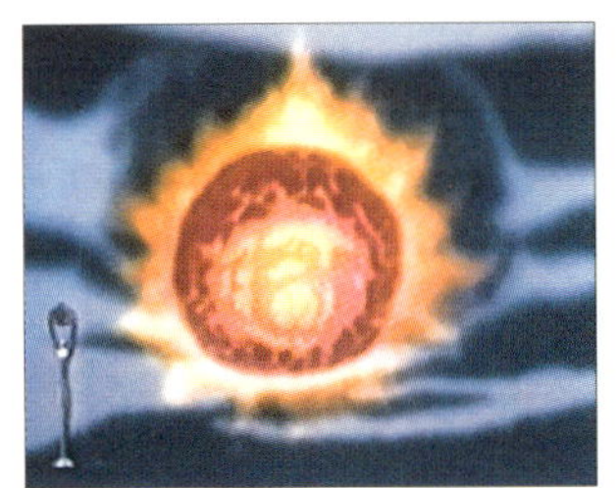  

　한때 일본에서 '펩시맨'이란 캐릭터를 만들어 일본 전역은 물론 우리 나라 시장에서까지 큰 화제를 불러 모은 적이 있다. 장기간 글로벌 광고 전략을 고수해온 펩시측으로서는 상당히 예외적인 사례에 속하는 펩시맨 캠페인은 약간 어벙하면서도 정의감에 불타는 펩시맨의 온갖 해프닝을 매개로 해서 소비자들이 전혀 거부감 없이 펩시라는 음료 브랜드에 감정 이입하도록 만들었다. 재미있는 것은 코카콜라에서도 이

와 마찬가지로 '슈퍼맘'이란 초인 캐릭터를 애니메이션 광고에 등장시
킨 적이 있다는 사실이다. 기존의 여성 초인 만화 캐릭터들의 모습을
적절히 뒤섞은 듯한 슈퍼맘은 문자 그대로 고된 가사노동에도 불구하
고 뭐든지 다해내는 열혈 엄마다.

　이 광고에서 슈퍼맘은 주방에서 일하던 중 갑자기 소행성이 지구와
충돌한다는 긴급 전화를 받는다. 순식간에 슈퍼맘 차림으로 변신한 그
녀는 슈퍼맨처럼 하늘로 날아가 충돌 직전의 소행성을 맞받아쳐 달에다
처박는다.(공교롭게도 도로 튕겨나간 소행성이 달에 부딪쳐 곤죽이 된다는 표현은
앞서 설명한 나이키의 소행성편과 똑같다.) 환호하는 기자들에게 둘러싸인 순
간, 그녀는 방금 전에 하려던 일을 불현듯 떠올린다. 그녀는 기자들과
대중의 환호에도 아랑곳없이 전광석화처럼 코카콜라를 사서는 집으로
돌아온다. 바로 그 순간 아이들이 들이닥치고 엄마는 애들이 보챌 시간
도 주지 않고 기다렸다는 듯이 콜라를 내밀어 갈증을 풀어준다. 지구의
위기도 구하고 가정에도 충실한 슈퍼맘, 정말 완벽한 슈퍼 엄마 아닌가!

　음료 브랜드처럼 소비자들의 관여도가 높지 않고 품질의 차별화가
쉽지 않은 제품은 특히 모델의 선택이 중요하다. 아무래도 목표 타깃이
가장 공감할 수 있는 역할모델의 선정이 그 광고에 대한 호감도와 직결
되기 때문이다. 그러나 모델의 선택은 생각만큼 만만치가 않다. 유명인
을 장기 캠페인 모델로 쓰게 되면 일정 주기마다 계속 계약을 갱신해야
하고 그때마다 모델료는 천정부지로 올라간다. 거기다 해당 모델이 스
캔들이라도 일으키면 브랜드 이미지 관리에 비상이 걸린다. 공든 탑이
무너지는 것은 바로 이러한 경우를 두고 하는 말일 것이다. 그래서 간
혹 이용되는 모델이 만화나 애니메이션 캐릭터다. 이러한 유형의 모델
은 속도 썩이지 않고 얼마든지 장기간 이용이 가능하다. 소비자에게 사
랑받는 한. 만화나 애니메이션 속의 슈퍼영웅이 등장하는 광고는 바로
그러한 광고 모델 전략에 입각한 전형적인 사례라 하겠다.

슈퍼영웅 스파이더맨의 명예로운 은퇴 - AGF 생명보험 광고

지구의 정의를 수호하는 이른바 슈퍼영웅들은 대개 한 가지 공통점이 있다. 즉, 그들은 대개 낯선 세상 출신(슈퍼맨이나 원더우먼처럼 외계의 행성이나 지구의 알려지지 않은 지역)이거나 일반 사람은 좀처럼 접할 수 없는 이색적인 체험을 함으로써 초인성을 얻게 되는 것이다. 이번 광고에서 소개할 스파이더맨도 예외는 아니다. 소심한 공부벌레라는 핀잔을 듣던 피터 파커는 과학 박람회에서 방사능에 오염된 거미에게 쏘여 강철근육과 엄청난 도약력, 그리고 거미처럼 벽에 달라붙을 수 있는 초능력을 거머쥐게 된다. 심약한 책벌레는 이제 뜻하지 않게 얻은 신비한 능력으로 도시의 악당들을 물리치는 전투에 앞장서게 된다.

그러나 아무리 초인이라도 영원한 현역(?)일 수는 없는 법. 세계 정의와 질서를 수호하기 위해 발 벗고 돌아다니는 사이 언제 생겨났는지 알 수 없는 흰 머리카락이 드문드문 삐져나오고 시도 때도 없이 장딴지에 쥐가 나기 시작하면 이제는 슈퍼영웅이고 뭐고 간에 남은 여생을 착실히 준비하지 않을 도리가 없다. 캡틴 마블을 보라. 자기 아들을 후계자로 양성해놓고 뒤로 물러나지 않았던가. AGF의 인쇄광고는 바로 그러한 시점의 한 초인을 묘사하고 있다.

광고 16-5 스파이더맨의 은퇴 후 삶을 포착한 AGF 생명보험 광고

결국에 가서는 누구나 은퇴하게 마련이다.

－AGF보험 : 은퇴 후에는 뭘 하실 겁니까?

드넓은 골프장, 한 인물이 골프채를 끌고 터벅터벅 걸어가고 있다. 타이거 우즈? 아니다. 박세리? 아니다. 김미현? 천만에! 알록달록한

유니폼을 입은 그 인물은 골프장과는 전혀 어울리지 않는 사나이, 바로 스파이더맨이다. 한 시대를 풍미하고 처녀들의 가슴을 설레게 하는 동시에 악당들의 가슴을 서늘하게 했던 스파이더맨. 하지만 그런 그에게도 언젠가는 명예로운 은퇴를 염두에 두지 않을 수 없는 때가 오게 마련이다. 자칫 새로 등장한 악당에게 덜미를 잡혀 거미 마스크가 찢겨나가 방송에 나오는 수모를 당하기 전에 유종지미를 거두어야 하지 않겠는가. 복면 레슬러에게 가장 수치스러운 일은 시합에 지는 것이 아니라 자신의 복면이 상대 선수에게 뜯겨져 나가는 것이듯 말이다.

중요한 것은 은퇴 시점만이 아니다. AGF의 로고 바로 밑에 붙은 슬로건 카피가 묻고 있듯이 남은 생을 어떻게 풍요롭게 사느냐 하는 인생 설계도 신경 써야 한다. 그러려면 어떻게 해야 하는가? 자연히 보험회사의 자문을 받을 필요가 생긴다. '스파이더맨 같은 초인 영웅도 하물며 그러하거늘 당신은 어떻게 하실 작정입니까?'라고 이 광고는 카피와 비주얼을 통해 반문하고 있다. 이 광고의 미덕은 단순히 유명한 초인 캐릭터를 끌어들이는 데서 그치지 않는다는 점이다. 언뜻 보아 전혀 상관이 없어 보이는 스파이더맨의 이미지와 보험회사의 속성을 독창적으로 하나로 묶어 시너지를 이뤄낸 것이다. 그 결과 유머가 듬뿍 흘러넘치면서 소비자의 기억에서 쉽게 사라지지 않는 광고 메시지가 탄생하게 되었다.

스파이더맨의 천적은 불량 피자? - 미스터 피자 광고

슈퍼맨의 진정한 천적은 악당 렉스 루더가 아니라 크립톤 운석이다. 스파이더맨의 천적에 대해서는 아직 알려진 바가 없었지만 미스터 피자가 이번에 그 천적을 전격 공개한다!

광고 16-6 스파이더맨은 피자도 골라 먹어야 한다! 미스터 피자 광고

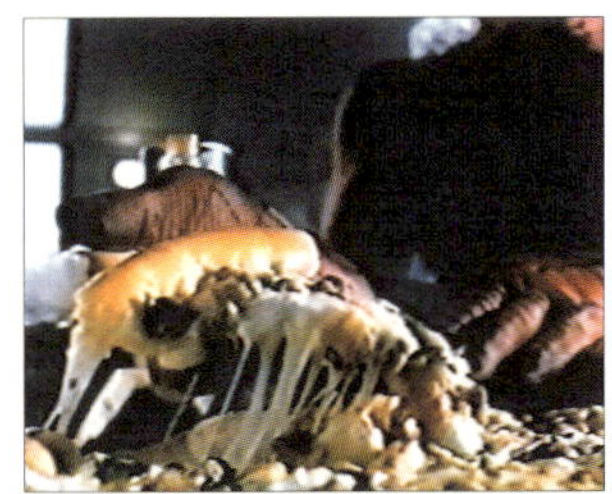

접착력 강한 거미줄을 개발하여 빌딩 숲을 타잔처럼 유유자적하며 날아다니는 스파이더맨, 그의 진정한 천적이 흉악한 음모를 꾸미는 악당들이 아니라 바로 싸구려 피자였을 줄이야! 기름이 줄줄 흐르는 삼류 피자를 먹는 바람에 손바닥이 미끌미끌해진 스파이더맨은 그 이름

이 무색해지는 창피를 당하고 만다. 빌딩을 기어오르기는커녕 제자리도 못 지키고 그대로 미끄러지고 만 것이다.

미스터 피자의 이 광고는 불필요하게 기름이 많은 느끼한 피자를 스파이더맨을 내세워 조롱하면서 자사 제품의 우월성을 소구한다. 이 광고는 제품의 특징을 가장 극대화해줄 수 있는 대변인으로 초인 영웅들 가운데서도 스파이더맨이란 적임자를 잘 골라냈다. 초인 영웅의 액션으로 끝나지 않고 광고의 존재 이유를 적확하게 보여주었다는 점에 점수를 주고 싶은, 기억에 남는 광고이다.

트레키의 라이프스타일을 광고에 담다! ─보더스 광고

이 광고는 SF라는 하위문화가 미국인들의 생활 속에 얼마나 깊숙이 스며들어 있는지를 보여주는 단적인 예라 하겠다. 1960년대 이래 TV 시리즈와 극장판 영화 시리즈로 계속 만들어지고 있는 「스타트렉」은 미국에서 아마 가장 널리, 그리고 오랫동안 인기를 끌고 있는 SF 상품일 것이다. 심지어는 트레키(Trekie)라는 광적인 팬들이 생겨나 코스프레라고 해서 「스타트렉」을 보러 극장에 올 때 영화 속 캐릭터들 의상을 손수 지어 입고 나타나는 열성을 보인다. 서적, 음반, 비디오 등을 판매하는 쇼핑몰 보더스(BORDERS) 광고의 주인공은 바로 그러한 트레키 중 한 명이다.

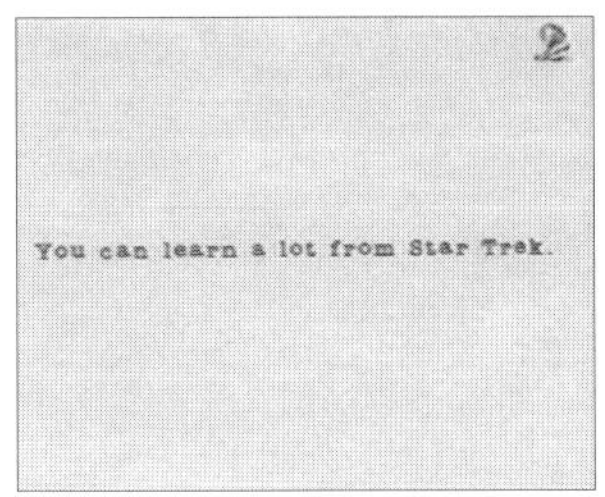

(도서실에서 누군가가 시끄럽게 핸드폰으로 통화하고 있다.)

('스타트렉 백과사전' 이란 책을 읽고 있던 한 사람이 그 시끄러운 사람의 목덜미 혈도를 지그시 누른다.)

(돌연 그 시끄럽던 사람은 혼절하며 의자에서 미끄러진다.)

자막 당신은 스타트렉에서 많은 것을 배울 수 있다.

스타트렉 백과사전

보더스 : 책, 음반, 비디오 그리고 카페

(주위에 있던 사람들이 잘했다며 박수를 친다.)

도대체 이게 무슨 뜻일까? 도서관에서 시끄럽게 전화를 받던 사람은

왜 정신을 잃은 것일까? 이것은 「스타트렉」을 유년기부터 보고 자란
미국 젊은이들이 아니고서는 선뜻 이해하기 어려울 것이다. 「스타트
렉」에서 가장 인기 있는 캐릭터들 중 하나가 스팍(Spork)이란 외계인이
다. 그는 지구인과 발칸별 종족 사이에서 태어난 혼혈인데, 인체의 급
소를 잠시 누르기만 해도 상대를 기절시켜 제압하는 특수한 능력을 갖
고 있다. 이 광고에 나오는 트레키는 '스타트렉 백과사전'의 한 대목에
서 그 방법을 읽고 그대로 실연해본 것이다. 이것은 광고가 사회문화의
반영이라는 것을 보여주는 전형적인 사례다. 아직 우리나라에서는 이
런 식의 광고까지는 시기상조이겠지만, SF가 대중문화 속에 파고드는
효과적인 수단이라는 통찰은 얻을 수 있을 것이다. 이 광고는 1998년
칸 국제광고제에서 상을 받았다.

만화광의 감수성을 그대로 반영한 '만화 주인공 찾기, 생각보다 어렵지 않아' 광고

　우리는 흔히 만화 오타쿠 하면 일본의 극성맞은 마니아들부터 떠올린
다. 하지만 미국에도 이에 못지않은 열혈 만화광들이 만만치 않게 있나
보다. 지금 소개하는 '만화 주인공 찾기, 생각보다 어렵지 않아(Heroes
Aren't Hard To Find)'란 희한한 이름의 서점이 존재할 수 있는 까닭도 다
그 덕분이니 말이다. 이 유별한 이름의 서점은 말 그대로 미국에서 발행
되는 온갖 만화책 및 그 관련상품을 파는 전문서점으로, 일찍이 1956년
9월 6일 노스캐롤라이나 주의 샬럿(Charlotte) 시 센트럴 애비뉴(Central
Avenue)에 문을 연 이래 오늘날까지 번창해왔다.[15] 미국처럼 땅덩이가
큰 나라에서 이러한 서점 하나가 전국에 흩어져 고립되어 있는 만화광
들에게 무슨 기여를 할 수 있을까 하고 의아해하시는 분이 있을지 모르
겠다. 그러나 이 서점의 서비스는 단순히 오프라인에서 책이나 관련상

15) 이 서점의 연락처는 704-375-7463이며, 이메일 주소는 shelton@heroesonline.com 이다.

품을 파는 데 그치지 않는다는 데서 광고의 필요성이 생겨난다.

미국은 일본 못지않게 만화책의 천국이다. 필자는 '만화 주인공 찾기, 생각보다 어렵지 않아'를 직접 방문해본 적은 없지만 뉴욕, 런던, 시드니, 도쿄 같은 대도시에 출장을 가게 되면 틈나는 대로 만화책과 캐릭터 상품, 애니메이션 비디오와 DVD 등을 한자리에 진열해놓고 파는 복합 매장을 들르곤 한다. 한 번은 작고 아담한 3층 빌딩 전체가 만화와 애니메이션 아이템만을 파는 매장인 곳에 들른 적이 있었는데, 그곳 3층은 도무지 서점인지 창고인지 분간이 가지 않는 특이한 공간이었다. 미국에서는 다양한 포맷과 내용의 만화책들이 수시로 쏟아져 나온다. 얇은 주간판이 주종을 이루지만 두툼한 스페셜판도 간간이 섞여 있다. 그런데 그 창고 같은 3층에는 종이 박스들이 1백여 개 남짓 놓여 있었는데, 그 박스 하나마다 십여 년 전부터 나온 특정 만화의 전회 분량이 빼곡히 들어 있는 게 아닌가. 그야말로 수집가들을 위한 컬렉션이 아닐 수 없다. 그 박스 안의 만화책들 옆구리에는 각 권마다 발간된 연월일이 적힌 3M 메모지가 붙여져 있었다. 왜 이런 컬렉션이 필요한 것일까?

만약 당신이 스파이더맨 만화책 수집광이라고 쳐보자. 그런데 당신도 인간인 이상 아무리 좋아하는 만화책이라도 1년 동안, 또는 몇 년 동안 매 주마다 발간 당일 서점 앞에 줄을 서서 사오는 성의를 단 한 번도 빼먹지 않는다는 보장은 없다. 그러나 낙심하지 말라. 필자가 방문했던 서점의 3층 창고는 바로 그러한 고객들을 위한 보금자리였으니 말이다. '만화 주인공 찾기, 생각보다 어렵지 않아'는 아예 수집광들에게 안타까운 아픔으로 남아 있는 자신의 컬렉션의 이빨 빠진 부분들을 온라인으로 주문받아 배송해주고 있다. 이제 당신은 10년 분량이든 50년 분량이든 슈퍼맨 전회분을 당신만의 소장품으로 구입할 수 있게 된 것이다.(이 서점의 이 같은 주문 서비스는 그 기본료가 20달러 선부터 시작한다.)

당신이 이 서점의 광고 기획을 의뢰받는다면 어떤 메시지를 구성하겠는가? 가장 우선순위로 두어야 할 지침은 무엇일까? 먼저 이에 대답하기 전에 이 광고를 기획하고 제작한 광고회사 이름을 눈여겨보자. 이 광고가 수록되어 있는 자료집에 따르면, 회사 이름이 뢰플러 케첨 마운트조이(Loeffler Ketchum Mountjoy)라고 한다. 왠지 회사 이름이라기보다는 사람 이름 세 개를 나열해놓은 것 같지 않은가. 하긴 서양 회사 명칭들은 사람 이름에서 따오는 경우가 많긴 하다.[16] 그럼 누구의 이름을 따온 것일까? 광고물의 제작을 총책임지고 있는 크리에이티브 디렉터 이름이 다름아닌 짐 마운트조이(Jim Mountjoy)라는 사실을 힌트로 삼으면, 이 회사의 규모와 성격을 (광고인의 경험을

되살려서) 미루어 짐작할 수 있다. 요즘에는 우리나라에서도 보기 흔한 현상이 되었지만, 서구에서는 능력 있고 이름 있는 광고인들 몇 명이 의기투합해 규모는 아담하지만 기획력과 크리에이티브가 돋보이는 유니크한 광고회사를 세우는 일이 부지기수다. 오길비 앤 매더, 사치 앤 사치, BBDO, DDB Needham, 레오 버넷 등과 같은 굴지의 다국적 광고회사들도 처음에는 회사명에서 보듯 창업자들의 이름을 걸고 아담한 규모로 시작했었다. 그러나 뢰플러 케첨 마운트조이라는 회사는 아직 연륜이 짧은 회사라는 것을 알 수 있다. 그것은 앞서 언급했듯이 상호의 일부로 들어가 있는 크리에이티브 디렉터가 아직 현역으로 왕성

16) 이 영향을 받아서인지 요즘에는 우리나라 광고계에서도 몇몇 재능 있는 인사들이 모여 세운 아담한 규모의 광고회사들(주로 크리에이티브 부티크)의 경우 회사 이름을 창립자 이름의 이니셜에서 따오는 사례가 적지 않다.

하게 활동하고 있기 때문이다. 데이비드 오길비(David Ogilvy), 빌 번벅(Bill Bernbach) 그리고 레오 버넷(Leo Burnett)처럼 오늘날의 다국적 광고 회사들을 창업한 광고의 대가들은 대다수 이미 고인이 되어 있다. 이로 미루어보건대 뢰플러 케첨 마운트조이는 광고기획자(Account Executive)와 크리에이티브 디렉터 몇 명이 주도가 되어 차린 미니 광고회사일 확률이 높다. 실제로 국제적인 광고 저널 〈애드 에이지*Ad Age*〉에 등록되어 있는 이 회사의 색인을 찾아보면 노스캐롤라이나 주의 샬럿 시에 소재한, 연간 매출 약 400억 원 정도의 아담한 광고회사임을 확인할 수 있다.

갑자기 왜 이런 이야기를 하는지 의아해하시는 분들을 위해 잠시 부연 설명하면, 규모가 작은 회사일수록 창의성을 제약받지 않고 만개할 가능성이 높다는 광고계의 진리를 이 광고물들을 빌려 다시 한 번 언급해두고 싶어서이다. 광고주 입장에서는 대형 광고회사를 이용하면 무작정 좋을 것 같지만 막상 그렇지도 않다. 업종을 불문하고 회사 덩치가 커지면 특정 사안에 조직적이고 체계적인 대응을 하기 좋은 반면에, 업무 프로세스가 경직되거나 조직 안의 커뮤니케이션이 동맥경화증에 걸려 창의적이고 혁신적인 아이디어가 수용되기 쉽지 않은 면이 있다. 작지만 재기발랄한 광고회사는 그와 정반대이다. 종합적인 커뮤니케이션 플랜을 기획하고 집행하는 데는 기량이 달리지만 상대적으로 작은 프로젝트에서는 이런저런 제약을 받지 않고 마음껏 아이디어를 펼칠 수 있다. 더구나 외국에는 광고 매체만 전문적으로 구매해주는 매체대행회사가 있어 우리나라처럼 굳이 매체 물량 확보 때문에 큰 광고회사에 울며 겨자 먹기로 찾아갈 필요도 없다. 잠깐, 오해해서는 안 될 점하나. 회사 몸집만 작다고 무조건 좋다는 뜻은 아니다. 열 명이 모이든 두 명이 모이든 뛰어난 인재가 모여야 한다는 전제는 만고의 진리니까. 아이러니한 사실은 이처럼 작은 회사를 세우는 인재들 중에는 원래 대형 광고회사에서 일하다 갑갑해서 뛰쳐나온 친구들이 적지 않다는 점이다.

각설하고 〔광고 16-8〕을 들여다보자. 조금 전에 필자는 이 광고를 만들면서 무엇에 가장 우선순위를 두겠느냐고 물어본 바 있다. 사람을 설득하는 광고 커뮤니케이션에서 답은 얼마든지 다양하게 나올 수 있겠지만, 필자는 단연코 '소비자와의 눈높이'를 꼽고 싶다. 아무리 좋은 제품이라도, 아무리 좋은 평가를 받는 브랜드라도 그러한 주장을 직설적으로 하면 대부분의 소비자들은 따분해하거나 외면해버리기 일쑤다. 상업용 메시지인 광고가 소비자의 심리적 진입장벽을 훌쩍 뛰어넘어 효력을 발휘하려면 그 광고가 타깃으로 삼고 있는 소비자층의 마음을 꿰뚫어 그들의 입장에서 말해야 한다. 이 만화 전문서점의 광고가 그러한 예이다. 이 광고 캠페인은 어느 광고물이건 다음과 같은 헤드라인 카피를 공통으로 달고 있다.

만화에 대해 우리보다 잘 알고 있는 녀석 있으면 나와보라고 해.

이 카피만 놓고 보면 그저 그렇게 보인다. 니들이 얼마나 잘났길래? 그런데 카피와 함께 레이아웃된 비주얼을 보고 있으면 이게 장난이 아니다. 만화를 사랑하는 이들은 〔광고 16-8〕을 보자마자 이것이 바로 슈퍼맨에 대한 패러디라는 것을 눈치채게 된다. "대체 이게 사람이야, 괴물이야?"라고 반문한다면 당신은 이 서점의 손님이 될 자격이 없다. 슈퍼맨은 자신의 엑스레이 눈으로 뭐든지 투시할 수 있을 뿐만 아니라 때로는 레이저 광선 같은 것을 뿜어내기도 한다. 물론 극히 위기의 순간에만 이 필살기를 써먹는다. 하지만 이 광고에 나오는 등장인물은 대체 무슨 짓을 하고 있는가? 그 귀중한 필살기를 고작 휴게실에서 담뱃불 붙이는 데 쓰고 있지 않은가. 하긴 누가 알겠는가. 슈퍼맨도 생일 케

인간의 초능력은 한이 없다!

플라스틱맨이 주인공으로 등장한 만화의 표지.

이크에 불붙이는 데 레이저 눈을 써먹을지.(참고로 슈퍼맨은 담배를 피우지 않으니 성냥이나 라이터를 갖고 다닐 리 없다. 본인 말로는 하늘을 나는데 심폐기능에 악영향을 주기 때문이라나.) 2001년경 우리나라에서 장안의 화제가 된 플래시 애니메이션 캐릭터 졸라맨(그 또한 ~맨이시다!)이 파파이스 TV광고에 출연한 적이 있다. 당시 졸라맨은 그 고유의 의상과 쇼맨십으로 청소년들을 즐겁게 해주었지만, 나이 든 어른들 상당수는 졸라맨이 누구인가는 고사하고 그 캐릭터 특유의 언행조차 이해하지 못해 곤혹스러워 했다는 후문이다. 동서양을 막론하고 만화와 애니메이션 캐릭터에 대한 감수성은 이처럼 세대간에 큰 차이를 보이게 마련인가 보다.

이 광고 캠페인은 또 다른 시리즈 광고가 한 편 더 있는데 이 또한 걸작(?)이다. 그 광고의 카피와 전반적인 레이아웃은 '슈퍼맨'편과 똑같다. 다만 이번 비주얼에서는 비디오/DVD 판매점의 점원이 멀리 있는 컵을 가지러 가기 귀찮으니까 왼쪽으로 팔만 쭉 뻗는 모습을 담았다. 황당한 것은 그 다음이다. 그랬더니 팔이 거기까지 쑤욱 하고 하염없이 늘어나는 것이 아닌가. 이번의 패러디 상대는 한국 독자들에게는 낯설지만 미국에서는 아주 익숙하고 오래된 만화 영웅 플라스틱맨이다.(비록 여기에는 두 번째 광고의 비주얼을 싣지 못했지만 위의 플라스틱맨이 담긴 일러스트레이션을 보면 어느 정도 짐작이 갈 것이다.)

플라스틱맨이 처음 만화에 등장한 시기는 1941년 8월로 〈경찰 코믹스Police Comics #1〉를 통해 데뷔했다. 애초에는 다른 영웅들과 함께 조연으로 나왔지만 그해에 〈경찰 코믹스〉의 스타급 캐릭터로 급부상했으며, 1943년 여름에는 자신이 단독 주인공으로 나오는 만화책을 갖게 되었다. 플라스틱맨은 원래 엘 오브라이언(Eel O'Brian)이란 고아 출신의 악당으로, 중요한 화학약품을 훔치다가 경비원의 총에 맞고 강산이 든 약통을 뒤집어쓰게 된다. 심한 화상을 입고 도망친 그는 자신을 헌신적으로 치료해준 한 수도사에게 감화를 받아 새사람이 되기로 결심

한다. 동시에 그는 화학물질의 후유증으로 인해 어떤 형태로든 변할 수 있는 아주 신축성 강한 체질로 변해버렸음을 알게 된다. 이후 그는 자신의 특이체질을 이용하여 악당을 퇴치하는 데 앞장서며 제2차 세계대전 중에는 FBI 요원으로 활동하기에 이른다.

잭 콜(Jack Cole)이란 만화가가 창조해낸 플라스틱맨에 대한 사전정보가 없는 사람은 이 광고를 보고 그저 해괴하다고만 느끼기 쉽다. 그러나 만화를 사랑하는, 그것도 플라스틱맨을 위시한 슈퍼영웅들이 불의를 바로잡는 만화에 열광하는 팬이라면 이 광고를 보고 한눈에 그 서점이 바로 자기 같은 독자를 위한 장소임을 간파할 수 있을 것이다. 즉, 이 광고는 서점 '만화 주인공 찾기, 생각보다 어렵지 않아'야말로 만화 주인공 플라스틱맨처럼 생각하고 살아가고픈 충동을 느끼는 독자들을 위한 곳임을 단 한 컷의 사진으로 다 말해주고 있다. 거기에 붙은 헤드라인 카피는 솔직히 말해 사족에 불과하다. 사진 한 장과 거기에 박힌 서점의 상호만으로 그 광고는 목표 타깃을 향해 할말을 다한 것이다. 졸라맨 광고가 청소년에게 미쳤던 영향과 마찬가지로, 이렇게 특정 타깃만을 의식한 광고는 소외된 타깃에게는 냉소를 얻을지 몰라도 구매와 직결되는 타깃에게는 큰 호응과 만족감을 안겨주므로 무차별 타깃이 아니라 단골 고객을 목표로 삼는 제품과 브랜드의 경우에는 한번 고려해볼 만하다.

결론적으로 이 광고 캠페인에는 만화를 좋아하는 독자라면 피식 웃음을 자아낼 만한 위트가 담겨 있다. 절판된 만화책들을 일일이 채워넣으려는 만화 소비자들 그리고 그들을 위한 서점 그리고 그 양자를 연결시켜주는 광고가 존재하는 세상……. 부럽다. 실로 부럽다. 필자가 만화를 좋아해서가 아니다. 다원적인 취향과 기호가 꽃필 수 있는 풍요로운 문화가 부러운 것이다.

광고주 입장에서는 이 광고 캠페인이 별로 많은 제작비를 들이지 않고서도 목표 타깃의 강렬한 이목을 끄는 임팩트를 갖추고 있다는 데 주목할 필요가 있다. 이 서점은 삼성전자나 SK텔레콤처럼 4대 매체에 많은 광고비를 투입할 여력이 되지 못할 것이다. 하지만 목표 타깃이 자주 볼 만한 잡지에다 저렴한 제작비로 만든 광고물을 게재하는 것만으로도 이 광고는 소기의 성과를 거둘 확률이 높다. 그 이유는 이 광고물이 무차별 타깃이 아니라 특정 마니아층이란 한정된 목표 고객을 소구 대상으로 삼고 있으므로 매체비가 비싸지 않은 틈새 광고 매체만 잘 찾아내도 일정한 커뮤니케이션 효과를 얻을 수 있기 때문이다. 단, 여기에는 그 광고가 얼마나 크리에이티브 한가',라는 본질적인 변수가 그 효과의 강도를 크게 좌우할 것이다. 좋은 광고는 돈이 만드는 것이 아니라 머리가 만든다.

영웅은 만화 주인공들만이 아니다! ─ 헌혈 캠페인 광고

왜 사이비 상표라는 게 있지 않은가. 이 광고 캠페인에도 이른바 사이비 슈퍼영웅들이 출연한다. 어찌 보면 슈퍼맨 같고 원더우먼 같은데 꼼꼼히 뜯어보면 꼭 그렇단 증거가 없다. 하지만 어떤 인물을 연상시키고자 하는지는 더 이상 설명을 덧붙이지 않아도 알 만하다. 브라질에서 가장 번화한 도시 상파울루의 광고회사 DPZ 프로파간다(DPZ Propaganda)

가 이 광고물에 진짜 슈퍼맨과 원더우먼 캐릭터를 사용하지 못한 까닭은 아마도 초상권료가 만만치 않았기 때문이리라. 곧 밝히겠지만 이 경우에는 광고주가 그리 재정이 넉넉하지 못한 공익기관이었던 탓이 크다. 아무튼 그 결과 이 광고 캠페인을 보는 소비자에게 애초의 커뮤니케이션 의도대로 전달하는 데 아무런 장애가 없도록 아리송한 사이비 캐릭터들이 탄생했다.

이 광고 캠페인의 비주얼들을 보자. 슈퍼맨의 동생쯤 되어 보이는 친구가 슈퍼맨한테서 빌려온 듯한 망토를 걸치고 하늘을 날고 있다. 다른 비주얼에서는 원더우먼의 친척 언니뻘쯤 됨직한 슈퍼 여성이 열차를 붙들어 세운다. 한편 플래시맨을 엉성하게 베낀 의상을 입은 근육질 사내가 땅을 박차고 나가는 비주얼도 있다. 만화책 출시나 애니메이션 개봉을 알리는 광고일까? 물론 그랬다면 필자가 굳이 아까운 지면을 내서 여기에 소개할 이유가 없을 것이다. 이 광고의 초인 영웅들은 엉뚱하게도 한 공익기관의 헌혈 캠페인을 위해 등장했다. 슈퍼맨과 원더우먼 그리고 플래시맨의 사돈의 팔촌이 난데없이 헌혈 캠페인에 나선 동기는 무엇일까? 해답은 헤드라인 카피에 응축되어 있다.

슈퍼맨 편 : 인명을 구하는 이는 꼭 슈퍼영웅들뿐만이 아닙니다. 헌혈하세요.

원더우먼 편 : 인명을 구하는데 꼭 (이 여자처럼) 초능력이 있어야 할 필요는 없습니다. 헌혈하세요.

플래시맨 편 : 인명을 구하는 이가 꼭 슈퍼영웅이어야만 한다고 아직도 생각합니까? 헌혈하세요.

우리는 흔히 공익광고 캠페인하면 엄숙하고 진지해야 하며, 좀더 욕심을 낸다면 시청자의 눈가에 이슬이 맺힐 정도로 감동적이어야 하지 않을까 하는 선입관을 갖기 쉽다. 하지만 이 광고는 그런 인식과는 180도 다르게 접근한다. 왜 이런 관점에서 크리에이티브를 전개했을까? 필자가 보기에는 이렇다. 어느 나라에서나 헌혈은 혈액을 조달하는 중요한 방법이지만 대부분의 사람들은 헌혈하기 위해 병원이나 거리의 구급차까지 찾아가는 수고를 부담스러워하게 마련이다. 그런데 이러한 사람들에게 진지하다 못해 부담을 주는 광고로 밀어붙이면 더욱 발길이 무거워지지 않을까? 차라리 광고 자체가 즐겁고 부담이 없어서 지나는 길에 흔쾌히 헌혈기관에 들리도록 유도할 수는 없을까? 아마 이런 의도가 아니었을까 싶다. 어떤 주제이든 간에 크리에이티브로 풀어 갈 수 있는 유형이 한 가지일 턱이 없다. 이 광고 캠페인을 보고 있으면 '급할수록 돌아가라'는 속담이 생각난다. 바로 직설적으로 풀지 않고 한 번 더 생각을 우려낸 솜씨가 이 광고의 묘미를 더욱 살려준다.

BF 굿리치 타이어

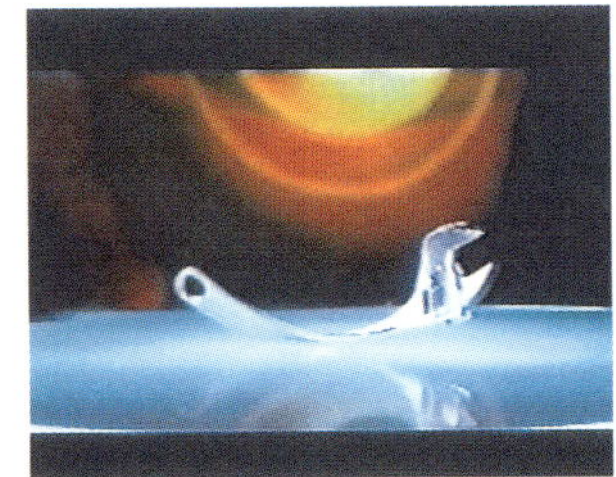

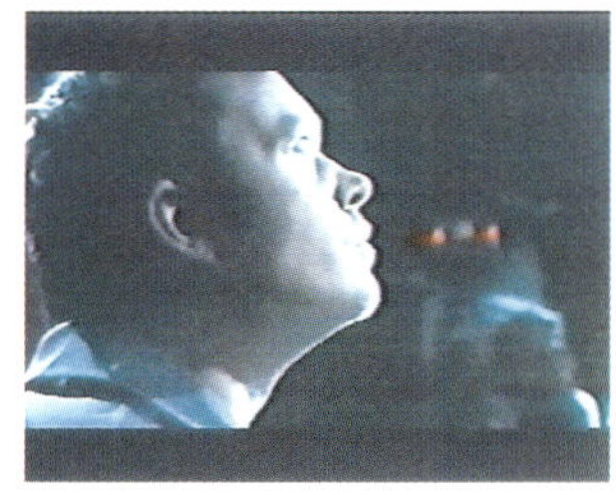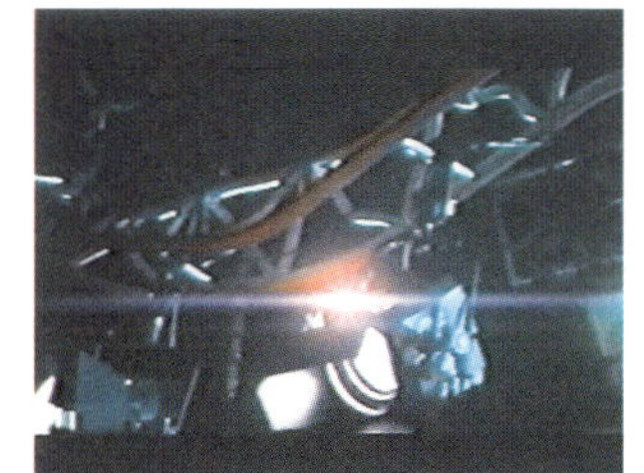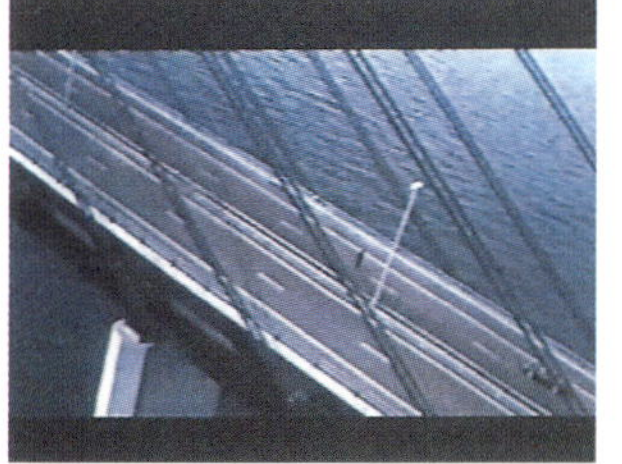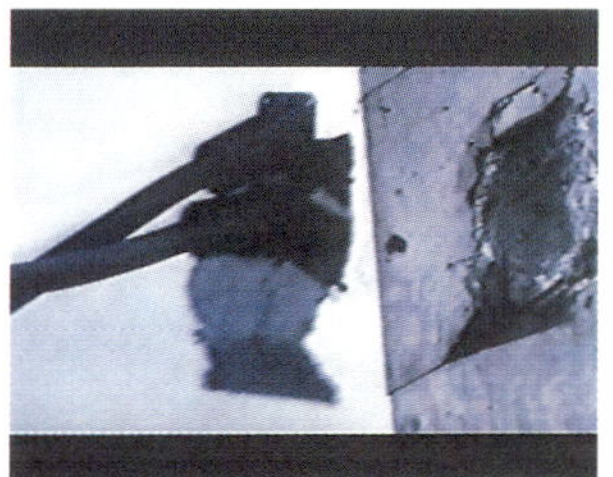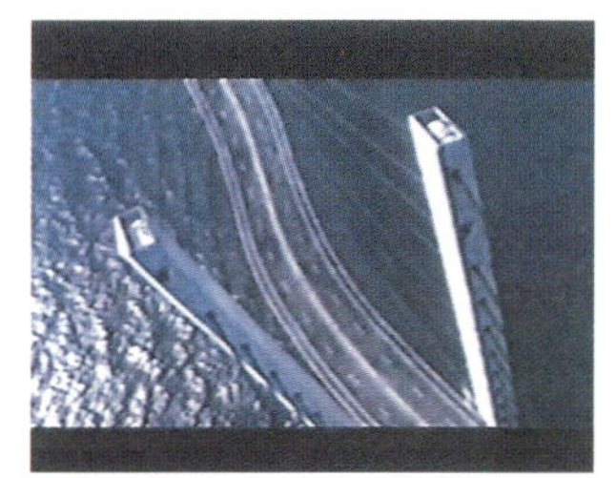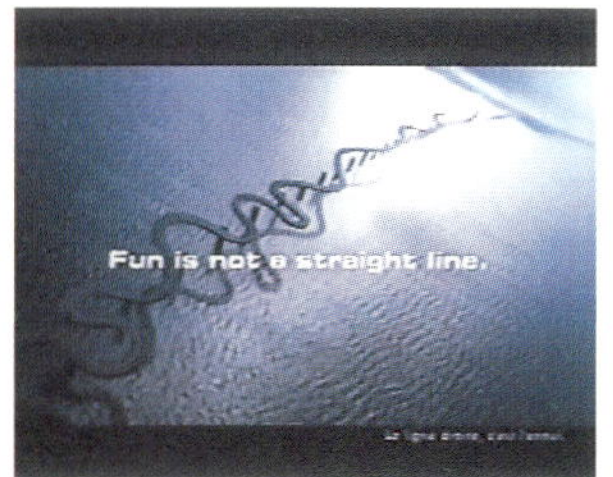

인간의 초능력은 한이 없다!

아마 지금쯤은 독자분들도 만화 영웅들의 광고 모델계 진출 상황을 어느 정도 감 잡았으리라 본다. 이번에는 이 장에서 유일무이하게 만화 캐릭터가 아닌 실제 ESP 능력자의 이야기를 소재로 삼은 광고를 살펴보기로 하자. 한때 우리나라를 방문할 정도로 유명했던 초능력자로 유리 겔러라는 유대인이 있었다. 그는 마음의 힘으로 자기 눈앞의 숟가락을 구부러뜨리는 것은 물론이거니와 그 광경을 TV로 지켜보던 시청자들 중 잠재능력이 뛰어난 사람들을 자극하여 스스로 시계 침을 움직이게 하거나 숟가락을 구부리게 하는 영향력을 발휘하여 화제를 불러일으켰다. 그러나 유리 겔러가 실제 염동력(사이코키네시스)을 갖고 있건 아니면 혹자의 주장처럼 사기를 친 것이건 간에, 아직까지 공개된 장소에서 초능력자가 마음의 힘으로 사물을 움직이는 수준은 고작해야 숟가락을 구부리는 정도를 벗어나지 못하고 있다. 그런데 이 자리를 빌려 소개할 BF 굿리치(BF Goodrich) 타이어 광고는 염동력을 발휘하는 초능력자의 최대치를 보여준다.

한 초능력자가 공개 방송 스튜디오에서 자신의 능력을 보여준다. 그는 손가락 하나 대지 않은 채 오로지 정신 집중만으로 몽키 스패너부터 시작하여 주변의 사물을 이리저리 구부러뜨리고 비틀어대더니 심지어는 스튜디오의 조명장비를 떠받치는 철골조 자체를 휘게 만든다. 어안이 벙벙한 사회자와 방송 스태프를 뒤에 남겨두고 유유히 차를 타고 떠나는 주인공. 그러나 지금까지 보여준 능력은 그저 맛보기에 불과하다. 그는 샌프란시스코 금문교만큼 긴 다리를 질주하다가 갑자기 차에서 내린다. 인적이라고는 찾아볼 수 없는, 바다 위로 끝없이 이어진 다리를 바라보며 그는 얼굴에 힘을 준다. 즉, 정신력을 쓰고 있다는 얘기다. 그가 인상을 쓰기 무섭게 다리의 교각과 교량이 흔들린다. 그는 더욱 파워를 높여 정신력을 발산하고 드디어 교각에 붙어 있던 철근들이 뜯어져 나가기 시작한다. 잠시 후 바다 위로 끝없이 이어져 있던 직선의 고속도로가 촘촘한 간격으로 굽이치는 물결처럼 좌우로 휘어져 버린다. 그가 귀중한 사회간접자본을 이처럼 무자비하게 유린한 까닭은 무엇일까? 지금까지는 분위기 조성을 위한 복선이었다면 정작 하려는 이야기는 무엇일까?

이쯤에서 벌써 알아차리는 분이 있을지 모르겠다. 이 광고는 BF 굿리치 타이어의 제동력을 강조하기 위해 이처럼 황당한 서두를 준비했다. 주인공은 다시 차에 오르더니 지그재그로 휘어진 다리 위 고속도로를 경쾌하게 달리면서 마음껏 코너링을 만끽한다. 이처럼 엄청난 능력을 고작 스릴 넘치는 운전과 코너링을 위해 쏟아붓다니, 이쯤 되면 이 친구도 '만화 주인공 찾기, 생각보다 어렵지 않아' 광고 속에서 엑스레이 눈으로 담뱃불을 붙이는 한심한 녀석에 결코 뒤지지 않는다.

직선으로 달려서는 재미가 없다.

이 광고의 컨셉은 타이어의 기막힌 제동력이다. 그 덕분에 그의 자동차는 급커브에서도 무리 없이 빠른 속도로 질주할 수 있었다. 이 광고는 코너링에 우수한 타이어라는 사실을 부각하기 위해서 그냥 구불구불한 산악 지형을 자동차가 달리는 상황을 담을 수도 있었을 것이다. 그러나 이 광고의 크리에이터는 단도직입적으로 제품 이야기를 하기 전에 소비자들이 즐거이 그 이야기를 들을 수 있는 정서적 환경을 조성하고 싶어했다. 이러한 광고를 만들자면 특수효과비가 많이 들어간다. 따라서 여느 광고주나 선뜻 나서기는 쉽지 않은 프로젝트다. 하지만 아이디어만 충분히 창의적이라면 그 임팩트는 그 투입비용을 상회하고도 남는다. 누누이 말하지만 중요한 것은 제작비가 많이 들어가는 광고가 능사가 아니라는 사실이다. 블록버스터 광고로서의 투자가 필요하다면 광고주를 적극적으로 설득해야 할 필요가 있다. 하지만 그러한 선택을 하기 전까지 광고 크리에이터는 해당 제품과 브랜드를 알릴 수 있는 최선의 방법들을 다각도로 검토해야 한다. 블록버스터 광고 기획은 그러한 고민의 종착점이 되어야지 출발점이 되어서는 곤란하다.

17

투명인간일수록 그 속내가 빤히 들여다보인다?
–투명인간이 등장하는 광고들

옛날 옛적 한 사내가 우연히 도깨비감투를 얻게 되었다. 그 감투는 원래 도깨비들이 자신의 모습을 감추는 데 쓰는 모자로, 일단 썼다 하면 어느 누구의 눈에도 보이지 않게 된다. 감투의 비밀을 알게 된 사내는 감투를 쓰고 시장에 가서 도둑질하는 데 재미를 붙이게 되었다. 그러던 어느 날 지나가던 사람의 담뱃불 때문에 감투에 조그만 구멍이 생겼다. 그의 아내가 빨간 헝겊을 받쳐 기워주긴 했지만, 더 이상 완벽한 투명인간이 되지 못하고 빨간 헝겊으로 기운 부분만 허공에 떠다니는 꼴이 되었다. 결국 그는 도둑질하던 중에 사람들에게 붙잡혀 죄상이 백일하에 드러나게 된다.

도깨비감투를 소재로 한 국내 창작 애니메이션의 포스터.

이것은 우리나라의 민간에서 전해 내려오는 설화의 한 토막이다.[1] 하지만 이 설화를 모르더라도 왠지 낯익은 느낌이 들지 않는가? 그렇다. 21세기를 살아가는 우리에게 '해리 포터'와 '반지의 제왕' 같은 문학적 영화적 컨텐트는 이러한 전승설화를 다시 재구성해서 보여준 데 지나지 않은 것이다. 도깨비감투는 유

1970년대에 인기를 끈 신문수의 만화 『도깨비감투』.

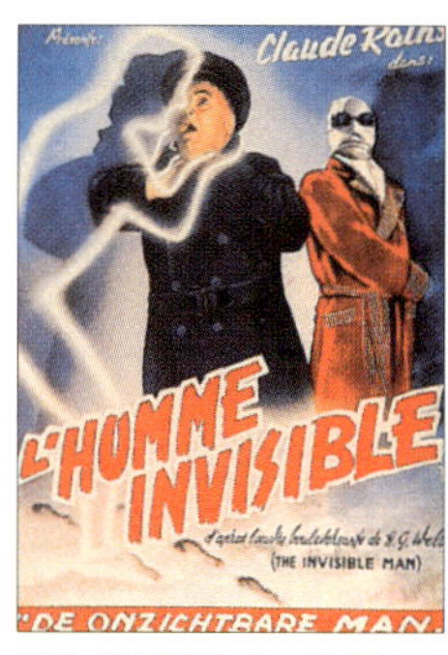
영화 「투명인간」의 프랑스판 포스터.

1) 이 설화는 문학에서는 김내성의 『도깨비감투』, 만화에서는 1970년대에 신문수가 소년 잡지에 연재한 『도깨비감투』에서 현대적으로 각색된 바 있다. 신문수의 만화 『도깨비감투』는 최근 단행본으로 다시 출간되었다.

2) 한국사전연구사, 『국어국문학자료사전』(http://lovehope.sshel.com/gojeon/gojeon/seol-hwa/do-kkae-bi.htm).

3) John Clute & Peter Nicholls, *The Encyclopedia of Science Fiction*, Orbit, London, 1999, p.625.

4) 투명인간을 다룬 최초의 문학작품은 제임스 돌턴(James Dalton)의 『투명한 신사*The Invisible Gentleman*』(1833)이다.

럽의 요술모자 이야기나 아라비안나이트에서 보듯이 우리나라뿐만 아니라 전 세계적으로 널리 찾아볼 수 있는 보편적인 설화 유형이다.[2] 사실 누구나 한 번쯤은 자신이 다른 사람들 눈에 보이지 않는 능력을 지녔다면 얼마나 좋을까 하고 상상해본 적이 있을 것이다. 도깨비감투는 물리적 환경의 한계를 벗어나 실제 현실에서 채우기 어려운 욕망을 대리 보상받고자 하는 인간의 바람에서 빚어진 상상력의 산물이다. 이러한 능력만 있으면 전사에게는 1백만 대군도 두렵지 않을 것이고 첩보원 노릇도 기가 막히게 해낼 수 있다. 또 마음만 먹으면 시험문제를 출제 중인 선생님 어깨 너머로 다가가 미리 엿볼 수도 있잖은가.

이렇듯 몸이 투명해져서 사람들 눈에 보이지 않을 수 있는 능력은 그 쓰임새가 다양할 뿐만 아니라 의도한 바에 따라 엄청난 여파를 미칠 수 있다. 따라서 특수한 능력을 지닌 사람을 소재로 한 이야기들이 으레 그렇듯이, 투명인간을 다룬 컨텐트 또한 교훈적인 우화의 형식을 띠는 경향이 있다. 그래서 위의 설화에서 보듯이 투명인간이 되는 능력을 갖게 된 사람은 그 전지전능한 육체적 능력 때문에 오히려 정신적, 도덕적으로 타락의 길을 걷게 되기 십상이다. 뭐든지 마음대로 할 수 있는 상황에서 욕구를 자율적으로 조절한다는 것은 인간으로서 쉬운 일이 아니다.

이러한 관점은 투명인간을 소재로 한 초기 과학소설과 SF영화들에서도 별로 다르지 않다.[3] 웰스의 장편소설 『투명인간*The Invisible Man*』(1897)은 몸이 투명해지는 약을 발명한 과학자가 그 약의 무한한 가능성을 실험해보다가 욕망의 노예가 되는 과정을 깊이 있게 그리고 있다. 온몸을 붕대로 감싼 채 눈에 검은 고글을 쓴 투명인간의 전형적인 이미지는 웰스의 소설을 원작으로 한 동명영화(1933년) 이래 널리 대중화되었다.[4] 단지 웰스의 작품뿐만 아니라 SF 컨텐트에 등장하는 투명인간들은 대개 악의 편에 선다. 지금까지 미국에서 「투명인간」이란 제목으로 제작된 세 가지 TV 시리즈를 보면, 한결같이 투명인간이 된 범죄자

와 이를 쫓는 비밀요원이란 기본 도식으로 이
야기를 풀어나간다. 이는 인간의 무제한적인
욕망을 스스로 제어하지 못한다면 아무리 특
출한 능력을 갖고 있어도 불행을 자초할 뿐이
라는 교훈을 전달하고자 하는 의도이리라. 다
른 한편으로 투명인간이란 소재는 시지각 효
과를 강점으로 삼는 영화 매체에 적합했던 탓
에, 유사한 제목을 한 아류영화들이 다수 제작
되었는데, 그 중에는 「투명 소년The Invisible
Boy」(1957), 「투명 여인The Invisible Woman」
(1940) 같은 작품까지 끼어 있었다.

◀영화 속에서 묘사된, 붕대와
고글로 감싼 투명인간의 전형적
인 이미지.

▼ 영화 「투명인간」의 한 장면.

역사적으로 보건대 투명인간이란 소재는 초
자연적인 판타지와 과학소설의 경계를 넘나들
어 왔다. 비과학의 세계에서는 해리 포터처럼
망토를 뒤집어쓰거나 프로도처럼 절대 반지를
손가락에 끼는 것만으로, 그리고 도깨비감투
를 쓰는 것만으로 그러한 효과를 낸다. 이에
반해 SF의 세계에서는 투명인간이 되려면 약
물이나 기계장치 같은 과학적인 수단과 결합
되어야 한다. 하지만 과학적으로 투명인간이
되는 것이 실제로 가능할까? 이치상으로 보아

투명인간을 소재로 한 아류작 가운데 하나인 「투명 여인」.

쉽지 않을 것 같다. 설사 요행히도 몸을 투명하게 만드는 약물이나 방
사선이 개발되었다 치자. 그러나 이러한 수단을 인간에게 실험한다면,
인간은 남들 눈에 띄지 않게 되는 대신 자기 역시 세상을 볼 수 없는 장
님이 되고 만다. 홍채와 시신경이 투명하다면 빛을 감각할 수 없고, 설
사 빛이 안구 안으로 들어온다 해도 상을 맺는 망막이 투명해서는 제

투명인간일수록 그 속내가 빤히 들여다보인다?

▲투명인간의 2000년 버전 「할로우맨Hollowman」. 과연 그는 투명한 홍채와 망막으로 상대를 볼 수 있을까?

해리 포터의 투명 망토.

기능을 발휘할 수가 없다. 그 빛은 그대로 망막을 통과해버리고 아무런 잔상을 남기지 않을 것이다. 물고기 가운데 몸이 투명한 종이 있긴 하지만 그러한 종조차 눈만은 검은 것도 다 이런 때문이다. 이래서야 첩보원이나 시험 문제 커닝은 고사하고 지팡이부터 찾아야 할 것이 아닌가. 허공을 껑충껑충 뛰어다니는 지팡이의 실체를 알게 된다면 사람들은 더 이상 투명인간을 부러워하지 않게 되리라.

지금까지 필자는 투명인간을 다룬 작품들은 대개 남다른 능력이 무절제한 욕망을 부추기는 바람에 자기 파멸의 구렁텅이에 빠지고 만다는 공식에 입각한 것들이 많다고 지적한 바 있다. 그렇다면 광고에서는 이러한 능력을 어떠한 관점에서 바라볼까? 지금부터 소개하는 2편의 TV광고가 그에 대한 답이 될 것이다. 이 광고들은 투명인간 자체에 대한 가치판단을 유보하는 대신 그러한 능력을 빌려 인간의 고유한(그리고 내밀한) 욕망을 더더욱 극대화해서 보여준다는 점에서 주목할 만하다.

투명인간 노릇도 눈 나쁘면 못해 먹는다?—아이시티 광고

투명인간이 된다면 남들 눈에 띄지 않고 얼마든지 자기 식대로 살아갈 수가 있다. 상대편 선수가 페널티킥을 차기 직전에 엉뚱한 방향으로 차버리는가 하면 기자회견장에서 평소에 마음에 들지 않던 정치인의 귓불을 잡아당길 수도 있다. 하지만 이러한 능력이 있다면 혈기왕성한 젊은 남성들은 경우에 따라 엉뚱한 데로 신경을 기울일지도 모른다. 이번에 소개할 TV광고에는 면도를 하는지조차 의심스러울 정도로 덥수

룩한데다 호주머니 사정도 신통치 않아 보이는 젊은 녀석들이 등장한
다. 자질구레한 잡동사니들이 이리저리 뒹구는 지하창고 같은 곳을 아
지트로 삼은 그들은 도색잡지나 보면서 빈둥대는데 별안간 투명인간
이 되는 약이 손에 들어온다. 과연 이들은 무슨 일부터 벌일까?

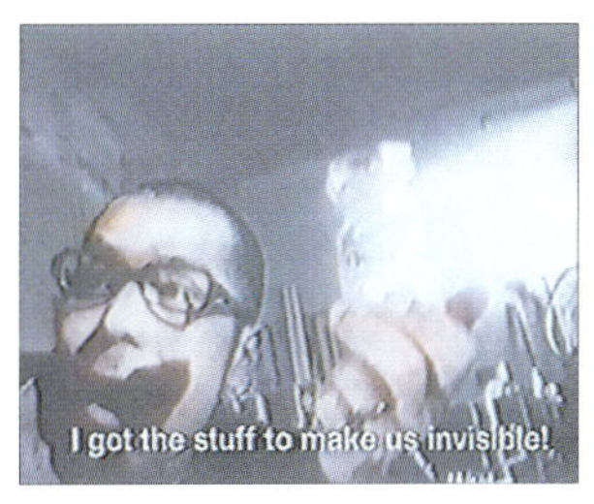

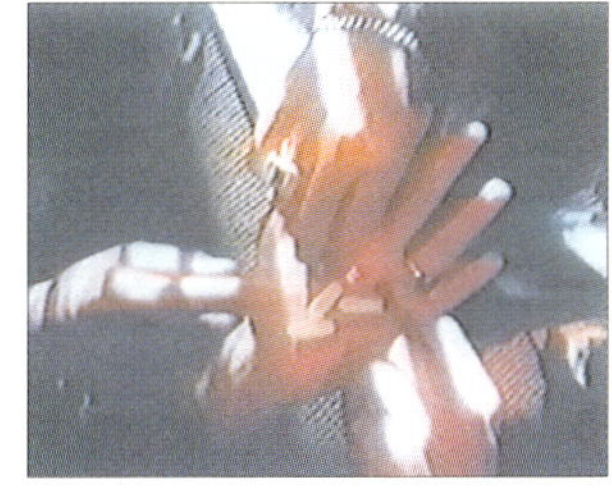

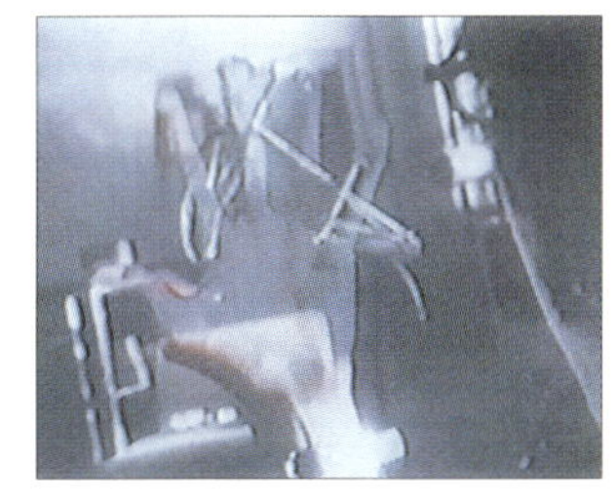

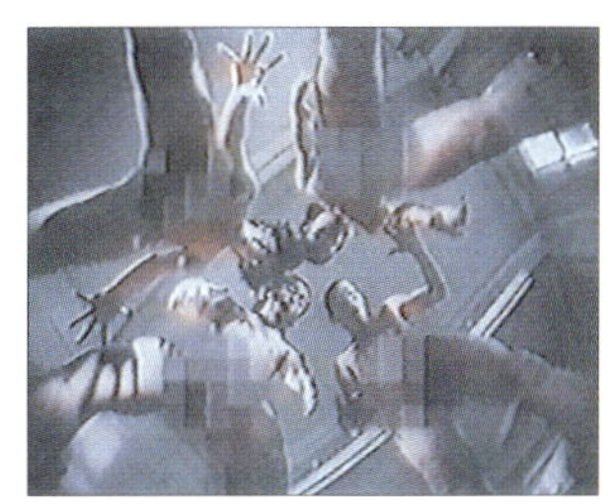

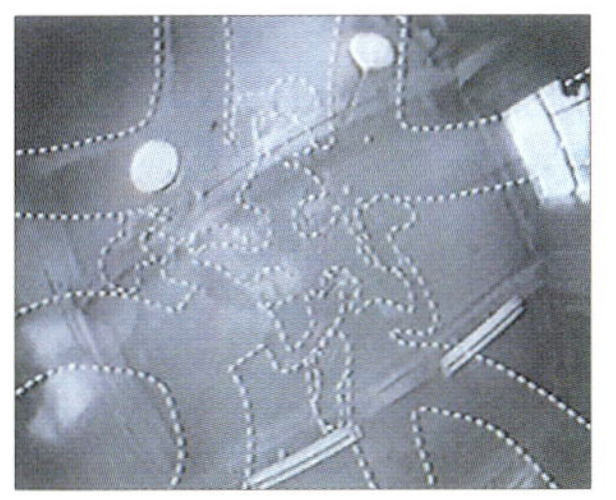

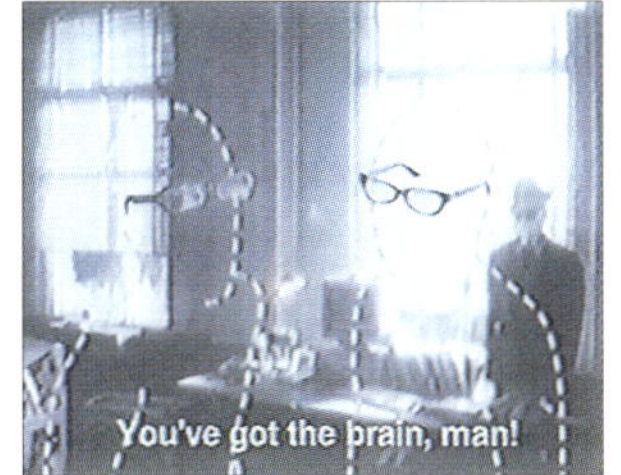

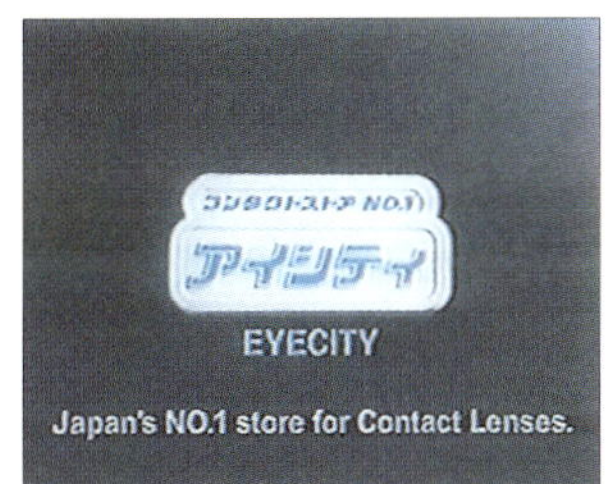

투명인간일수록 그 속내가 빤히 들여다보인다?

복도를 달리는 두 젊은이, 둘 다 안경을 쓰고 있다. 한 녀석이 뭔가를 손에 들고 앞장서서 뛴다.

자막 그는 눈이 나쁘다.

아지트에서 담배 피우는 젊은이의 클로즈업, 그 역시 안경잡이다.

자막 그도 마찬가지다.

도색잡지를 보고 있는 또 다른 안경 쓴 젊은이.

자막 그나마 이 녀석의 시력은 좀 나은 편이다.

다시 복도를 달리는 장면, 앞서 뛰는 녀석을 따라가는 녀석의 모습, 두터운 안경을 쓰고 있다.

자막 그는 거의 눈뜬장님이나 다름없다.

마침내 달려오던 두 젊은이는 친구들이 빈둥대던 창고 같은 아지트로 들어서며 외친다.

"투명인간이 되는 약을 구해왔어!"

친구들, 반색하며 하나씩 집어 입에 넣으려는 찰라, 가져온 젊은이가 말린다.

"잠깐, 그건 입으로 먹는 게 아니잖아?"

"좌약이야?"

"좌약?"

"엉덩이에 쑤셔 넣어, 인석아!"

"겁쟁이처럼 꾸물대지 말고."

젊은이들은 바지를 내리고 좌약을 일제히 넣는다. 삽입 순간 인상을 쓰는 젊은이들의 얼굴 클로즈업.

"이게 뭐야? 약효가 없잖아?"

한 친구가 약을 구해온 젊은이를 밀치며 화낸다.

그 순간 투명해지기 시작하는 손.

"봐, 맞잖아."

"자, 옷을 벗자고."

"이야, 근사한데."

옷을 벗고 완전히 투명해지자 이 광고는 소비자들을 위해 친절하게
도 인물의 윤곽선을 점선으로 표시해 보여준다.

"야, 안경도 벗어야지."

허공에 안경들만 둥둥 떠다닌다.

"안 돼, 안 돼. 난 그럼 장님이라고."

허공 속에서 안경을 밀고 당기는 윤곽선들.

"이런 젠장."

"아, 콘택트렌즈를 끼면 어때?"

"그거 좋은 생각이야!"

"콘택트렌즈 가게가 어디에 있지?"

안경들이 우르르 몰려나간다.

그때 정면의 고층빌딩에 '아이시티(EYECITY)'의 옥외광고판이 보
인다.

"앗, 찾았다."

"너, 눈 좋구나, 야."

자막 일본의 NO.1 콘택트렌즈 체인점, 아이시티.

불운하게도 이들은 투명인간이 됐음에도 모습을 감추는 데 실패한
다. 마치 일부가 타버려 빨간 헝겊으로 기워야 했던 도깨비감투처럼 이
들은 지독하게 시력이 나쁜 바람에 허공의 안경 떼로 변신하게 된다.
이래서야 나가서 아무 짓도 할 수 없지 않은가! 그래서 그들이 가장 먼
저 해야 했던 일은 콘택트렌즈 전문점을 찾아나서는 것이었다. 아이시
티는 광고 말미의 자막에도 나와 있듯이 일본에서 가장 큰 콘택트렌즈
전문 체인점이다. 누가 콘택트렌즈 전문점 광고에 느닷없이 투명인간

이란 소재를 넣자고 한다면 당신은 선뜻 동의할 것인가? 광고의 크리에이티브 파워는 너무 뻔하게 연관되는 두 가지 아이템(하나는 제품 컨셉 또 하나는 크리에이티브 소재)의 결합보다는 얼핏 보아 전혀 상관없어 보이는 두 가지 아이템이 하나로 조화를 이룰 때 극대화된다. 이는 소비자들이 쉽게 예측하기 어려운 반전이나 결말에서 카타르시스를 느낌으로써 브랜드와 제품에 대한 호의도가 높아지기 때문이다.

이 광고는 젊은이들이 투명인간이 되면 어떤 행각을 벌일까를 기대했던 소비자들을 안경잡이 출신(?) 투명인간들의 한계상황으로 유도함으로써 어처구니없는 웃음을 유발한다. 그리고 그 덕분에 아이시티라는 브랜드에 대한 호감도를 높이는 데 기여한다. '구슬이 서 말이라도 꿰어야 보배'라는 속담이 있다. 제아무리 특출한 능력이라도 그것을 활용할 준비가 되어 있지 못하다면 무용지물일 수밖에 없다. 단순히 눈이 나쁘면 콘택트렌즈 전문점에 가라는 직설적인 화법이 아니라 콘택트렌즈 전문점을 가고 싶은 마음이 절실해질 수밖에 없는 한계상황을 유머러스하게 연출한 크리에이터의 발상이 칭찬받을 만하다.

보이지 않으니까 더 야해 보인다! – 리바이스 광고

리바이스는 익숙한 청바지 브랜드 중 하나이다. 청바지를 주력 품목으로 한 이 브랜드의 역사는 150여 년에 이르며, 기존의 히트상품이었던 '리바이스 501'에 이어 2000년부터 인체공학적인 디자인을 모토로 출시된 '리바이스 엔지니어드 진(Engineered Jean)'으로 소비자들은 물론 캐주얼 패션업계의 주목을 받고 있다. 리바이스의 광고는 줄곧 평범한 데 안주하지 않고 자신만의 개성을 고집하는 신세대 젊은이들을 타깃으로 삼았다. 특히 21세기로 접어들면서 리바이스는 기존의 전통적인 이미지에 연연하지 않고 젊은 남녀의 다양한 취향에 부합하는 다양한 제품들을 내놓았고 광고 캠페인 또한 그러한 변화를 적극 반영하고 있다.[5] 리바이스 브랜드의 비전을 한 문장으로 줄인다면 '세계 모든 젊은이들의 동반자로서 그들만의 세계를 표현하고 창조한다'는 것이다.

즉, 리바이스는 역사적인 전통이 면면히 흐를 뿐만 아니라 매시기마다 캐주얼 의류의 트렌드를 선도해 나감으로써 젊은이들의 라이프스타일에서 개성과 창의성을 북돋아온 브랜드라는 것이다.

5) 신체의 관절 마디마디가 자유자재로 돌아가는 괴이한 젊은이들이 엔지니어드 진을 입고 돌아다니는 로드 무비 형식의 리바이스 광고는 2001년 칸 국제광고제에서 본상을 수상했으며 많은 주목을 받았다.

광고 17-2

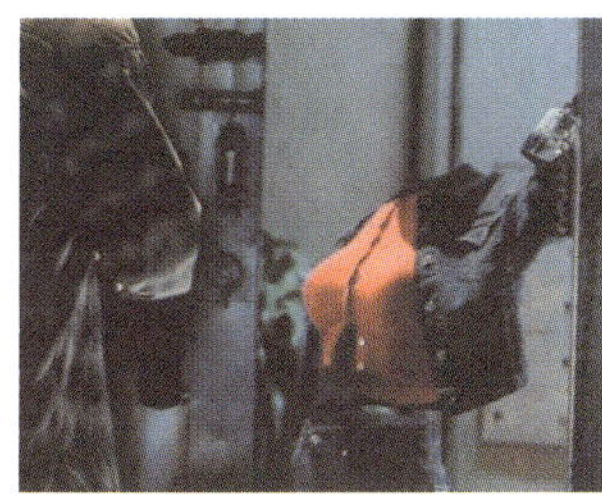

이런 맥락에서 보면 이번에 소개할 리바이스 광고에 왜 난데없이 투명인간 족속이 나오는가 하고 의아해할 필요는 없을 것 같다. 이 광고는 집에서 한가롭게 미식축구 중계를 보던 한 젊은이의 자취생활에서 시작된다. 그러나 지극히 평범해 보이는 이 젊은이의 일상이 남다르게 느껴지는 것은 그가 다름아닌 투명인간이기 때문이다. 우리는 그가 유일하게 입고 있는 옷, 즉 청바지의 윤곽선을 통해서만 그의 체형을 미루어 짐작할 수 있을 뿐이다. 이때 벨소리가 울리고 그는 허겁지겁 윗도리를 걸치고 문을 연다. 문 틈 사이로 드러나는 섹시한 여성의 히프라인. 청바지에 청재킷까지 세련되게 갖춰 입은 그녀 또한 머리가 보이지 않는 투명 여인이다. 두 투명 연인은 테이블 위에서 엉겨 붙고 춤을 추고 소파에 눕더니 당장 일을 벌일(?) 분위기다. 투명인간 남녀는 하나씩 단추를 풀어가고 마침내 투명 여인의 엉덩이 라인을 타고 리바이스 청바지가 흘러내린다. 앗, 이럴 수가? 청바지가 흘러내린 곳에 팬티조차 안 보이고 맨 허공이니 그녀는 그럼? 이 얼마나 지혜로운 크리에이터의 발상인가! 알몸으로 활활 타오르는 남녀상열지사를 이처럼 투명하고 담백(?)하게 표현하다니, 방송 심의 걱정도 없고 말이다. 이때 눈치도 없이 울리는 또 다른 벨소리. 남자 주인공은 옷을 입을 여유도 없이 양말 차림으로 문가로 달려가는데, 살짝 연 문 틈새로 보이는 것은 바로 투명 엄마가 아닌가!

자막 개성 있게 살라!(Be Original!) 리바이스.

이 광고는 역설적이게도 등장인물들의 형체가 보이지 않기 때문에 정상인들의 행동보다도 훨씬 더 인간의 욕망을 적나라하게 드러내 보인다. 이러한 분위기를 고조시키는 효과적인 수단으로서 소비자의 시선을 끄는 요소는 물론 리바이스 청바지 자체의 섹시한 바디라인이다. 투명인간 두 남녀는 청바지와 청재킷을 포함한 컬러풀한 옷을 입고서 벗은 것보다도 더 에로틱한 감정을 표현한다. 이 광고의 크리에이터는 정말 한발 앞서가는 감각을 갖고 있다고 인정하지 않을 수 없다. 보이지 않는 소재를 가지고 보이는 소재보다 더욱 강렬한 인상을 주고 있으니 말이다. 결과적으로 이 광고는 모델이 전혀 보이지 않고 제품만 등장하고 있지만 그것을 기발한 SF 드라마 구조 속에 녹여 넣음으로써 인간미 넘치는 살아 있는 메시지가 되었다.

18

괴물이 초라해진다?
―괴물이 들러리 서는 광고

옛날 옛적 중국에서 남쪽으로 한없이 내려가다 보면 일비국(一臂國)이란 나라가 있었다고 전해진다. 이 나라 사람들은 국명에서도 미루어 짐작할 수 있듯이 누구나 팔과 다리가 하나뿐이고 심지어는 눈과 콧구멍까지 하나밖에 없었단다. 물론 믿거나 말거나. 재미있는 것은 중세 유럽 사람들 또한 발이 하나밖에 없는 종족이 동방 어딘가에 살고 있다고 믿었다는 사실이다. 원래 극과 극은 통한다 하지 않았던가? 우리는 소인국(小人國) 하면 으레 조나단 스위프트가 지은 『걸리버 여행기』를 떠올리지만, 중국 고대신화를 보면 조요국이란 이름의 중국판 소인국 이야기가 나온다. 이곳 사람들은 날 때부터 무척 몸집이 작아서 가장 큰 사람이라 봤자 석 자, 작으면 심지어 몇 치밖에 되지 않았다고 한다. 이들 또한 걸리버가 만난 소인들과 마찬가지로 문화 수준이 높은데다 머리가 총명해서 여러 가지 기발한 물건을 만들어냈다고 한다.[1]

동서양의 신화와 전설을 막론하고 이처럼 괴상한 존재들의 예를 들자면 한도 끝도 없을 터이니 이만 줄이도록 하자. 그보다 이러한 이야기를 듣다 보면 궁금하지 않은가? 왜 옛날 사람들은 터무니없이 황당무계한 피조물들을 수도 없이 궁리해냈을까 하고 말이다. 인류의 과거

1) 원가, 『중국신화전설 I』 (대우학술총서 53), 민음사, 1998, 542~543, 568쪽.

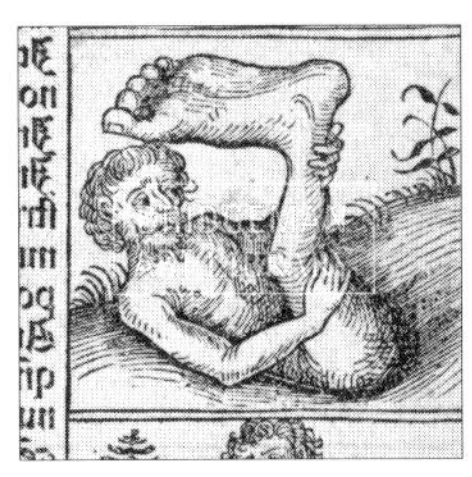

중세 유럽인들이 상상한 단족인(單足人).

를 한없이 거슬러 올라가다 보면 오늘날 원숭이의 선조라 할 수 있는 유인원과 현생 인류의 조상이라 할 호모사피엔스가 갈라지는 분기점에 닿게 된다. 똑같은 호미니드(인간과 유사한 포유류 전체를 지칭하는 인류학 용어) 출신인데 누구 후손은 꼬리 달고 기어다니는 원숭이가 되고, 누구 후손은 횃불을 손에 쥔 채 똑바로 서는 인간이 된 까닭은 무엇일까? 그냥 줄을 잘 서서일까? 학자들에 따라 이런저런 이유를 갖다 붙이고 있고 사실 어떤 한 가지 이유라기보다는 여러 가지가 복합적으로 작용해 오늘날과 같은 결과를 낳았겠지만, 필자의 개인적인 생각으로는 왕성한 지적 호기심과 상상력에 우선순위를 주고 싶다. 무슨 '피테쿠스'니 또는 무슨 '사피엔스'니 하고 학자들이 이름 붙인 그 시절의 원시인들도 내세와 자연에서 이해하지 못하는 부분에 대한 설명이 필요해 원시적인 종교와 신화를 만들어냈다. 고대문명이 태어나고 중세문화가 무르익었지만 대부분의 사람들은 자신이 살던 울타리 밖을 넘어보지도 못한 채 나서 죽었다. 이따금 여행객이 지나며 들려주는 이야기나 소문을 밑천 삼아 그들은 대대손손 바깥세상 이야기에 살을 보태고 또 보태기를 반복했을 것이다. 전쟁이나 나면 모를까, 한 사회의 사람들과 다른 사회의 사람들이 떼거리로 뒤섞이기 어렵던 시절, 그들이 보기에는 자신들이 살고 있는 중심지역(중국식으로 표현하면 '중화') 너머의 변두리 세상에는 그야말로 신비롭고 이상야릇한 존재들이 북적대고 있을 것만 같았다.

그렇다면 서양인들의 지리상의 발견과 해외 식민지 확보 경쟁 이후 바깥세상에 대한 지식이 시시각각으로 축적됨에 따라, 그리고 이에 보조를 맞춰 과학문명과 통신수단이 비약적인 발달을 거듭하면서 위와 같은 밑도 끝도 없는 괴물 이야기들의 근거가 송두리째 날아가 버렸을까? 물론 대부분의 괴물 전설들은 그런 운명에 처했다. 이제 그 어느 곳이든지 웬만하면 인간들이 모여들어 발 디딜 틈이 없는 시끄러운 동네가 되었으니 말이다. 그러나 20세기 초반에 전신(電信)이 대서양을 오가며 양쪽 대륙의 소식을 실시간으로 전하게 된 상황에서도 진기한 괴물의 존재에 대한 기대를 버리지 않는, 황당한 상상력으로 무장한 대책 없는 작자들이 버티고 있었으니 그들이 바로 과학소설 작가들이다. 그들은 우기기 시작했다. 아직 인간들이 발 한번 디뎌보지 못한 곳들이 남아 있지 않은가. 남극이나 히말라야 산맥처럼 인간이 살기에 최악이거나 아마존의 열대우림처럼 전인미답(前人未踏)인 지역 또는 아무리 최신예 잠수함을 동원한다 한들 감히 근접하기 어려운 심

터키 근해에서 잡혔다는 사람의 얼굴을 닮은 기이한 물고기에 관한 신문기사. 인터넷의 신비동물학 관련 사이트에 올려져 있는데 사진 조작인지 진실인지 알쏭달쏭하다.

해 같은 곳에 미지의 괴물들이 존재할지 누가 아느냐, 설인과 네스 호의 네시를 보았다는 사람들 이야기를 들어보라 하고 말이다. 하긴 이른바 밀레니엄 시대인 지금도 수수께끼의 괴물들을 연구하는 학문인 은서동물학이 실제로 존재하는 판이다.[2] 인터넷 검색엔진에 신비동물학(cryptozoology)이라고 치면 관련 사이트들이 수두룩하게 뜰 정도이니까.

이렇게 해서 SF는 아마존 깊은 정글 속에서 외부와 격리된 채 오늘날까지 버젓이 살고 있는 공룡들의 세계를 찾아가는가 하면〔코난 도일(Conan Doyle)의 소설 『잃어버린 세계*The Lost World*』(1912)〕, 오래전 남극대륙에 착륙했다가 동면상태에 들어간 외계인들이 자유자재로 외형을 바꾸면서 인간 탐험대원들을 하나씩 없애버린다는 공포의 극한을 보여주었다〔존 캠벨(John W. Campbell Jr.)의 소설 『거기 누구냐*Who goes there*』(1938)〕. 그러나 코난 도일이 아마존에 대한 경외심을 바탕으로 공룡 이야기를 쓸 때와는 달리 오늘날의 정글은 무자비한 남벌로 전 세계 환경단체들의 주목을 받고 있는데다, 오늘날의 남극대륙에는 우리나라의 세종기

2) 그러나 과학적인 학문분야인 괴수학이 SF에 미친 영향은 미미하다. 오히려 공포를 불러일으키는 괴물들의 보편적인 속성들은 대개 신화학이나 다소 소박한 이성적 추리의 산물이다.

공룡은 살아 있다. 영화 「알려지지 않은 땅The Land Unknown」 (1957). 코난 도일의 소설 『잃어버린 세계』에서 기본 설정을 빌려온 영화로, 무대만 아마존에서 남극 빙하 속의 틈바구니로 바뀌었을 뿐이다.

지를 위시해서 웬만큼 먹고살 만한 나라들이 세운 관측기지들이 즐비하지 않는가. 그러나 과학소설가들은 이에 굴하지 않고 다시 미지의 괴물이 살 만한 장소를 찾아냈으니, 바로 외계의 행성들이다. 화성탐사선이 사람 얼굴 모양을 한 지형을 사진으로 찍었다 해서 한때 무수한 억측을 불러일으켰던 화성을 모티브로 해서 일찍이 H. G. 웰스는 문어를 닮은 화성인들이 지구를 침공하는 이야기를 지어냈고, 에드거 라이스 버로스는 지구인 존 카터(John Carter)가 화성에 가서 괴물들과 사투를 벌이면서 화성인 공주의 사랑을 쟁취하는 모험담 『바숨Barsoom』[3] 시리즈를 펴냈다. 그렇다고 해서 지구상에 괴물의 씨가 다 말라버렸다고 아쉬워하진 마시라. 인간들의 어리석은 야망이 빚어낸 핵실험은 바다 속 깊은 곳에 은거하고 있던 초거대 괴물들의 각성과 유전자 변형을 일으켜 결과적으로 인류에게 엄청난 재앙을 가져오는데, 일본의 영화 「고지라」 시리즈가 그 대표격이라 하겠다. 괴물들은 영화 매체에서 매우 인기가 있어서 1960년대까지만 해도 할리우드의 SF영화는 온갖 종류의 괴물들에 의해 점령당해 있었다고 해도 과언이 아니다.[4]

흔히 SF 컨텐트에서 묘사되는 괴물들은 지구상 생물들의 거북살스런 속성들만 한자리에 모듬회로 차려놓은 듯한 인상을 준다. 심지어 고지라 같은 부류는 생김새도 생김새지만 덩치부터가 명실상부한(?) 괴물 체면에 걸맞게 무지막지할 정도로 거대하다. 이런 괴물들을 광고에 쓰는 것은 두말할 나위 없이 단번에 소비자의 눈길을 끌기 위해서일 것이다. 그러나 그저 엄청난 덩치나 괴상한 외모를 뽐내는 괴물이라는 사실만으로는 광고 모델(?)로서 결코 제몫을 다했다 할 수 없다. 그 괴물이

---

3) 이 작품 속의 화성인들은 화성을 '바숨'이라 부른다는 설정에서 따온 제목이다.

4) John Clute & Peter Nicholls, *The Encyclopedia of Science Fiction*, Orbit, London, 1999, p.818.

등장한 이유가 제품의 속성이나 브랜드 가치와 긴밀하게 연결되지 않을 경우에는 오히려 괴물 자체의 임팩트와 화제성 때문에 제품과 브랜드에 대한 소비자의 기억을 감퇴시키는 역효과를 낼 수도 있다. 소위 광고만 뜨고 제품은 죽는 전형적인 경우다. 여기에 소개하는 세 편의 광고들은 이러한 맥락에서 충분히 모범이 될 만큼 광고 교과서적이다. 이 광고들은 각기 전혀 다른 괴물들을 등장시키고 있으며 상황 설정도 천차만별이지만 하나같이 똑같은 원칙을 지킴으로써 브랜드 가치 올리기에 성공하고 있다. 그 원칙이 무엇인지 이제부터 알아보기로 하자.

뭐 눈에는 뭐만 보인다? – 슈퍼모터닷컴 광고

광고 18–1

　　속된 말로 뭐 눈에는 뭐만 보인다는 말이 있다. 이런 표현이 문자 그대로 어울리는 이들이 있는데, 이런 부류의 사람들은 보통 마니아 또는

오타쿠라고 불린다. 자기가 좋아하는 것에 편집증적인 집착을 보이는 이들은 그래서 뜻이 통하는 이들끼리 모여 그들만의 커뮤니티를 만들어 논다. 아마 오타쿠들의 종류를 헤아리자면 한도 끝도 없을 것이다. 열성적이다 못해 극성스럽다고 해야 할 오타쿠의 전형으로는 특정 영화배우나 가수의 팬클럽 회원들과 코스프레, 즉 애니메이션 캐릭터의 의상을 똑같이 만들어 입고 돌아다니는 만화 오타쿠들이 일감으로 떠오를 것이다. 그러나 오타쿠의 영역은 넓고도 넓다. 향수나 피아노, 오디오 오타쿠는 그렇다 치더라도 거북이나 뱀, 심지어는 악어 같은 희한한 별종을 키우고 싶어하는 별종 오타쿠들도 있다. 슈퍼모터닷컴(Supermotor.com) 광고는 오타쿠들의 이러한 정신세계를 익살맞으면서도 예리하게 포착해내고 있다.

〔광고 18-1〕을 보자. 이 광고는 오타쿠의 시선과 일반인의 시선이 어떻게 다른가를 아웃포커스 기법을 통해 확연하게 보여준다. 만약 당신이 오타쿠가 아니라면 무엇이 가장 먼저 눈에 들어올까? 초점이 의도적으로 심하게 맞지 않긴 하지만 전방에 보이는 육중한 형체는 설인인 듯싶다. 뭐라고, 설인이라 그랬나? 히말라야 정상의 혹한 속에서 인간을 닮은 기이한 존재가 산다는 풍문이 서구인들에게 처음 알려진 것은 1889년의 일이다. 1920~30년대에 설인을 목격했다는 사례가 차곡차곡 쌓이게 되자 히말라야에는 2가지 유형의 설인이 있다는 가설까지 나오기에 이르렀다. 하나는 키가 작고 두 발로 걷는 야만인이고, 다른 하나는 훨씬 더 키가 크며 달릴 때만 두 발로 직립할 뿐 보통 때는 네 발로 기어다니는 종이라 한다. 1951년에는 히말라야 1만8천 피트 지점에서 에릭 십턴(Eric Shipton)이란 등반자가 설인의 발자국 사진을 찍었다. 가로 8인치, 세로 13인치인 그 발자국의 실제 크기를 가늠할 수 있게 그 옆에 등반용 도끼를 함께 놓고 찍은 사진이었다. 그러나 역사상 최초로 에베레스트 정복에 성공한 에드먼드 힐러리 경(Sir Edmund

Hillary)은 그러한 존재에 대한 증거가 전혀 없었다고 일축함으로써 설인에 관한 구구한 억측에 치명타를 가했다. 그는 설인과 관련된 증거물들이 모두 가짜임을 밝혀냈고 그중에는 영화배우 지미 스튜어트가 현지의 한 셰르파에게서 훔쳐냈다는 설인의 뼛조각도 포함되어 있었다. 힐러리 경은 설인에 관한 모든 억측은 히말라야 주민들의 주술적인 미신이 빚어낸 어른용 동화이며 이것에 매료된 서양의 등반대원들이 열광적으로 눈덩이처럼 부풀렸다고 결론지었다. 힐러리 경의 명성과 꼼꼼한 조사 탓에 그후 설인에 대한 세간의 열기는 수그러들었으며 지금도 여전히 비슷한 목격담이 이따금씩 보고되고 있긴 하지만 설인이 존재한다거나 아니면 전부 거짓임을 명명백백히 밝혀주는 증거 없이 수수께끼로 남아 있다.

당신은 설인의 존재를 믿는가? 이 설인은 앞서 분류한 2가지 종 중 어느 쪽에 속하는 것일까? 어떤 사람은 그것이 2가지 종이 아니라 크고 순한 녀석은 수컷(예티)이고 작고 사나운 녀석은 암컷(메티)이라는 주장을 하기도 한다. 그럼 이 광고물에 나와 있는 녀석은 예티인가, 메티인가? 이도 저도 아니면 작은 놈은 히말라야 고원에 흔히 서식하는 랑구르(몸이 여윈 인도산 원숭이)를 잘못 본 것이고 덩치 큰 놈은 히말라야의 검은 곰일까?

다시 한 번 묻겠다. 설인이 존재하는가? 존재하지 않는가? 만약 당신이 이러한 물음에 어떻게든 대답하려 고민한다면 당신은 이 광고의 목표 타깃이 전혀 아니다. 무슨 소리냐고? 힌트는 설인으로 추정되는 피사체가 이 광고의 전면에 위치하고 있을 뿐만 아니라 가장 큰 면적을 차지하고 있음에도 불구하고 초점이 맞지 않게 처리한 광고 크리에이터의 의도에 있다. 일반적으로 광고는 가장 강조하고 싶은 것을 정중앙에, 즉 소비자의 시선을 끌어들일 법한 곳에 배려한다. 그러나 이 광고는 그러한 스테레오 타입의 사고방식을 뒤집어버림으로써 진정한 목표 타깃들을 효과적으로 걸러냄과 동시에 타깃으로 선택받은 자들만이 느낄 수 있는 만족감까지 덤으로 제공한다.

자, 이쯤 되면 눈치 빠른 분들은 재빨리 이 광고물의 다른 비주얼 요소들을 하나씩 점검해나가기 시작했을 것이다. 눈으로 덮인 대지, 높이 솟은 침엽수림 그리고 그 숲 아래에 있는 코딱지만한 자동차……. 뭐, 자동차라고? 설인과 자동차가 무슨 상관이지? 사실 아무런 상관이 없다. 아무런 상관이 없기 때문에 일부러 같이 놓은 것이다. 소비자의 관심분야를 판별하기 위해서 말이다. 이제 이 광고의 본뜻을 확인사살하기 위해 헤드라인 카피를 보기로 하자.

이 사진을 보고 차밖에 보이지 않는다면, 우리 사이트야말로 바로 당신 같은 분들을 위한 곳입니다.

그렇다. 이 광고의 비주얼 키워드는 바로 자동차였던 것이다. 이 광고에서 가장 작은 면적을 차지하고 있는 자동차가 한 번에 눈에 들어오는 사람이야말로 진정한 타깃이라고 헤드라인 카피는 주장한다. 정말 그런 사람도 있을지 모른다. 하지만 이 광고의 묘미는 아무 생각 없이 신문이나 잡지를 뒤적이던 소비자들로 하여금 일단 설인의 뭉개진 비주얼에 시선이 꽂히게 한 다음 뜻하지 않은 헤드라인 카피를 만나게 함으로써 '아차!' 하고 탄성을 지르게 하는 데 있다.

원래 이 광고는 자동차와 오토바이 마니아들을 위한 웹사이트 슈퍼모터닷컴의 PR을 위해 제작되었다. 또한 슈퍼모터닷컴은 〔광고 18-2〕에서 보듯이 똑같은 컨셉을 갖고 시리즈 캠페인을 집행했다. 위 광고도 기본 포맷은 똑같으며 다만 소비자의 1차적인 시선을 유혹하는 비주얼 자극이 설인 대신 UFO로 바뀌었을 뿐이다. 하늘을 가득 메운 UFO. 혹시 「엑스파일」의 PR 광고일까 하는 생각이 들려는 찰라 마찬가지로 뒤통수치는 헤드라인 카피가 폭소를 터뜨리게 만든다.

이 사진을 보고 오토바이밖에 보이지 않는다면, 우리 사이트야말로 바로 당신 같은 분들을 위한 곳입니다.

우리나라에서도 인터넷 열풍이 불면서 2000~2001년 사이에 다양한 웹사이트들의 홍보성 광고가 4대 매체를 거의 독식하다시피 한 적이 있었다. 그러나 2003년 현재 대부분의 웹사이트들은 수지타산을 맞추지 못해 광고는커녕 자사의 비즈니스 모델 개선에 여념이 없는 상황이다. 확실한 수익기반 없이 굴뚝산업의 기업들 못지않게 무리하다시피 한 광고비 지출은 오히려 웹사이트 기업들의 발목을 죄는 부메랑이 되기도 했다. 몸집이 가벼운 기업일수록 그에 걸맞은 홍보전략을 수립하는 것이 현명하지 않았을까. 온라인 가입자 기반만 믿고 현찰 장사하는 굴뚝기업들 흉내를 내며 TV의 값비싼 황금시간대를 자사 광고로 도배하려 한 것은 애초부터 무리가 있었다고 보인다. 그런 면에서 슈퍼모터닷컴의 광고는 굳이 대형 포털 사이트가 아니더라도 특화된 자사 사이트의 강점을 상대적으로 비싸지 않은 매체를 통해 차별화된 크리에이티브로 부각시킬 수 있음을 시사한다. 웹사이트 비즈니스는 일부 대형 포털이나 검색 위주 사이트를 제외한다면 특정한 성향이나 기호를 위주로 모이는 소비자들을 대상으로 하게 마련이다. 그렇다면 비싼 돈 들여 불특정 타깃을 대상으로 광고하기보다는 틈새 매체를 통해 목표 타깃에게만 먹힐 수 있는 광고 컨셉과 크리에이티브를 발휘하는 지혜가 필요하지 않을까.

익히 알려진 고전의 패러디 – 킹콩이 등장하는 '아우디' 광고

광고의 크리에이티브에서 가장 손쉽게 소비자의 눈길을 끄는 동시에 그러한 시선을 제품이나 브랜드에 대한 호감으로 연결시키는 효과적인 방법은 대중에게 익히 알려진 고전을 인용한 다음 그것을 제품 컨셉에 맞게 뜻하지 않은 반전으로 매듭짓는 것이다. 고전이라고 하면 고리타분한 소설을 떠올리는 분이 있을지 모르나 대중문화 속에서 호흡해야 하는 광고에서는 대개 영화와 만화 같은 시지각적인 강점을 지닌 컨텐트를 즐겨 다룬다. 이러한 수법은 우리나라에서도 많이 쓰였는데, 그중에서도 특히 기억에 남는 것을 꼽으라면 1990년대 후반 제일기획에서 제작한 부광약품의 '로취Q' 광고일 것이다. 영화사의 클래식으로 남은 「빠삐용」을 패러디한 이 TV광고에서 스티브 맥퀸은 독방에 갇혀 먹을 게 없자 로취Q로 바퀴벌레들을 유인해 잡아먹는 다소 엽기적인(!) 연기를 보여주었다. 칸 국제광고제 본상 수상작에까지 오른 이 광고는 단순히 영화의 한 장면을 인용하는 데 그치지 않고 마지막 반전에 포인트를 줌으로써 당시 많은 이들의 입이 다물어지지 못하게 했다.

같은 맥락에서 이번에 소개할 광고는 야성의 대명사 '킹콩'이 등장하는 아우디(AUDI) 자동차의 TV광고다. 자동차 광고에 왜 난데없이 거대 괴물의 대명사인 킹콩이 나왔을까? 킹콩이 등장한 영화는 지금까지 불과 몇 편 되지 않는다. 1933년 오리지널 영화 「킹콩」이 개봉되었고 1976년에 다시 리메이크 되었으며, 속편 또는 관련 작품으로는 「킹콩의 아들Son of Kong」(1933)과 「킹콩 대 고지라King Kong vs. Gojira」(1962)가 있다.[5] 이처럼 몇 편 만들어지지도 않았고 개봉시기도 오래되었건만 여전히 대중의 뇌리 속에 킹콩이란 이미지가 인상적으로 남아 있는 까닭은 무엇일까? 이제까지 괴물, 그것도 엄청난 몸집을 자랑하는 괴물영화들이 많이 만들어졌지만 킹콩처럼 여운을 남기며 대중의 기억 속에서 쉽사리 지워지지 않는 캐릭터는 고지라(영어식으로는 고질라)를 제외하고는 흔치 않다. 그나마 고지라의 경우에는 1954년 이래 현재까지 수많은 속편이 제작되었기 때문에 공평한 비교라 보기 어렵다.

킹콩은 앞에서 언급한 『잃어버린 세계』식 세계관이 반영된 캐릭터다. 20세기 초 SF작가들은 아직 인간의 문명이 미치지 않는 첩첩산중 어딘가에는 바깥세상과는 격리되다시피 한 지역이 있을 수 있다고 보았다. 이러한 곳은 외부 환경의 영향을 받지 않고 생태계가 순수성을 유지할 수 있기 때문에 중생대의 쥐라기나 백악기에 살았던 거대한 공룡과 괴수들이 여전히 활개치고 돌아다닐지 모른다고 믿었다. 킹콩은 그러한 파충류 선조가 포유류로 진화하면서 바깥세상과는 독립된 환

5) John Clute & Peter Nicholls, *The Encyclopedia of Science Fiction*, Orbit, London, 1999, p.504, 667~668.

경에서 생겨난 변종인 셈이다. 킹콩은 이제까지 발견되지 않았던 외딴 섬을 지배하던 자연의 제왕이었으나 인간들에 의해 메트로폴리스로 끌려와 갖은 굴욕을 겪다가 탈출하여 사나이답게(?) 세계무역센터에서 사랑하는 인간 여인을 눈앞에 두고 장렬히 전사(!)한다.

이 줄거리에서 보듯, 많은 관객들이 킹콩에게 매료되었던 것은 킹콩이 이전까지의 단순무식한 거대 괴물의 전형에서 벗어나 공포의 존재인 동시에 동정(감정 이입)의 대상으로 그려진 덕분이다. 프로이트적인 시각으로 보자면 킹콩은 인간의 내면에 숨어 있는 이드(본능)가 극도로 과장된 아이콘이며, 문명화되고 복잡한 현대사회에 적응하는 데 애로를 겪는 남성들 속에 억눌려 있던 무의식으로 해석될 여지가 있다. 특히 인간 여인을 불안에 떨게 하는 동시에 애틋한 감정을 느끼게 만드는 킹콩이란 캐릭터는 마치 남성의 욕망과 이성의 부조리한 결합을 보여주는 듯하다. 킹콩을 주인공으로 해서 유럽에서 방영된 한 TV광고는 이러한 심리구도를 아주 희극적으로 다시 풀어서 보여준 바 있다. 필자가 아쉽게도 그 자료를 소장하고 있지 못한 탓에 해당 제품의 브랜드 이름은 기억하지 못하지만 그 광고 컨셉만은 선명하게 기억하고 있다. 왜 그런지는 필자의 설명을 들으면 이해가 갈 것이다. 여성 독자에게는 다소 민감한 화제가 될지 모르나, 그것을 아주 유쾌한 크리에이티브로 풀어나간 사례이므로 너그러이 양해가 되리라 믿고 말씀드리겠다.

이 광고는 흑백영화인데, 1933년 개봉된 오리지널 영화 「킹콩」의 분위기를 그대로 재현하기 위한 의도로 보인다. 킹콩이 대도시의 마천루 숲을 헤치고 들어선다. 놀라는 사람들과 갈팡질팡하는 차량들. 이때 킹콩이 한 금발 미녀를 들어올린다. 영화에서처럼 연신 비명을 질러대는 여인, 도무지 목이 쉴 줄 모른다. 킹콩은 영화의 마지막 장면에서처럼 여인을 한 손에 쥔 채 다른 한 손과 양발을 이용해 엠파이어스테이트 빌딩 위에 올라선다.(1933년 개봉된 오리지널판에서 킹콩이 최후를 마치는 곳은 엠파이어스테이트 빌딩이지만 1976년의 리메이크판에서는 그 무대가 세계무역센터로 바뀌었다.) 킹콩을 공격하려던 헬기는 거대한 손에 박살이 나고 만다. 지그시 여인을 내려다보는 킹콩의 시선. 이 강렬한 눈길을 견디다 못한 여인은 다시 비명을 지르기 시작한다. 그때 킹콩이 그녀에게 치약처럼 생긴 약용 연고를 내민다. 그 브랜드를 보고 나서 돌변하는 그녀의 표정, 심지어 약간 발그레하게 상기된 볼로 킹콩을 야하게 쳐다보며 미소 짓는다. 도대체 이 무슨 해괴한 반전이란 말인가.

이 광고를 제대로 이해하자면 우선 'Lubricant'라는 제품을 알아야만 한다. 이것은 남녀가 사랑을 나눌 때 원만하게 일(?)을 치를 수 있도록 여성의 질에 바르는 일종의 윤활유다. 서양에서는 질이 건조한 편이거나 나이를 먹어 성생활이 부담스런 여성들을 대상으로 이 제품을 판매하고 있다. 결국 이 광고의 컨셉은 단순명쾌하다. '여성 여러분, 당신의 사정이 어떠하든 간에 이 제품만 있으면 킹콩 같은 그이(!)와도 얼마든지 부담 없이 사랑을 나눌 수 있답니다!' 바로 이 이야기를 하고자 황당무계한 괴수 캐릭터가 남성 대역으로 등장한 것이다. 이 광고의 크리에이티브는 남성의 절제할 수 없는 욕망이 녹아 있는 킹콩이란 대역을 내세우는 한편, 희극적인 반전을 준비함으로써 사용자인 여성들로부터 웃음을 자아낸다. 그러나 필자가 이 광고를 보면서 정작 놀랐던 것은 그 내용이 아니다. 우리나라 같으면 설사 이러한 제품이 대대적으로 시판된다 해도 TV광고까지 하기에는 여러 가지 법적·제도적 제약이 따를 게 분명하다. 이에 비해 유럽에서는 아무리 심야 시간대에 방영하는 식으로 제약을 한다 해도 광고의 크리에이티브를 포용하는 심의 기준이 우리 문화와는 상당한 간극이 있음을 새삼 확인할 수 있다.

잠깐, 여기 킹콩이 출연하는 또 하나의 광고가 준비되어 있다. 바로 앞서 말했던 아우디 자동차 광고인데, 앞의 광고가 다분히 성적인 코드로 흘렀다면 이번에는 사뭇 점잖은(?) 방향으로 가보자.

이 광고 또한 복잡한 도심을 뚫고 성큼성큼 걸어오는 킹콩의 모습을
보여주는 전형적인 도입부로 시작한다. 놀라 달아나는 인파와 자동차
사이를 거침없이 걸어가던 킹콩은 앞을 가로막고 있는 고가도로를 주
먹으로 쾅 내리친다. 수수깡처럼 두 토막이 나는 고가도로. 아비규환과

교통 체증 때문에 옴짝달싹할 수 없는 승용차 안에서 우리의 여주인공
은 비명을 지른다. 그녀 역시 금발 미녀다. 킹콩은 비명을 지르는 미녀
를 본능적으로 알아채는 타고난 능력이 있는지 하필이면 그녀의 차를
들어올린다. 어쩔 줄 모르며 비명을 쥐어짜내는 그녀. 킹콩은 차문을
열어 그녀를 꺼낸다. 여기까지는 킹콩 영화의 공식에서 한치도 벗어나
있지 않다. 문제는 이쯤부터 시작된다. 킹콩은 그녀만 챙겨 자리를 떠
나려 하지만 손가락이 자동차 문에 낀 채 빠지지가 않는다. 한 손으로
털어보려 하지만 역부족, 급기야 짜증이 치솟은 킹콩은 그녀를 근처 건
물 옥상에 내려놓고 양손을 써서 손가락을 빼내려 하지만 차 문에 낀
손가락은 요지부동이다. 그리고 이때 의뭉스런 자막이 뜬다.

　　한번 서면 절대 떨어지지 않는다. 세상에서 아우디보다 제동력이 좋
　　은 차는 없다.

　이제 금발 미녀건 흑발 미녀건 여인에 대한 관심은 온데간데없고 오
로지 눈앞의 손가락을 빼는 데만 정신이 팔려 도시 저편으로 멀어지는
킹콩을 보여주면서 이 광고는 끝난다. 제품의 특장점을 전달하는 크리
에이티브는 여러 가지가 있지만 그중에서 정공법은 제품의 특장점 자
체를 시청각적으로 극대화해서 보여주는 것이다. 제동력과 관련해서
이러한 예를 들자면 피렐리(Pirelli) 타이어 광고가 떠오른다. 이 광고는
처음에 빗길을 달리는 승용차를 보여준다. 이 승용차는 갑작스럽게 끼
어든 트럭 때문에 급정거하는데 운전자는 십년감수한 표정에서 차차
열 받는 표정으로 바뀐다. 자기 잘못도 아닌데 자칫하면 황천길로 갈
뻔했으니 생각할수록 열 받을 만하다. 결국 그 운전자는 트럭 운전자에
게 항의하기 위해 차에서 내리다가 미끄러지며 엉덩방아를 찧고 만다.
그리고 그때 떠오르는 자막, '통제되지 못하는 힘은 무의미하다.' 아우

디 자동차 광고와 피렐리 타이어는 제품 컨셉은 동일하나 크리에이티브 소구 방식은 판이하다. 제품력 그 자체를 최대한 리얼하게 묘사하는 데 할애한 피렐리 타이어 광고와는 달리 아우디 자동차 광고는 현실세계와는 동떨어진 캐릭터를 등장시켜 비유적인 메시지를 전달한다. 여기서 어떤 소구 방식이 더 효과적이라고 딱 잘라 말하기는 어렵다. 제품이 시장에서 몇 번째로 잘 팔리는 차인지, 소비자들의 해당 특성에 대한 관여도가 얼마나 높은지, 현재 적용시키려는 소구 방식이 이전에도 흔하게 써먹은 것인지 등 여러 가지 주변 요인에 따라 크리에이티브 소구 방향의 선택은 달라질 수 있을 것이다. 그러므로 필자가 여기서 짚고 넘어가고 싶은 것은 똑같은 제품이라도 시대 상황, 국가별 시장 현실, 경쟁사와의 경쟁 여건, 소비자들의 관여도, 광고 트렌드 같은 복합적 요인들을 감안해서 그때마다 매우 다양하게 크리에이티브를 전개할 수 있다는 사실이다.

고질라, 야 너 덤벼봐! – '마티즈' 광고

인간의 무분별한 핵실험이 낳은 재앙을 다룬 1950년대의 B급 SF영화들. 1950년대에는 인간들의 어리석은 욕심이 빚어낸 과학기술의 무절제한 사용 탓에 돌연변이 거대 괴수로 대표되는 자연의 도전을 불러일으킨다는 플롯의 영화들이 유행했다. 여기에는 당시의 강대국인 미소 간의 냉전구도도 영향을 미쳤다. 이 같은 거대 괴물이 등장하는 영화들은 21세기에도 맥이 끊어지지 않고 있다.

비록 별 반향을 일으키지는 못했지만 「고지라」와 「고질라」는 둘 다 한 번씩은 우리나라 극장가에도 선을 보인 바 있다. 하지만 「고지라」는 일본에서는 큰 재미를 보았으며 1954년 흑백영화로 처음 개봉된 뒤 40여 년간 20여 개의 속편들이 제작되는 행운을 누렸다. 「고질라」는 일본의 「고지라」가 1956년 할리우드에서 리메이크 되면서 지어진 영어식 이름이다. 고지라라는 거대 괴수가 인간계를 혼란에 빠뜨린다는 다분히 단순무식한 플롯의 영화가 유독 일본에서만 전대미문의 히트를 친 까닭은 무엇일까?

일본에서는 「울트라맨」 시리즈를 비롯한 거대 괴수가 등장하는 특수촬영물이 영상업계의 한 축을 담당해왔긴 했지만 「고지라」의 비중은 그 중에서도 단연 선두권에 속한다. 평론가들은 그 이유를 일본인들이 직접 겪은 원자폭탄의 후유증과 돌연변이에 대한 공포에서 찾고 있다. 핵전쟁까지 불사할 정도로 인류의 과학문명에 대한 통제 능력이 부족하지 않은가 하는 일본인들의 전후 인식과, 산업화 사회에서의 환경오염은 돌연변이 괴물들이 영화 스크린에서 인기를 구가하는 밑거름이 되었다는 것이다. 예를 들어 「고지라」 시리즈에 등장했던 괴수 가운데 헤도라 같은 종(種)은 산업 폐기물의 영향을 받아 탄생한 '쓰레기 괴수'다. 핵무기의 남용으로 인해 생태계가 몸살을 앓고 그 와중에 거대 괴수나 거대 곤충이 탄생한다는 테마를 다룬 영화들은 1950년대 할리우드에서도 다수 제작되었다. 이후 한풀 꺾였던 괴수 영화 붐은 20세기 말 특수효과 영상기술이 눈부시게 발전하면서 다시 한 번 탄력을 받게 된다.

하여 1998년에는 미국에서 그리고 2001년에는 일본에서, 고질라와 고지라 영화가 화려한 특수효과를 뒤범벅해서 다시 부활하게 된다. 여기서 소개할 마티즈 광고는 미국판 「고질라」가 우리나라 극장가를 공략하던 무렵에 등장한 것이다.

괴물이 초라해진다?

이 광고 내용은 아주 단순명쾌하다. 고질라의 거대한 발이 도심을 마구 휘젓고 다니는 바람에 거리는 쑥밭이 된다. 고질라는 사방의 모든 것들을 벌레처럼 밟아버리며 앞으로 나아간다. 차들이 종잇장처럼 될 것은 불문가지. 앗, 그러나 이게 웬일인가? 고질라가 밟고 지나간 자리에 있던 차들 중에서 딱 한 대만은 흠 하나 없이 온전한 것이 아닌가! 알고 보니 그 차는 다름아닌 마티즈였던 것.

빈틈없다. 단단하다. 마티즈.

이 광고는 발상은 재미있지만 그 논리가 너무 제품 편의적이어서 공감하기 어렵다고 보는 분도 있을지 모른다. 일면 그럴 수 있다. 그러나 필자가 보기에 이 광고를 만든 크리에이터는 과학적인 논리보다는 제품에 대한 소비자들의 관여 수준을 염두에 둔 듯하다. 만약 소나타나 그랜저 같은 중형차를 이런 식으로 표현했다면 재미도 덜했겠지만 일단 말이 안 된다는 반응이 더 많이 나왔을 것이다. 차를 아무리 특제 장갑으로 도배하고 초합금 프레임으로 골격을 짜넣은들 고질라의 몸무게를 견뎌낼 재간이 있겠는가?

마티즈는 아시다시피 티코를 이은 대한민국 경차의 대표주자이다. 가격도 비싸지 않아 부담 없이 구입할 수 있는 세컨드 카에 가깝다. 그래서 이 제품의 광고를 맡은 크리에이터는 어줍지 않은 신뢰 제시나 지겹게 반복해온 경제성 주장보다는 뭔가 한 방 크게 날려 소비자들의 뇌리에 탁 박히는 임팩트를 원한 것이 아니었을까. 흔히 경차 하면 왠지 불안하고 접촉 사고만 나도 저 멀리 날아가 버릴 것 같은 심리적 불안감이 도사리고 있다. 이 광고에서 마티즈는 그러한 세간의 우려를 불식시키기 위해 돌연변이 거대 괴수 고질라와 대결을 벌인다. 그리고 완승! 물론 황당하다. 말도 안 된다. 하지만 말도 안 되는 것 같은 설정의 임팩트가 여운으로 남아 마티즈에 대한 친근감으로 변해주길 광고주와 광고회사는 기대한 것 같다. 자동차 품목에서는 상대적으로 저관여 제품인 자신의 현실을 감안하여 진지한 접근보다는 임팩트 있는 재미를 추구함으로써 대중의 입에 오르내리는 광고가 되고자 한 것이다.

프로듀서 출신인 필자 입장에서 이 광고를 보면서 재미있게 느꼈던 점 하나는 고질라의 전신은 단 한 번도 보여주지 않은 채 오로지 한쪽 발만 등장시킨 화면 설정이다. 그러나 고질라의 한 발만으로도 주변의 거리를 뒤덮고 여러 자동차들을 납작하게 만들 정도 아니던가. 제작 기법상 이 광고의 미덕은 고질라의 몸집 전체가 등장하기는커녕 발 한 짝만 내밀었을 뿐이지만 다른 사물들과의 극명한 대비를 통해 충분히 규모감과 웅장함을 전달하는 데 성공했다는 점이다. 덕분에 효과 대비 제작비도 상당히 줄일 수 있어 광고주도 만족하지 않았을까.

*

지금까지 소개한 세 편의 광고들은 각기 다른 괴물을 모델로 내세웠지만 모두 한 가지 원칙에 충실하고 있다. 그것은 주인과 종을 철저히 구분하라는 것이다. 다시 말해서 광고에서 눈길을 끄는 요소는 그에 걸맞은 역할만 해야지 도가 지나쳐 브랜드나 제품이 죽어서는 곤란하다는 얘기다. 종종 광고인들 사이에는 세간에 큰 화제가 되긴 했지만 정작 제품 판매나 브랜드 인지도 상승에는 별볼 일이 없었던 광고물들을 놓고 입방아를 찧기도 한다. 왜냐하면 단지 남을 흉보는 차원을 넘어서 나 자신에게도 언제든 똑같은 일이 발생할 수 있는 탓이다. 치열한 경쟁 상황 속에서 경쟁 브랜드들을 물리치고 자기가 만들어낸 광고가 소비자 머릿속에 콕 박히도록 하고 싶은 마음에 광고 크리에이터들은 자칫하면 차별화를 위한 차별화의 늪에 빠지기 쉽다. 어떤 소재가 얼마나 도발적인가에 못지않게 그 소재가 광고주가 추구하는 제품 컨셉, 또는 광고 컨셉과 얼마나 부합하는가를 늘 염두에 두어야 한다. 그렇지 않으면 '장고(長考) 끝에 악수(惡手) 둔다'는 바둑 격언처럼 자기만의 주관적인 생각에 빠져 광고 효과를 평가하기 위한 잣대를 잃어버릴 우려가 있다.

이번 장에서 소개한 광고들은 하나같이 남부럽지 않게 덩치 큰 괴물들이 나와 설치지만 그 자체의 환기 효과로만 그치지 않고 광고주의 의도와 긴밀하게 연결되는 복선이나 반전 구조를 지니고 있다. 괴물들은 결국 들러리 노릇만 실컷 한 셈이다. 강하게 튀는 광고를 만드는 것은 좋다. 하지만 그것은 어디까지나 브랜드와 제품에 깊이 뿌리를 박은 채여야 한다. 들러리가 되어야 할 것은 브랜드가 아니라 모델로 초빙된 괴수들인 것이다.

인간은 완전범죄를 꿈꾼다!

1831년 8월 29일은 영국의 과학자 마이클 패러데이가 사상 처음으로 전류를 만들어내는 기계, 즉 발전기의 개발 실험에 성공한 날이다. 전기의 발견은 사람들의 노동 환경과 여가 활용 그리고 통신을 포함한 사회생활 전반을 혁명적으로 뒤바꿔놓았다. 1880년에는 이미 각지에서 백열전구가 발명되었고 그로부터 2년 후 에디슨의 공장에서는 연간 10만 개의 백열전구가 생산되기에 이르렀다. 하지만 실험에 성공했던 날, 패러데이는 전기가 때때로 체제에 반대하는 사람들을 고문하기 위한 도구로 쓰이리라고 상상이나 했을까? 우리는 흔히 과학기술의 발달사를 들을 때 극히 바람직하고 이상적인 영향만을 떠올리기 쉽다. 그러나 인터넷 기술이 대중화되자마자 온라인에서 가장 각광을 받은 컨텐트는 다름아닌 포르노였지 않은가. 2003년에는 이른바 '휴대폰 깡'이 우리나라에서 사회문제로 대두되기 시작했다. 돈이 필요한 청소년과 실업자들이 모바일 결제방식으로 무작정 전자제품을 산 다음 70퍼센트 정도의 가격에 되팔아 당장 현금을 마련하려는 것이었다. 핸드폰으로 무선 통화뿐만 아니라 쌍방향 데이터 송수신을 통한 온라인 결제가 가능해지는 기술의 개발에 참여했던 이들은 과연 이런 폐해를 상상이

우주해적의 낭만적인 모험을 과대 포장한 『우주해적 코브라』.

나 했을까? 과학은 인간의 꿈을 실현시키는 동시에 숨어 있는 욕망이 꿈틀대게 하는 '현자의 돌'이다.[1] 그러니 과학기술이 개인의 이기적인 욕심을 위해 남용되는 미래사회를 다룬 과학소설들이 상당수 쏟아져 나온 것은 지극히 자연스러운 현상이라 하겠다.

20세기 초엽 싸구려 펄프 잡지에 글을 연재하던 과학소설 작가들은 미래의 범죄라고 해봤자 오늘날의 범죄와 본질상 뭐가 다르겠느냐고 생각했다. 하긴 인간의 본성이 변하지 않는 이상 첨단 테크놀로지 수단으로 무장해보았자 범죄 유형은 거기서 거기일 수밖에 없을 것이다.[2] 즉, 미래에도 절도와 살인 또는 그보다 더 흉악한 음모들이 여전히 반복될 테니. 심지어 어떤 작가들은 한술 더 떠서 우주해적 같은 복고풍 범죄조직이 외계에서 설치는 낭만적인 상상을 즐기곤 했다. 만화와 재패니메이션으로 만들어진 데라사와 부이치의 『우주해적 코브라』(1979~1985)와 마츠모토 레이지의 『우주해적 캡틴 하록』은 이러한 오랜 전통의 유물이다. 한편 미래의 해적은 그 본 고향인 바다 속에서 활동하기도 하는데 대표적인 사례가 쥘 베른의 소설 『해저 2만 리』에서 첨단 잠수함 노틸러스 호를 타고 오대양 육대주를 누비고 다니며 무정부적인 범죄(좋게 말하면 일탈)를 일삼는 네모 선장이다. 재패니메이션으로까지 제작된 만화 『침묵의 함대』는 주인공이 일본 자위대 출신 잠수함 함장으로 바뀌었을 뿐 무정부주의적인 가치관으로 세계열강들의 정치 군사적 권위에 정면 도전한다는 점에서 그 정신적 후예에 속한다고 볼 수 있다.

그러나 그 본질이 아무리 같다 해도 SF적인 상상력은 범죄 수법을 더욱 지능화시켜준다. 다시 말해서 범죄자나 그를 잡으려는 자나 SF의 세계에서는 훨씬 더 창조적인 지혜를 발휘하게 된다는 뜻이다. 이를테면 초창기 과학소설에서는 세상이 자신의 진가를 알아주지 않는 데 불만을 품은 비뚤어진 천재 과학자가 범죄자로 돌변해 세상을 위협하는 사

[1] 원래 '현자의 돌'은 연금술에서 일반 금속을 금으로 변환시키는 촉매물질을 일컫는 용어인데, 여기서는 인간의 무한한 욕망을 구현시켜주는 수단이란 의미에서 비유적으로 쓰였다.

[2] 하지만 초기 탐정소설에는 그 유명한 셜록 홈스가 장기로 삼은 과학적 사고뿐만 아니라 발달된 과학 장비와 난해한 과학지식으로 무장한 과학적인 탐정이 등장하는 하위 장르가 있었다.

례가 많이 나온다.[3] 그들의 무기는 당연히 남들은 꿈도 꾸지 못하는 과학적 기반에서 나온다. E. E. 스미스(E. E. Smith)의 연작 소설 『우주의 종달새 호*The Skylark of Space*』가 고전적 예로, 여기서 선한 천재 과학자 리처드 시턴(Richard Seaton)은 악당 과학자 블래키 뒤퀸(Blackie DuQuesne)의 살해 위협과 온갖 음모를 뿌리치며 자신이 개발한 새로운 에너지원이 공익을 위해 쓰일 수 있도록 분투한다. 만화는 물론이요, 재패니메이션으로까지 제작된 「마징가 Z」에 등장하는 헬 박사는 블래키 뒤퀸의 적통을 잇는 후배라 하겠다. 그는 세상을 정복하기 위해 온갖 형태의 로봇들을 출동시키지만 또 다른 과학자인 쇠돌이의 할아버지가 완성한 마징가 Z에게 번번이 물을 먹는다. 김청기 감독의 국산 애니메이션 「로봇

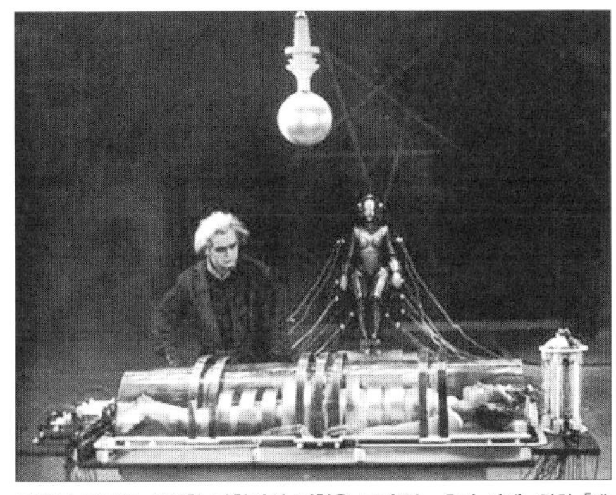

권력과 결탁한 사악한 과학자의 전형을 보여주는 초기 사례. 영화 「메트로폴리스」의 과학자 로트방(Rotwang)이 노동자들을 궁지로 몰기 위한 앞잡이로 쓸 인간형 로봇을 만들고 있다.

재패니메이션 「마징가 Z」에 등장하는 범죄형 과학자의 전형, 헬 박사.

태권 V」 1편에 등장하는 카프 박사의 캐릭터 설정은 외모만 빼고는 철저히 헬 박사를 빼다 박았다 해도 과언이 아니다.

미래의 범죄자들 또한 때로 모여 조직 폭력배를 결성하기도 한다. 스미스의 또 다른 연작 소설 『렌즈맨』에서는 사악한 외계종족 에도리언들이 배후에서 조종하는 항성간 범죄 카르텔 보스콘(Boskone)이 등장한다. 행성과 행성 사이를 무대로 슈퍼 경찰과 슈퍼 도둑 간의 쫓고 쫓기는 게임을 다룬 과학소설의 효시로는 에드먼드 해밀턴의 『항성간 순찰대*Interstellar Patrol*』 시리즈가 손꼽힌다. 만화를 원작으로 한 영화 「저지 드레드*Judge Dread*」에서는 아예 경찰과 법원이 하나의 조직으로 통합되어 범죄를 무자비하고 신속하게 단죄하는 전체주의적 디스토피

인간은 완전범죄를 꿈꾼다!

3) John Clute & Peter Nicholls, *The Encyclopedia of Science Fiction*, Orbit, London, 1999, p.274.

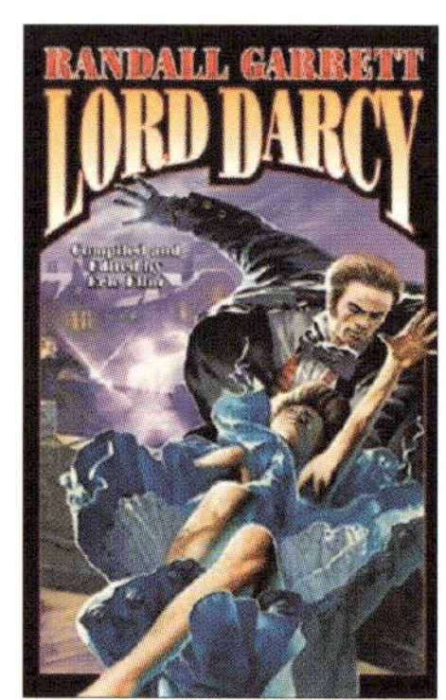

마법과 과학이 공존하는 세계의 탐정 수사물, 소설 『다아시 경의 모험』.

아를 보여준다. 나아가 SF의 세계에서는 범죄 수사를 반드시 인간만이 하지도 않는다. 작가 아이작 아시모프는 『벌거벗은 태양*The Naked Sun*』(1957)에서 인간 형사와 로봇 형사가 콤비를 이뤄 살인사건을 수사하는 이야기를 썼다. 지구가 아니지만 지구와 유사한 대체 세계(alternative world)를 무대로 마법과 과학을 이용해서 수사하는 이야기도 있다. 랜달 가렛(Randall Garrett)의 '다아시 경' 시리즈가 바로 그것이다. 여기서 다아시 경은 무제한이 아니라 오히려 엄격하게 정의된 마법 법칙들이 적용된 범죄를 이성적으로 풀어나가는 왕실 수사관으로, 마법에 대한 논리적 해석은 종종 법정 변론의 근거로 인정된다.

그러나 뭐니뭐니 해도 범죄 소설의 압권은 완전범죄를 저지르고자 하는 자와 그 틈새를 비집고 들어가려는 추적자 사이의 팽팽한 긴장관계라 하겠다. 이 점은 SF 컨텐트라 해서 예외가 아니다. 영화 「마이너리티 리포트」가 사전에 완벽하게 범죄를 방지할 의도로 설립된 프리크라임 체제의 영원한 존립을 위해 또 다른 비극적인 완전범죄가 자행되는 조직 사회의 모순을 그리고 있다면, 영화 「타임캅*Timecop*」(1994)은 과거로 가서 감쪽같이 역사를 바꾸어 자기 편의적인 결과를 유도하려는 시간범죄자들을 색출하는 시간경찰의 분투를 보여준다. 아울러 때로는 현재 사회에서는 너무나 당연하고 익숙한 행위가 불법화되어 가혹하게 처벌받는 미래가 그려지기도 한다. 레이 브래드버리의 장편소설 『화씨 451도』는 우민화 정책 때문에 책을 읽는 것은 물론이고 소지하는 것 자체가 중범죄로 처벌되는 미래사회가 배경이다.[4] 여기서 양서들을 후세에 전달해야 한다고 생각하는 반체제 인사들은 지배권력의 혹독한 탄압에 맞서 기발한 묘안을 짜낸다. 그것은 책을 물리적 형태로 보관하는 것이 아니라 여러 사람의 머릿속에 나눠 암기시키는 방안이다. 이것이야말로 완전범죄 아닌가!

그렇다면 이제부터 미래사회의 완전범죄란 소재를 광고에 도입한 사

---

4) 화씨 451도란 책이 불타는 온도를 지칭한다.

례를 살펴보기로 하자. 잠깐, 대체 미래사회
의 완전범죄가 광고와 무슨 상관이 있다는 거
지? 하고 반문하는 분이 있다면 이렇게 대답
하고 싶다. 물론 굳이 그래야 할 필요는 없다.
그러나 그런 식의 논리라면 앞의 다른 장들에
서 이미 소개한 사례들도 마찬가지다. 회사가
1백 주년을 맞이해 소비자와 함께 그 기쁨을
기념하고 싶은데 왜 인류가 멸종하고 로봇들

완전범죄를 막는다는 명분으로 완전범죄를 저지르는 권력자의 부패에
관한 이야기, 영화 「마이너리티 리포트」.

만 거리를 활보하는 2066년의 사회란 설정이 필요한 걸까? 복권 당첨
예상액만 크게 홍보하면 될 텐데 왜 난데없이 냉동인간이 등장해야 하
는 걸까? 그러한 소재들은 얼핏 보아 브랜드나 제품과 전혀 상관없어
보이지만 양자를 연결짓는 논리의 고리가 크리에이티브할 때 소비자
들은 큰 감흥을 받게 되기 때문이다.

완전범죄를 노리는 시간범죄자들
에 맞서는 시간경찰의 모험담, 영
화 「타임캅」.

　광고는 웃기든 울리든 간에 감정적으로 동요시키지 않고서는 상업
적인 메시지에 대한 소비자들의 심리적 장벽을 깨고 공감을 사기 어렵
다. 그래서 광고에서는 단지 SF적인 소재뿐만 아니라 우리의 일상에서
낯설거나 쉽게 연상되지 않는 소재를 브랜드나 제품과 기발하게 연관
짓는 경우가 많다. 이번에 예로 들 미래의 완전범죄란 소재도 마찬가지
다. 그냥 미래 시점의 스릴러물 한 토막을 30초 동안 잘라내 보여주면
서 그 근처 어딘가에 제품이나 브랜드를 작위적으로 배치한다면 소비
자는 눈요깃거리만 받아들이고 제품과 브랜드는 잊어버리기 십상이
다. 그것은 양자 간의 결합이 긴밀하지 않았기 때문이다. 우리 주위에
는 소비자의 눈길을 끌어 세간의 화제가 되었지만 정작 브랜드와의 연
관 짓기에는 실패해 광고주에게는 실속이 없는 광고들이 부지기수로
많다. 광고의 크리에이티브는 단순히 튀는 독창성 못지않게 광고 컨셉
과 자연스럽게 하나로 어우러져야 한다는 데 누구나 이의가 없지만 막

슈어 제품

상 실제로 만들어보면 그게 결코 마음먹은 만큼 호락호락하지 않음을 깨닫게 될 것이다.

　본 주제로 돌아와서, 이번에는 '슈어(SURE)'의 TV광고를 소개하고자 한다. 이 제품이 어떤 용도로 쓰이는가에 대한 설명은 잠시 뒤로 미뤄 두기로 하자. 여기서 미리 말해버리면 반전의 구조를 갖고 있는 이 광고를 이해하는 데 김이 새버리니까 말이다.

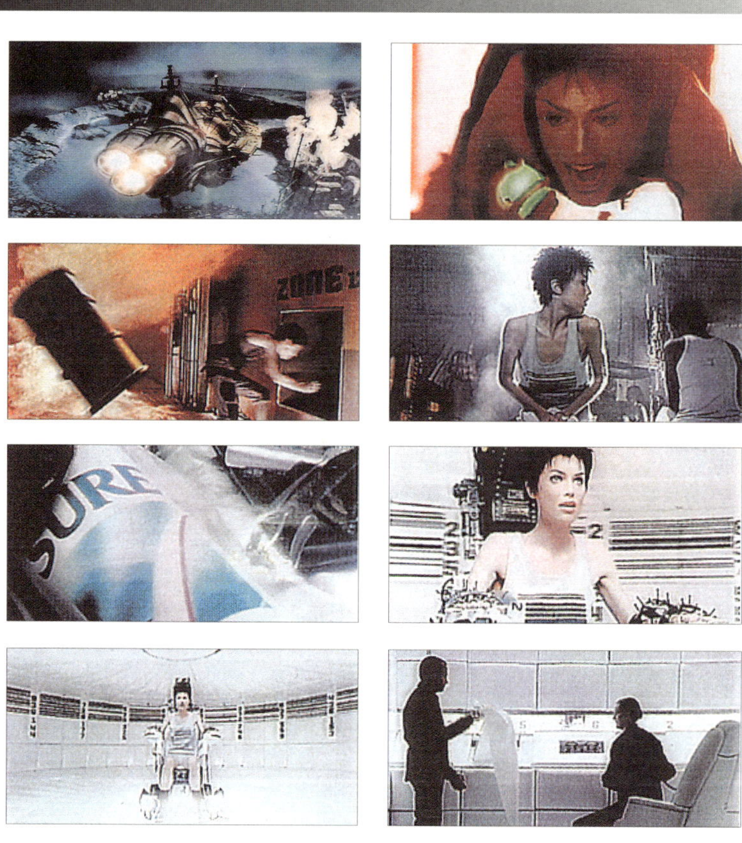

정확한 시점을 알 수 없는 막연한 미래의 우주 공간, 한 여자 스파이가 우주 화물선에 몰래 숨어들어 모처의 우주기지에 잠입한다. 그녀의 목적은 그 기지에서 엄중히 보관하고 있는 파란 공 모양의 특수물질을 탈취하는 것이다. 그 물질의 기능이 무엇이고 어떤 이해관계가 얽혀 있는지에 관해 구구절절 묻지는 말기로 하자. 이것은 장편영화가 아니라 길어봤자 1분 남짓한 TV광고이며 그 공 모양의 물질은 브랜드나 제품의 컨셉과 아무런 상관이 없으니까. 그냥 히치콕 영화에서처럼 실제로는 별로 중요하지 않지만 초반부에서 긴장을 유발시키기 위한 눈요깃거리 요소라고 보면 된다. 그녀는 우여곡절 끝에 특수 기밀실에 침투해 그 공을 훔친 다음 증거 인멸을 위해 기밀실을 폭파하고 달아난다. 그녀는 혼란에 휩싸인 기지의 어수선한 분위기를 틈타 라커룸에다 그 공을 숨긴다.

그러나 그녀의 행운은 여기까지다. 처음부터 밀항해온 그녀를 수상하게 여긴 기지의 관리국은 그녀를 체포한다. 위협적인 어조로 다그치는 심문관들 앞에서 그녀는 금시초문이라며 무죄를 강력히 주장한다. 하도 강력히 부인하자 심문관들은 거짓말 탐지기를 손에 장착한다. 그러나 그녀의 손에서는 땀이 배어나오지 않는다. 약간 당혹해하는 심문관들에게 상급 심문관은 현장에서 채취한 향수 냄새와 비교해보라고 지시한다. 그러나 기계의 검사 결과는 더욱 당혹스러운 결과를 보여준다. 그녀에게서는 그러한 냄새가 전혀 나지 않는 것이다. 상급 심문관은 분명 심증은 가지만 확증이 없어 인상을 찌푸린다. 할 수 없이 그녀를 풀어주는 우주기지 당국, 그녀는 라커룸에 숨겨두었던 파란 공을 갖고 우유자적하며 떠난다.

그녀는 어떻게 해서 첨단 과학기기를 그렇듯 쉽게 속일 수 있었을까? 이 광고를 설명하면서 필자가 일부러 빠뜨린 복선이 하나 있다. 그녀는 라커룸에다가 파란 공을 숨기면서 동시에 온몸에 '슈어'를 뿌린다. 그 결과 그녀는 무죄 방면된다. 이쯤 되면 이 제품의 기능을 눈치 채셨으리라. 슈어는 몸에서 땀이 안 나도록 해줌은 물론 몸 냄새까지 제거해주는 탈취제다. 이 광고를 보고 있노라면 미래에는 사회의 각종 범죄가 더욱 지능적이 되어 쉽사리 간파하기 어려울지 모른다는 우려가 든다. 지금도 온라인 범죄가 다양한 형태로 기승을 부리고 있지만 그러한 시도들을 제때제때 색출할 수 있는 안전 보장 시스템의 확보는 아직 요원해 보인다.

이 광고의 크리에이터는 그냥 현실의 실생활을 소재로 해서 광고를 만들 수도 있었을 것이다. 예를 들면 공연장이나 파티장에서처럼 사람들이 북적대는 곳에서의 에티켓으로 슈어를 권한다든지 하는 방식으로 말이다. 그러나 담당 크리에이터는 제품에 대한 좀더 강렬한 인상을 소비자들에게 심어주고 싶었던 것 같다. 그렇다고 해서 필자는 광고가 무조건 판을 벌이고 액션 어드벤처 속에다 제품을 우겨넣어야 한다고 주장할 생각은 전혀 없다.

문제는 블록버스터 광고로 만들고자 돈을 처바르다시피 하는 게 중요한 것이 아니라 그렇게 상황을 벌이는 맥락이 브랜드나 제품의 컨셉을 이해하고 공감하는 데 철저히 기여해야 한다는 점이다. 광고의 눈요깃거리와 광고 컨셉은 바늘과 실처럼 함께 움직여야 한다. 광고주가 보다 임팩트 있는 광고물 제작을 위해 제작비 투자를 아끼지 않겠다면 크리에이터는 얼마든지 슈어나 매킨토시의 '1984년'편 같은 TV광고를 권해볼 수 있을 것이다. 그러나 잊지 마시라! 소비자에게 좋은 인상을 심어주고 판매를 촉진시키는 광고는 제작비와 반드시 정비례하지는 않는다는 사실을. 물론 이 책에서 그동안 소개한 광고물들은 대체로 SF 장르이다 보니 그 상황 설정을 위해 제작비가 많이 투여되어야 하는 것들이 많았다. 하지만 광고 크리에이티브의 세상은 넓고도 깊다. 투명인간을 소재로 한 콘택트렌즈 광고를 기억하시는지. 이 광고는 이렇다 할 특수효과 없이도 코믹하게 광고 메시지를 잘 전달하고 있지 않은가.

　당신이 광고 크리에이터라면, 그리고 SF 컨텐트를 광고에 접목시키고픈 욕구가 있다면, 「스타워즈」와 「스타트렉」 같은 대하 스펙터클식 설정을 꼭 한 번 담아보고 싶다는 욕심을 버리도록 하라. 광고주는 당신의 자아실현을 위하여 호주머니를 털어주는 독지가가 아니잖은가. 광고 크리에이터에게 무엇보다도 제일 중요한 것은 광고 컨셉이다. 그 컨셉을 극대화하자면 아이디어 발상 과정에서 부득불 제작 규모를 불려나갈 수밖에 없는 경우도 있을 것이다. 하지만 광고 크리에이터는 바다와 같이 깊고 우주와 같이 넓은 자신의 상상력의 구현을 염두에 두기 전에 자기가 맡은 광고주의 상황과 그의 요구사항에 먼저 귀를 기울여야 한다. 비교적 알뜰한 제작비를 쓰고도 훌륭한 광고를 만들 수 있어야 능력 있는 크리에이터라고 필자는 생각한다. 만약 광고의 신이 있다면 그처럼 광고주의 지갑 사정까지 알아 모셔서 광고를 만드는 크리에이터에게 언제고 멋진 블록버스터 광고물을 제작할 기회를 주지 않을까.

SF로 뜨는 광고를 만들어보자!

지금까지 이 책에서 소개한 사례 외에도 SF의 소재는 무궁무진하다. 환경 파괴와 가이아 이론(Gaia theory), 행성 개조(Terraforming), 인류의 폭발적인 증가, 대체 역사, 평행 세계, 사이버스페이스, 정보 공학, 웜홀과 블랙홀 같은 거시적인 관심에서부터 외계의 악성 바이러스, 초광속 우주선, 사이보그(Cyborg), 인공지능에 이르는 자잘한 아이디어들에 이르기까지 과학문명과 인간의 지혜가 맞닿는 곳이라면 어디서든지 SF적 상상력과 비전이 발휘될 수 있다.

이러한 측면에서 볼 때, 인류 현대문명의 발달과정과 긴밀하게 연관되어 있는 SF는 광고와 궁합이 잘 맞는 표현도구들 가운데 하나라고 볼 수 있다. 광고 역시 SF와 마찬가지로 늘 해당 사회와 문화의 변화에 민감하게 상호 작용하는 문화기제니까 말이다. SF가 사람들의 모듬살이를 바꿔놓는 원인과 그로 인한 여파를 과학철학적·사회문화적 관점에서 조망한다면, 광고는 그러한 조망을 소비자 대중에게 빠른 시간 안에 효율적으로 확대 재생산하는 증폭기가 되어준다. 그 화제가 유전자 조작에 관한 문제이든, 사이버 사회의 불완전성으로 인한 우려이든 간에 말이다.

그러나 광고에 멋진 특수효과로 치장한 SF적 플롯을 집어넣는다고 해서 다 소비자의 눈을 끌거나 나아가서 공감을 얻는다는 보장은 없다. 선뜻 SF 스타일의 광고를 만든답시고 돈과 시간을 퍼부어봤자 공감할 수 있는 연결고리 없이는 돈 낭비로 그치고 말 뿐이다. 왜냐하면 SF적인 플롯만으로는 허황된 나머지 우리와는 별 상관없는 얘기로 비칠 우려 또한 있기 때문이다. 이와 관련하여 과학소설계에서도 참고할 만한 적절한 예가 하나 있다. 과학소설 출판시장이 다른 나라에 비해 말할 수 없이 좁은 우리나라에서조차 마이클 크라이튼(Michael Crichton) 하면 누구나 다 안다. 물론 그의 지명도는 미국을 비롯한 여타 나라들에서도 확고하다. 그는 과학소설계에서 알아주는 작가도 아니고 두고두고 과학소설 역사에 남을 걸작을 쓰지도 않았는데 SF 장르에 친숙한 사람이나 아닌 사람이나 그의 이름 정도는 들어본 적이 있을 것이다. 왜 그럴까? 동료 작가이자 비평가인 토머스 디쉬의 말을 들어보자.

그의 베스트셀러들의 플롯들에는 외계 우주에서 온 바이러스 전염병, 아프리카 깊숙한 곳에 사는 잃어버린 부족들, 전자적인 행동제어, 미쳐 날뛰는 로봇, 바다에 충돌한 비행접시 그리고 현대의 도시들을 전율하게 만드는 공룡들이 등장한다. 이것들은 하나같이 유서 깊은 SF의 장신구들이지만 크라이튼의 손에만 들어가면 어쨌거나 더 이상 SF가 아닌 것처럼 보이게 된다. 왜 그럴까? 이것은 크라이튼의 작품들이 우주선이나 외계행성을 배경으로 하는 것이 아니라 그럴싸한 현재를 무대로 단지 해당 작품이 초점을 맞춘 특정한 한 요소에만 수정(SF적인 설정)을 가하기 때문이다. 게다가 그가 제공하는 특이한 아이디어조차 그의 독자들은 이미 반쯤은 믿고 있는 것이다. 그의 소설을 원작으로 한 영화 「쥬라기 공원 Jurassic Park」이 처음 개봉되었을 당시, 모든 매체를 동원한 광고는 현대과학이 살아 있는 공룡을 복원해내는 것은 거의 시간문제인 것처럼 보이게 고안되었다. 크라이튼과 그의 배후에 있는 마케팅 조직은 허풍만으로는 충분치 않다는 사실을 잘 알고 있었던 까닭이다. 사람들은 그러한 허구를 믿고 싶어한다. 나아가서, 수준 있는 과학소설에 신빙성 있는 과학을 끌어들이면 소설 속의 꿈이 판타지와 동화에 나오는 초현실적이고 초자연적인 사건들과는 달리 정말 실현 가능성이 있는 것처럼 느끼게 해준다.

같은 맥락에서, 광고에서 SF라는 요소는 어디까지나 특수효과와 마찬가지로 제품 컨셉을 돋보이게 해주는 수단으로 이용되어야지 컨셉과 혼동되어서는 안 된다. 가장 바람직한 경우는 제품 컨셉과 사회적 이슈와 SF적 설정의 삼박자가 딱 맞아떨어질 때다. 애플의 매킨토시 광고 '1984년'편이 그처럼 큰 호소력을 지닐 수 있었던 것은 단지 그 광고물 덕분만은 아니다. 정치사회적으로 데탕트가 무르익으면서 냉전의 소모전이 역겹게 느껴지기 시작할 무렵, 컴퓨터 시장을 석권하고 있던 IBM의 위상은 미국 대중에게 빅 브라더처럼 보일 수도 있었던 것이다. 다시 말해서 시장 환경과 정치사회 환경과의 교점이 있었기 때문에 그 광고는 더욱 파괴력이 있을 수 있었던 것이다. 그러므로 '1984년'편의 광고 크리에이터들의 공로는 '전체주의의 위협에 맞선 숭고한 개인'이란 메시지를 만들어낸 것보다는 그러한 메시지가 시대적으로 공감을 불러일으킬 수 있으리라고 꿰뚫어본 통찰력에 있다. 유전자 복제와 게놈 프로젝트로 논란이 분분한 이 시대에 복제인간이란 소재로 분신이나 다름없는 오디오라는 메시지를 소구한 'LG 아하프리'도 마찬가지다. 단순히 낯선 표현기법이나 테크놀로지 문명의 소개로 그쳐서는 사회와 인간을 꿰뚫어보는 SF의 참다운 위력을 광고에 제대로 접목시켰다 할 수 없을 것이다.

광고를 차별화시킬 수 있는 소재들은 세상에 무궁무진하다. SF 컨텐

트는 그중 일부일 뿐이다. 중요한 것은 어떤 소재를 광고에 끌어들이건
간에 무엇이 주인이고 무엇이 하인인지에 대한 역할 분배가 제대로 고
려되어야 한다는 것이다. 아울러 그 소재를 적절하게 소화할 수 있는
노하우뿐만 아니라 그 소재가 사회의 트렌드와 맞물려 어떠한 증폭 효
과를 빚을지에 대한 통찰까지 갖춘다면 금상첨화이리라.

왜 사람들은 SF에 매료되는가?
–SF보다 더 SF 같은 현실에 살고 있는 우리들의 이야기

SF 장르(어떤 미디어 용기에 담기건 간에 컨텐트 기본 속성으로서 지칭할 때)가 18세기 초엽부터 오늘날의 복잡다단한 대중문화에 이르기까지, 거의 2백 살에 가까운 나이를 먹으면서도 영향력 있는 문화 텍스트로 성장해올 수 있었던 까닭은 무엇일까? 필자는 그 원인을 두 가지 측면에서 바라볼 수 있지 않을까 생각한다. 첫 번째 원인은 본질적인 차원으로, SF가 인간의 원초적인 욕망에 뿌리를 두고 있기 때문이다. SF는 이미 과학적으로 입증되었거나 아직 입증되지는 않았지만 과학적으로 그럴듯해 보이는 근거를 디딤돌로 삼아 미래에 대한 예기치 못한 놀라움(희망에서 공포에 이르는)을 불러일으켜 대중의 상상력을 극한까지 끌어올린다는 점에서 무척 매력적이다. 16세기에 발간된 노스트라다무스의 『여러 세기*Centuries*』와 조선시대에 유행한 『정감록』 같은 예언서들은 바로 이 같은 대중의 강렬한 소망이 빚어낸 결과물이라 보아도 과언이 아니리라.

두 번째 원인은 사회 현상적인 차원으로, 현대 산업사회의 삶이 허구의 SF보다 더 SF 같은 느낌을 줄 정도로 급속하게 변모해왔기 때문이다. 지칠 줄 모르고 끊임없이 전진해온 현대과학은 SF가 예견한 전망

가운데 상당수를 이미 실현시킴으로써 사실상 과학소설과 현실 사이의 경계선을 흐려놓고 있다. 일례로 몇 년 전 미국의 토머스 제퍼슨 대학에서 근무하는 재미 한국인 과학자 윤경근은 '유전자 수리'를 통해 흰 쥐를 검은 쥐로 만드는 데 성공한 바 있다. 흰 쥐가 생기는 이유는 피부 색깔을 변화시키는 색소 인자인 멜라닌 생산 효소를 만드는 유전자의 결함 때문인데, 그 유전자 변이를 고쳐주면 다시 멜라닌이 만들어져 흰 쥐가 검은 쥐로 변하게 된다. 이처럼 변이된 유전자를 정상 유전자로 고치는 기술은 좀더 보완된 다음 사람들의 각종 유전성 질환을 치료하는 데 이용될 전망이다.

스타니스와프 렘.

정자세포는 물론이요, 체세포를 이용해서도 인간복제가 가능해진 시대에 첨단 유전공학은 어디까지 다다르게 될까? 자칫하면 유전공학의 급속한 발달은 인간사회와 가족제도에 대한 기존의 도덕률을 송두리째 뒤흔들어놓을지 모른다. 이와 관련하여 폴란드의 의사 출신 과학소설가 스타니스와프 렘은 다음과 같이 흥미로우면서도 곤혹스러운 상황을 가정해본 바 있다.

만약 존이란 사나이가 3백 년 전에 이미 죽었지만 그의 생식세포가 냉동보관이 되었다고 가정해보자. 그 세포들을 통해 수태한 여인은 피터의 어머니가 될 것이다. 이 경우 존은 피터의 아버지가 될까? 그야 의심할 여지가 없다.

그럼 이런 가정은 어떨까? 존이 죽으면서 생식세포를 남기지는 않았지만 한 여인이 유전공학자에게 의뢰하여 존의 표피에서 추출해낸 세포 하나로 존의 정충을 합성해냈다.(신체의 모든 세포들은 유전적으로 동일하게 구성되어 있다.) 만약 수태가 된다면 존은 이 경우에도 (이미 죽은 사람이지만) 피터의 아버지가 되는 걸까?

아예 다음과 같은 경우는 어떨까? 존은 죽었을 뿐만 아니라 단 하나의 체세포도 남기지 않았다. 대신 존은 자신의 아이를 갖고 싶어하는 여성이 나타날 경우에 대비해 유전공학자에게 다음과 같은 유지를 남겨놓았다. 즉, 그 여성이 낳은 아이는 누가 보더라도 존을 빼닮아야 한다. 게다가 유전공학자는 어떤 남자의 정충도 사용해서는 안 된다. 오히려 그는 그 여성의 난자를 가지고 처녀생식(또는 단성생식)을 일으켜야 한다. 이에 따라 그는 유전자를 조율해서 피터가 존을 쏙 빼닮게 태어나도록 그 유전자를 발생학적인 단계에서부터 관리해야 한다.(존의 사진이나 생전에 녹음해놓은 존의 목소리를 참고하는 것은 가능하다.) 이때 유전학자는 존이 태어날 아이에게서 기대하는 모든 특징들을 해당 여인의 염색체 속에 '조각해 넣어야' 한다. 그렇다면 존은 피터의 아버지인가 아닌가?

이렇게 되면 '맞다' 또는 '아니다' 식으로 명쾌하게 답하기가 불가능해진다. 어떤 면에서는 존은 사실상 아버지이지만 다른 면에서 보면 그렇지 않다. 경험론에만 호소해서는 명쾌한 답을 얻을 수 없을 것이다. 그 정의는 본질적으로 유전공학자뿐만 아니라 존, 피터의 어머니 그리고 피터 모두가 속해 있는 사회의 문화적 기준에 의해 내려질 것이다.

그러한 기준이 확립되어 존의 유지를 엄격히 준수해 태어난 아이가 그의 아이로 누구에게나 인정받는다고 가정하자. 그러나 만약 그 유전공학자가 스스로 또는 다른 누군가가 부추기는 바람에, 그 아이의 유전형질의 45퍼센트를 유언한 대로 하지 않고 전혀 다르게 구성했다면, 해당 문화권의 기준에서 보더라도 존을 그 아이의 아버지라고 할 수도 없고 아니라고 할 수도 없을 것이다. 이러한 상황은 미술 전문가들이 렘브란트의 작품이라 추정되는 그림을 놓고 논란을 벌이는 경우와 같다. "이건 렘브란트의 그림이야"라고 말하는 사람이 있는 반면, 어떤 이는 "이건 렘브란트의 작품이 아니야"라고 말한다. 이러한 논란은 비록 처음에 그림을 그리기 시작한 이는 렘브란트이지만 다른 익명의 누군가가 작품을 완성시켰다면 얼마든지 빚어질 수 있으므로, 이 그림의 45퍼센트는 렘브란트의 손길이 닿은 것이고 나머지 55퍼센트는 다른 사람이 손본 것이라고 판정할 수 있다. 이처럼 부분적인 저작권의 경우에는 이도 저도 아닌 게 되어버린다. 이를 달리 말하면 단지 부분적으로만 아버지가 되는 것이 가능한 상황들이 있다는 얘기다.(이러한 상황들은 또한 다른 방법들을 동원해서도 가능하다. 예를 들면, 존의 정충에서 추출한 유전인자들 중 일정량을 제거한 뒤 그로 인해 부족한 만큼만 아예 다른 사람의 유전인자로 채워넣을 수도 있다.)

'존은 피터의 아버지다 또는 존은 피터의 아버지가 아니다' 라는 역설을 가능하게 할 유전자 조작은 머지않은 미래에 현실로 다가올 것이다. 그래서 그러한 문제를 묘사한 작품이 오늘날에는 판타지이지만, 30~40년 뒤면 정말로 실감날 것이다. 아버지, 어머니 그리고 자식 간의 인위적으로 가공된 이 같은 혈족관계는 그때 가서는 지금과 같은 허구가 아니라 진실이 될 것이다. 오늘날의 부자관계는 유전공학이 실현되는 시대와는 다를 것이다.[1]

이 얼마나 소름끼치는 예언인가! 이 글은 1980년대 중반에 발표되었는데, 작가 스타니스와프 렘은 당시 불과 30~40년 뒤면 자신의 가정이 현실화되리라고 내다보았으며 그러한 예상은 현실과 크게 빗나가지 않았다. 2002년 말 미국에서는 외계인을 신으로 추앙하는 종교단체 라엘리언 산하의 인간복제기업 클로네이드가 법적 규제를 무릅쓰고 복제인간 아기를 출생시켰다고 공표함으로써 인간 유전자의 무분별한 조작에 반대하는 사회 일반의 여론을 들쑤셔놓았다. 그 진위 여부를 떠나서 이 사건이 시사하는 바는 바야흐로 실정법을 동원해서까지 인간복제를 막아야 할 정도로 기술이 앞서가는 시대에 우리가 살고 있다는 사실이다. 아마 새로운 밀레니엄에 태어난 우리의 아들딸들이 어른이

1) Stanislaw Lem, *Microworlds : Writings on Science Fiction and Fantasy?* ed. by Franz Rottensteiner, Harcourt Brace & Company, Orlando, Florida, 1984.

로버트 실버그.

될 때쯤에는 렘의 말마따나 결혼하지 않고 단지 처녀생식만으로 자식을 얻는 날이 오지 않을까? 만약 그렇다면 가족에 대한 가치관과 도덕은 어떻게 변모할까?

SF보다 더 SF적인 현실은 비단 과학의 첨단영역에만 국한되어 있지 않다. 오히려 우리는 SF에서나 꿈꾸어보았을 만한 삶을 일상생활 속에서 훨씬 더 자주 경험하고 있다. 이미 1970년대 중반에 미국의 유명한 과학소설가 로버트 실버그는 「SF와 미래SF and the Future」라는 에세이에서 그 자신이 지금 SF가 그려낸 미래 속에서 살고 있는 건지 아니면 진짜 현실 속에서 살고 있는 건지 구분이 가지 않을 정도로 과학문명이 우리의 평범한 삶 구석구석까지 파고들어와 있어 놀랍다고 털어놓았을 정도다.[2] 그냥 과학소설 작가의 과장된 너스레라고 웃어넘기기 전에 그의 솔직한 심경을 직접 들어보기로 하자.

나의 디지털 라디오 시계는 샌프란시스코 부근에 있는 내 집에서 7시 반이면 나를 어김없이 깨워준다. 나는 전기열로 데워진 침대를 떠나 오렌지 주스, 베이컨 그리고 빵 따위로 아침식사를 한다. 이 음식들은 모두 몇 달 전에 사두었다가 어제까지 냉장고 안에 보관되어 있던 것들이다. 전기면도기로 세면을 순식간에 끝낸 나는 전자화된 번호 버튼을 재빨리 눌러 몇 통의 전화를 한다. 로스앤젤레스의 친구와 뉴욕의 편집자에게 전화 교환수의 도움 없이 직접 통화를 하는 것이다. 그런 다음에는 회전식 엔진이 장착된 차를 타고 공항까지 복잡하게 얽혀 있는 고속도로를 거의 진동이 없이 차분하게 달린다. 트랜지스터 회로를 이용해 소형화된 차내 라디오의 스위치를 살짝 눌러주기만 하면 지구 상공의 궤도에서 작업하고 있는 스카이랩(Skylab, 우주정거장 겸 연구소) 우주비행사들의 뉴스가 흘러나온다. 바로 그때 머리 위로 시끄러운 소음을 내는 헬리콥터가 시야에 들어온다. 이것은 지역 라디오 방

2) Robert Silverberg, *Reflections & Refractions*, Underwood Books, Grass Valley, California, 1997, p.28~35.

송국이 교통 체증 시간대의 상황을 모니터하기 위해 사용하고 있는 헬리콥터다. 공항에서 나는 매시간 떠나는 로스앤젤레스 행 비행기를 탄다. 이것은 캘리포니아 주의 남부지역으로 불과 45분 만에 날아가며, 비교적 덩치가 작은 기종인데도 불구하고 1백20명의 승객을 태울 수 있는, 엔진이 3개 달린 제트기다. 활주로를 달리는 비행기 안에서 내 눈에 3백50명을 태울 수 있는 초대형 비행기가 이륙을 준비하는 모습이 보인다. 그것은 타이티까지 9시간 만에 논스톱으로 날아간다. 오전 안으로 나는 이미 로스앤젤레스 국제공항에 당도해서 렌터카 신청 창구에다 내 신용카드를 내밀고 컴퓨터로 인쇄된 계약서에 서명한 다음 (스틱 없이) 오토로 운전하는 세단을 몰고 있다. 고속도로를 경유해서 나는 업무상 회의가 있는, 실제로는 50층짜리이지만 아직 칸막이 벽만한 높이로 보이는 탑으로 향한다. 대화 내용은 속기사가 아니라 녹음기가 기록하며 새로 테이프를 갈아 끼운 지 한 시간 만에 회의를 끝낸다. 그런 다음에는 점심식사를 하는데, 드라이브 인(drive-in) 식당[3]에서 간단한 패스트푸드로 때운다. 그 뒤 염가판 책을 파는 서점과 근처의 쇼핑센터에 있는 레코드점을 서성이다가 바그너의 4장짜리 CD로 된 클래식 '발퀴레'를 구입한다. 이제는 공항으로 돌아가서 렌터카를 반납하고 집으로 가는 비행기에 오른다. 내 좌석 바로 옆에는 최신식 원자력 공장을 설계하는 일을 하는 엔지니어 두 명이 앉아 있는데, 그들은 무릎에다 서류들을 펼쳐놓고 열심히 일하는 중이다. 집적회로가 가득 차 있지만 크기는 호주머니만한 계산기를 두드려대면서 말이다. 저녁 무렵에는 집에 앉아서 늦게까지 레닌그라드 필하모닉의 콘서트 공연 실황을 컬러TV로 시청한다. 이 공연은 지구 궤도에 떠 있는 통신위성의 중계로 생방송된다.

그나마 실버버그가 놀라워한 1970년대 미국사회의 모습조차 21세기

3) 자동차에 탄 채로 창구에서 음식(주로 패스트푸드)을 주문하고 받을 수 있게 되어 있는 식당. 미국에서는 보편화되어 있다. 이 경우 오히려 차에서 내려 창구 옆의 식당 문으로 들어가려 했다가는 점원 뒤에 앉아 있는 경찰과 맞부딪힐 것이니 유의할 것.

에 들어선 우리나라 사회에 비하면 구닥다리처럼 보인다. 전 국민의 반
수 이상이 인터넷을 이용하고 디지털 위성방송의 채널 수가 1백90개를
넘었으며, 한 가정에서 CDMA 방식 핸드폰을 2대 이상 쓰고 있는 21세
기 초 우리나라의 현실에서 바라보면 지금까지 출간된 과학소설들 가
운데 상당수가 미래에 대한 상상화이기는커녕 오히려 현 시점에서 쓰
여진 리얼리즘 소설처럼 생각될 지경이다. 미국 SF의 아버지라 불리는
휴고 건스백(Hugo Gernsback)이 장편소설 『랄프124 C41+*Ralph*124
C41+』에서 컬러TV와 비디오 전화 그리고 원격 화상회의가 등장하는
27세기의 모험담을 발표한 해가 1929년이다. 그러나 2003년의 우리들
은 이러한 과학문명의 이기(利器)를 너무나 당연하게 받아들여온 나머
지 SF적인 비전을 현실과는 동떨어진 별개의 별천지인 양 오해하기 쉽
다. 하루에도 수백 번씩 어제의 SF 세계와 만나고 있음에도 불구하고
말이다. SF란 하루하루 변하면서 쏜살같이 달리는 과학이란 열차에 탄
인간을 순간포착해서 카메라로 찍은 다음 인간학적인 해석을 덧붙여놓
은 해설판이다. 그래서 과학소설은 꿈인 동시에 현실이다. 요즘 SF가
대중문화의 강력한 아이콘으로 등장하고 있는 까닭은 무엇보다도 SF
자체가 꿈을 주면서도 현실에서 계속 확인할 수 있는 공명 현상을 지속
적으로 일으키기 때문일 것이다.

　지금까지는 SF가 왜 대중문화의 주요한 일부가 되었는지를 과학과
기술문명의 차원에서 살펴보았다. 이번에는 대중문화 속에서 SF가 일
부 지식인과 마니아들의 전유물에서 아주 대중적인 문화 컨텐트로까지
성장하게 된 배경을 알아보기로 하자. 광고 또한 현대 대중문화의 주요
한 축을 담당하고 있는 까닭에 이러한 배경에 대한 이해는 SF가 광고
컨텐트의 아이템으로 자연스럽게 진입하게 된 과정을 파악하는 데 도
움이 될 것이다.

　앞서 언급했다시피, 현대적 의미에서의 SF 컨텐트는 그 기원이 약 2

휴고 건스백, 미국 SF의 아버지
로 불린다.

휴고 건스백이 지은 미국 최초의
장편 과학소설 『랄프124 C41+』.

문명 비판 시각에서 과학소설을
집필한 H. G. 웰스.

과학기술문명의 경이와 그것의 올바른 이용을 설파한 쥘 베른.

과학기술문명이 전체주의로 치닫는 미래를 그린 『멋진 신세계』의 저자 올더스 헉슬리.

토머스 모어의 소설 『유토피아』의 삽화.

디스토피아의 비유를 통해 공산주의 체제를 비판한 대표적인 작가로 조지 오웰과 예프게니 자먀틴이 있다. 오웰이 체제 밖에서 비판을 했다면, 자먀틴은 체제 안에서 풍자를 했다는 점에서 더 치열한 작가정신을 보여준다.

백 년 전의 문학형식으로까지 거슬러 올라가는 비교적 뼈대 있는(?) 집안 출신의 하위문화다. 간혹 일부 비평가들이 SF의 족보에다 전통과 명성을 덧칠하려는 속셈 아래 토머스 모어의 『유토피아』나 토마소 캄파넬라(Tommaso Campanella)[4]의 『태양의 도시 *Utopia, Civitas Solis*』(1602), 프랜시스 베이컨의 『새로운 아틀란티스』 같은 선구적 유사 과학소설들을 굳이 중세로까지 거슬러 올라가 무리하게 꺼내오는 수고를 아끼지 않곤 한다. 그러나 18세기 초엽에 발표된 『프랑켄슈타인』을 본격적인 최초의 현대적 과학소설로 보는 것이 정설이다. 이 작품은 단순히 사회 풍자나 정치적 훈계를 주목적으로 삼던 이전의 유토피아 소설의 관행에서 과감히 탈피해, 비로소 처음으로 과학문명과 인간사회의 관계를 진지하게 사색하고 있기 때문이다.

하지만 20세기 초까지만 해도 과학소설은 H. G. 웰스, 쥘 베른, 올더스 헉슬리, 조지 오웰 그리고 예프게니 자먀틴 같은 유럽의 시대적 선각자들의 지적 전유물로서의 성격이 짙었고, 싸구려 SF잡지들의 지면을 통해 통속 과학소설가들이 생계를 꾸려나가던 1950~60년대의 미국사회에서도 궁극적으로는 어린이와 십대를 위한 제한된 커뮤니티로서의 성격이 짙었다.[5] 그러던 SF 컨텐트가 일부 식자층이나 마니아층의 게토에서 벗어나 일반 대중의 스포트라이트를 받기 시작한 계기는 뭐니뭐니 해도 조지 루카스(George Lucas) 감독의 우주활극 영화 「스타워

4) 도미니쿠스 수도회 출신의 이탈리아 철학자(1568~1639).

5) 과학소설이 장르로까지 조직화되어 꽃을 피운 곳은 미국이지만 원래 그 싹을 발아시킨 이들은 19세기 말과 20세기 초에 등장한 일군(一群)의 유럽 지식인들이었다. 그들은 산업혁명이 완성되고 과학기술이 인류 발전의 굳건한 토대로 자리매김하리라고 예견되던 당대의 비전을 깊은 사색과 성찰을 담아 표현했다. 그러나 과학소설은 미국이란 전형적인 자본주의 시장으로 건너오면서 철저하게 대중의 기호에 영합하는 펄프 소설로 탈바꿈한다. 인류와 사회의 비전을 여전히 간판으로 내걸긴 했지만 미국 과학소설가들의 실질적인 관심사는 표피적인 과학지식의 경이를 너절하게 늘어놓아서 독자들의 눈길을 붙들어 두려는 데 있는 경우가 많았다.

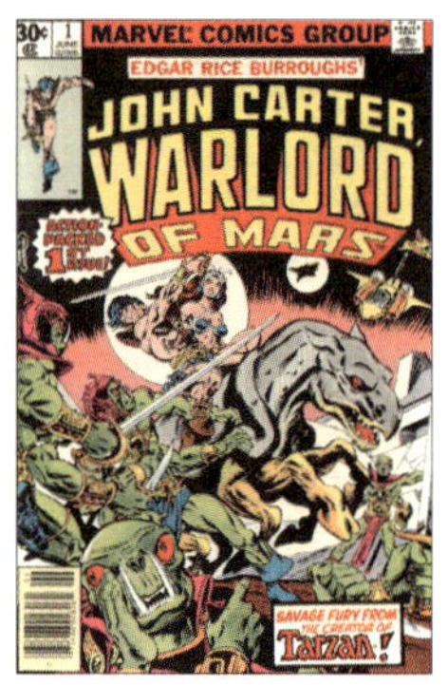

에드거 라이스 버로스의 모험 SF소설 『화성의 존 카터』 시리즈를 원작으로 한 미국 만화.

영화 「스타워즈」의 포스터.

「스타트렉」 TV 연속극의 오리지널 멤버들.

SF는 이제 자신이 창조한 컨텐트를 패러디할 정도로 역사적 뿌리가 든든해졌다. 「스타트렉」을 패러디한 「갤럭시 퀘스트Galaxy Quest」의 포스터.

즈」가 전 세계적으로 유례가 없는 흥행 성공을 거두면서부터일 것이다.

어찌 보면 뤼미에르 형제가 1895년에 발명한 영화라는 매체 자체가 그 당시 사람들이 보기에는 경이로운 SF와 다름없었을 것이다. 사실 영화가 발명되고 나서 몇 년 간은 SF와 영화가 한 몸이나 다름없던 시절이 있었다.[6] 영화의 화면 구성 테크닉과 당시의 SF 주제들(기계화된 노동, 로봇, 비행기, 로켓 등)은 둘 다 일종의 경이로운 시각적 즐거움을 준다는 공통점이 있었다. 이러한 맥락에서 보면 초창기 영화사에서 특수효과의 달인으로 언급되곤 하는 영화감독 조르주 멜리에스(George Melies)는 오늘날 SF영화의 선구자라 해도 틀린 말이 아니다.

물론 「스타워즈」 이전에도 영화사에 SF 장르의 전통이 있긴 했다. 하지만 이러한 영화들은 대부분 B급 영화 시장의 한계를 넘어서지 못했으며, 「스타워즈」에 이르러서야 부모가 아이들 손을 잡고 영화관에 가는 폭발적인 붐으로 확산되기 시작했다.(이렇게 보면 「스타워즈」보다 몇 년 앞서 개봉되어 당시 미국 젊은이들을 열광시킨 스탠리 큐브릭 감독의 「2001 스페이스 오디세이」는 SF의 본격적인 부흥을 예고하는 서막에 불과했다.) 이후로 SF영화는 1960년대 후반에 첫선을 보인 TV드라마 「스타트렉」에 열광하는 소위 트레키들 같은 열혈 팬들의 전유물이 아니라, 영화 제작자들이 공들이는 블록버스터 영화 리스트의 맨 윗줄을 늘 차지하기에 이르렀다. 심지어는 「스타트렉」마저도 1970년대 후반이 되자 만만찮게 불어난 미국의 트레키들 덕분에 그리고 공전의 히트를 한 「스타워즈」에 힘입어 그 또한 극장판 영화 시리즈로 제작되기에 이른다. 「스타워즈」의 성공에 고무된 사람들은 한둘이 아니어서, 월트 디즈니까지 1979년 「블랙홀The Black

<hr>

6) John Clute, *SF : The Illustrated Encyclopedia*, A Dorling Kindersley Book, London, 1995, p252.

Hole」이란 SF 블록버스터 영화의 제작에 나섰다. 오늘날 우리는 「터미네이터」, 「에이리언」, 「매드맥스」 같은 SF 대작 시리즈물을 수시로 만나고 있으며 2003년 중으로 「매트릭스」의 속편 두 편이 그 신규 목록에 끼어들 참이다. 이제 SF 컨텐트는 더 이상 소설이나 출판만화의 울타리 안에 안주하지 않고 전 세계 관객을 대상으로 규모의 경제에 입각한 블록버스터 문화상품을 제공하는 할리우드 상업영화계와 불가분의 관계를 맺게 됨으로써, 대중문화의 흐름을 선도하는 강력한 카리스마를 갖게 되었다. 같은 맥락에서 전 세계 애니메이션 시장을 주무르다시피 하는 일본의 재패니메이션 산업에서도 SF 컨텐트가 차지하는 비중은 실로 가늠하기 어려울 정도이다.

이처럼 SF영화가 대중적인 성공을 거두게 된 데에는 SF적인 아이디어를 거의 그럴듯하게 재현해낼 수 있는 특수효과의 비약적인 진보를 거론하지 않을 수 없다. 단지 미니어처(축소판 모형)를 이용한 특수촬영 단계를 넘어서 컴퓨터그래픽을 정점으로 한 특수효과 노하우는 인간의 무한한 상상력을 구체적인 오감의 세계로 담아내는 데 날로 일취월장하고 있다. 아울러 이러한 특수효과 기술력의 끊임없는 발전은 SF를 소재로 한 컴퓨터게임이나 비디오게임에서도 무시하지 못할 호소력을 발휘하고 있다.

이러한 동영상 SF 컨텐트들의 인기는 반대로 이 컨텐트 장르의 본류라 할 과학소설에 대한 관심을 더욱 끌어올리는 기폭제 구실을 하기도 했다. 과학소설은 그 본바닥이라 할 미국에서 1950년대의 황금기와 60년대의 뉴 웨이브, 70년대의 페미니즘, 80년대의 사이버펑크를 거치면서 차차 세련되어졌고 인간의 존재와 본질에 대한 근본적인 질문을 하는 문학으로 발전해왔다. 반면 자본집약적이고 투기성이 강한 SF영화(애니메이션 포함)쪽은 산업의 논리에 기반한 활극 어드벤처가 주류를 이룬다. 여기서 재미있는 점은 양자의 대조적인 관계가 서로에 대해 배타

적이기보다는 상호 시너지를 유발한다는 점이다. 과학소설은 SF영화의 독창성과 소재거리에 자양분을 제공하고 반대로 SF영화는 과학소설에 대한 대중의 관심을 늘 널리 환기시켜준다. 특히 특수효과의 눈부신 발달에 힘입은 화려한 동영상과 입체음향으로 무장한 SF영화들의 전면적인 등장은 문자 매체에서는 기대하기 어려운 강렬한 감정적 흡인력을 발휘해 SF 컨텐트 향유층의 저변을 넓혀주는 구실을 하고 있다.

이처럼 SF 컨텐트는 서구사회, 특히 미국을 주력 시장으로 해서 순수문학만으로는 해소될 수 없는 인간사회의 다양한 갈증을 적셔주는 대중문화 컨텐트 장르로 커왔다. 물론 모든 SF 컨텐트가 심오하다거나 인류의 미래에 대한 명쾌한 비전을 제시하고 있는 것은 아니다. 하지만 3류 과학소설이나 B급 SF영화, B급 비디오게임에서마저도 우리는 그러한 컨텐트를 만들어낸 해당 사회의 시대적 이데올로기와 가치관을 읽어낼 수 있다는 점에서 의미가 있다. 오히려 작품의 수준이 조악할수록 작가의 불순한(?) 의도나 관념을 교묘하게 감추거나 미화하는 데 미숙하기 때문에 좀더 솔직한 속내를 엿볼 수 있는 것이다. 그래서 어떤 비평가들은 할리우드의 공포영화들이나 B급 느와르(noir) 영화들을 시기별로 모아 전체적인 맥락에서 비평하고 분석하는 방법을 SF 장르에 도입하기도 한다. 이를테면, 미소 냉전시대의 SF영화 속 외계인 이미지와 데탕트 이후 다극화 시대의 SF영화 속 외계인 이미지는 왜 그처럼 현격한 차이를 보이는가 하는 문제처럼 말이다. 여기서 외계인의 실존 여부는 별로 중요하지 않다. 그보다는 사회 안에서 함께 살아가는 사람들의 다양한 생각들이 충돌하면서 SF란 거울에 비춰지는 현상에 주목할 따름이다.

냉전적 사고에 대한 우회적인 비판을 담은 영화 「지구가 멈춰선 날」.

SF, 네 정체를 벗겨주마!
−과학소설이라면 지켜야 할 규칙들

SF, 과학소설, 하나의 장르

SF란 대체 무엇일까? 요즘 우리가 보는 블록버스터 영화들은 어떤 식으로든 SF 장르의 틀을 뒤집어쓰고 있는 경우가 많다. 그뿐인가? SF 적인 설정을 기반으로 한 애니메이션과 출판만화 그리고 컴퓨터게임도 부지기수다. 이처럼 SF 컨텐트에 이중 삼중으로 에워싸인 우리는 이 장르에 대해 얼마나 알고 있는 것일까? 그냥 퉁방울눈 달린 외계인이 광선총을 들고 위협하거나 우주선을 타고 우주 곳곳을 싸돌아다니면 주저 없이 SF라고 말할 수 있는 것일까? 이 책의 프롤로그에서 이미 밝혔다시피, 필자는 아직도 SF와 SFX의 차이조차 제대로 구분하지도 못하는 자칭 SF영화 마니아들을 수없이 만난다.

이렇게 된 데에는 SF영화를 너무 우습게 보거나 과학소설을 너무 부담스럽게 받아들이는 소비 대중 스스로의 한계에서 비롯된 면이 없지 않지만, 다른 한편으로는 과학소설의 개념을 널리 알리고 이를 바탕으로 활발한 작품 활동을 해야 할 작가들과 비평가들 그리고 출판계의 책임이 더 크단 생각이 든다. 미국에서는 1920년대 휴고 건스백이라는

최초의 과학소설 잡지 〈어메이징 스토리스〉의 1948년 10월호 표지.

선구자가 총대를 메고 〈어메이징 스토리스〉라는 잡지를 만들었고, 이를 발판으로 삼아 과학소설 고정독자층을 일궈내는 데 성공했다. 이후 등장한 무수한 과학소설 잡지들은 오늘날의 미국이 세계 SF의 본고장이 되는 데 밑거름이 되었다. 외국의 사례를 우리나라에 그대로 이식할 수도 없거니와 굳이 그럴 필요까지는 없겠지만, 적어도 필자는 이 글을 통해 지금까지 우리나라 과학소설계에서 해온 과학소설에 대한 계몽작업을 부분적으로나마 계승하면서 과학소설이 왜 우리에게 그저 허망한 시간 때우기로 끝나지 않고 가치 있는 여가 활용이 될 수 있는지에 대해 이야기해보고자 한다.

요즘 개봉되는 할리우드영화들을 보노라면 하나 건너마다 'SF블록버스터'라고 떠벌리기 일쑤다. 그게 무슨 황금 알을 낳는 거위나 되는 양 요란스런 광고 문구의 맨 앞자리를 차지한다. 비디오테이프 재킷의 문구들도 마찬가지다. 하지만 그렇게 떠들어대는 것들이 죄다 진짜 SF일까? 어떻게 된 일이 할리우드의 영화감독들은 너나없이 SF에만 신경을 곤두세우고 있단 말인가? 그러나 막상 뚜껑을 열어보면 SF라는 호칭을 붙이기에 쑥스러운 작품들이 상당수이다. 물론 영화를 보는 사람 입장에서는 장르가 뭐든 무슨 상관이랴. 재미있으면 그만이지. 하지만 SF 장르의 정체성이란 입장에서 보면 짚고 넘어가야 할 문제가 생기지 않을 수 없다.

문학이건 영화건, 장르에는 관습적으로 지켜야 하는 공통 규칙이 있게 마련이다. 서부극이나 호러 또는 스릴러 장르마다 다 나름대로의 규칙이 있지 않은가. 1980~90년대 이후 여러 장르들을 뒤섞은 혼성장르가 유행하고 있기는 하나, 그러한 경우에도 협찬한 장르들의 규칙을 준수하지 않으면 원래 의도한 맛을 살릴 수가 없는 법이다. 원래 장르가 발달하게 된 것은 특정 장르를 선호하는 사람들의 시장 잠재력을 할리우드 메이저 영화사들이 일찌감치 간파한 때문이었다. 추리소설에 사족을 못 쓰는 사람들처럼, 과학소설이라면 헌책방을 일일이 돌아다니는 발품을 아끼지 않는 열성파들이 있다. 영화 또한 각 장르 마니아들마다 이보다 더하면 더했지 덜하지 않을 것이다. 그러므로 어떤 장르가 발전하자면 그 장르만의 공통 규칙을 되도록 많은 사람들이 알고 있어야 하고 그 규칙을 따른 작품들이 마구마구 쏟아져 나와야 한다. 과학소설과 SF영화의 경우에도 다르지 않다.(때로는 그 규칙을 비틀거나 뒤엎는, 장르 전복적인 작품이 나타나기도 하는데, 이 역시 해당 장르가 존재하지 않았더라면 생각할 수도 없는 일이다.)

과학소설을 과학소설이게 하는 규칙들

그럼 이제부터 SF 컨텐트 중에서도 아이디어의 근본 원천이라 할 수 있는 과학소설의 규칙 내지 약속들에 대해 차근차근 살펴보기로 하자.[1] 물론 문학이나 영화, 만화, 애니메이션, 컴퓨터게임처럼, 다루는 매체별로 다소 뉘앙스의 차이가 있을 수 있는 문화 컨텐트에 대해 누구나 고개를 끄덕일 만한 정의를 내린다는 것은 칼로 무 자르듯 될 일이 아니다. SF 컨텐트 중 가장 연륜이 많은 과학소설의 경우, 최초의 현대 과학소설이라 평가되는 메리 셸리의 『프랑켄슈타인 : 또는 현대의 프로메테우스』가 출간된 해부터 따져 봐도 2백 년 남짓한 나이를 먹었지 않은가. 언뜻 보아 짧은 기간에 불과해 보일지 모르지만 이 시기의 2백 년은 중세의 천몇백 년을 합친 것보다도 훨씬 근본적인 변화와 발전을 이 세상에 가져왔다는 사실을 감안하지 않을 수 없다. 20세기에 태어난 사람들은 수십 년 그리고 심지어는 수년 단위로 눈부시게 변화하는 과학기술과 그에 상응하는 생활환경의 변화 속에서 숨 가쁘게 살아왔다. 라이트 형제가 처음 날틀로 하늘을 날았을 무렵 이 세상에 태어난

1) 모든 SF 컨텐트의 원류이자 원조가 바로 과학소설이므로, 과학소설의 개념만 이해하면 나머지는 매체의 각 특성에 맞춰 가감해 받아들이는 것으로 충분할 것이다.

사람이 평균 수명을 누리고 숨을 거둘 즈음, 달에는 이미 인간의 발자국이 찍혀 있었다. 정치 사회 문화적으로 요즘 우리가 살고 있는 세계의 십 년은 중세의 백 년보다도 변화무쌍할 것이다. 이렇게 되기까지는 산업혁명과 종교개혁, 계몽사상, 실증주의에서 양자역학에 이르는 거의 혁명에 가까운 과학의 급속한 발전 등이 든든한 밑받침이 되어주었다. 따라서 사람이 이런저런 인생역정을 겪으면서 생각이 이렇게 저렇게 바뀌고 원숙해지듯이, 과학소설도 산업과 과학기술의 발전 그리고 그와 동시에 정치 사회 경제 문화의 변화를 겪으면서 해석의 여지가 더 다양하고 폭넓게 변신을 거듭해왔다. 그러므로 지금부터 열거하는 규칙들을 일종의 기본적인 원칙으로 받아들여야지, 영원불멸하다거나 꼭 이것뿐이다라는 식으로 단정을 지어서는 곤란할 것이다. 나중에 다시 구체적으로 언급하겠지만 과학소설은 무엇보다도 '변화를 반영하는 문학'이니까 말이다.

1. 과학소설은 과학적 근거가 전제되어야 한다. 단, 그 기준의 잣대에는 융통성이 있을 수 있다.

　과학소설의 약칭 SF는 Science Fiction을 줄인 말이다. 맨 처음부터 과학소설을 쓰던 작가들이 자신이 과학소설을 쓰고 있다는, 다시 말해서 장르에 대한 자의식이 있었던 것은 전혀 아니다. 웰스, 헉슬리, 오웰, 자먀틴, 차페크 그리고 베른……. 이들 중 그 누구도 이 용어를 들먹인 적이 없다. 과학소설이 유럽 지식인들과 문학인들의 관심사로 떠오르게 된 것은 특정한 문학 장르를 만들어내려는 의도가 있었기 때문이 아니다. 그보다는 산업혁명 이후 자본력을 얻게 된 과학기술이 과학혁명이란 급류를 타게 되자 당시의 정치사회 상황에 발을 디딘 채 인류 문명의 미래를 미리 커닝(?!)해보려는 시도가 자연스럽게 불거져 나왔는데, 그러한 시도들이 19세기 말부터 20세기 초엽까지의 짧은 기간에 우연히[2] 동시다발적으로 벌어졌을 뿐이다. 즉, 과학의 발길질에 차여 놀란 사회가 자신도 모르는 사이에 토해낸 배설물이랄까. 그러나 그때까지만 해도 딱 한마디로 정의되지 않았던, 과학문명과 미래의 비전이 합쳐진 이 소설 양식이 미국으로 건너오면서 '과학소설'이란 고유의 이름을 얻게 되고 과학소설만으로 생계를 꾸려나가는 전업작가들이 비로소 출현하게 된다. 유럽 각국에 흩어져 있던 미래 사상가들이 산발적으로 써내던 과학소설이 이제 미국이란 나라의 과학소설 전업작가들이 서로 작품을 발표하고 의견을 나누는 SF 대중잡지 쪽으로 그 무게중심을 옮겨 감으로써 바야흐로 대중적이고 상업적인 새 출발을 하게 된 것이다.

이러한 사정 때문에, 최초로 과학소설 전문잡지를 창간하고 편집장을 맡은 휴고 건스백의 과학소설에 대한 견해와 입장은 1950~60년대의 소위 'SF 황금기'라 불리는 시기까지 근본적인 영향을 끼쳤다. 이제는 권위 있는 SF상의 명칭이 되었고 'SF의 아버지'라는 영예를 얻은 휴고 건스백은 과학소설을 다음과 같이 정의했다.

사이언티픽션Scientifiction이라 함은…… 나로서는 쥘 베른, H. G. 웰스, 에드거 앨런 포 스타일의 이야기를 뜻한다. 즉, 그것은 과학적인 사실과 미래에 대한 전망이 하나로 묶인 매력적인 로망이다.

사이언티픽션은 건스백이 처음에 만들었던 용어로 후에 사이언스픽션으로 바뀌어 오늘날에 이르고 있다. 건스백의 이러한 개념 정의는 작가로 데뷔한 이래로 죽을 때까지 과학소설계를 주름잡은 로버트 하인라인의 생각과 별반 다르지 않아 보인다.

거의 모든 과학소설에 통용될 수 있는 간략한 정의는 다음과 같다.

---

2) 관점에 따라서는 어쩌면 필연인지도 모르겠다.

과학소설은 있을 법한 미래의 사건들을 현실감 있게 사색하는 것으로, 그 근거는 실제 세계, 과거, 현재에 대한 충분한 지식에 든든한 바탕을 두고 있어야 하며 과학적 방법의 성격과 중요성에 대한 철저한 이해가 기초되어 있어야 한다.

그럼 이런 캐치프레이즈를 내걸고 발표된 소설들이 과연 과학적 논리와 검증에 빈틈이 없는 작품들이었을까? 만약 그런 게 가능할 수 있다면 그것은 과학논문이지 더 이상 소설이라 이름 붙이기 어려울 것이다. 초창기 과학소설의 개념을 세우고자 애쓴 사람들이 말끝마다 '과학적, 과학적~' 하고 외치고 다닌 것은 논문을 쓰겠다는 의지의 발로가 아니라 자신들이 쓴 소설을 황당한 동화나 판타지로 깎아내릴 것을 우려한 데 따른 반작용이었을 뿐이다. 사실 과학소설의 내용은 그 취지상 일반 실생활과는 이질적인 내용을 주로 다룰 수밖에 없다. 그런데 단지 낯설다는 이유만으로 '황당한' 입담 정도로 취급받는다는 것은 부당하다고 생각한 과학소설계 사람들은 자신들의 정당성을 강조하기 위해 '과학' 또는 '과학적'이란 선전문구를 앞세웠던 것이다. 이러한 선명성을 강력히 펀드는 극단주의자들은 소위 '하드SF'라는 이름 아래 좀 더 엄격한 과학적 사실과 논리에 입각해 작품을 써야 한다고 주장하기도 한다.

과학소설은 과학 에세이가 아니라 허구의 문학이다. 과학소설을 쓸 때 100퍼센트 검증된 과학지식만 인정해준다면, 상상력의 범위가 너무 좁아지고 소설가들에게 재량의 여지가 없게 된다. 과학소설가들은 어디까지나 앞으로 과학이 우리에게 보여줄(또는 보여줄 확률이 적지 않은) 비전을 전파하려 한 것이지 학자들처럼 정밀과학의 잣대로 측정한 보고서를 작성하려는 것이 아니다. 그러므로 아직 현실화되지는 않았지만 앞으로 그렇게 될 가능성이 있는, 지금과는 다르게 변화한 어떤 세계의 사례를 논리적으로 설득하는 이야기라면 다 과학소설로 보게 되었다.

그러나 융통성을 어디까지 발휘하느냐는 여전히 쉽지 않은 문제이다. 현재의 물리학 이론에 따르면, 어떤 것도 빛보다 빨리 달릴 수는 없다는 결론이 나온다. 아인슈타인의 상대성 이론이 뒷덜미를 잡는 탓이다. 하지만 우리는 과학소설에서 흔히 초광속 우주선을 보지 않는가? 타임머신은 또 어떠한가? 현대 물리학의 최정점이라 할 수 있는 양자역학의 입장에서 볼 때 타임머신은 근미래가 아니라 머나먼 미래라도 실현 불가능할 것처럼 보인다.[3] 텔레파시나 염동력을 이용하는 초인들의 이야기에 이르면 과학소설의 '과학'이란 첫 단어가 거의 무색해질 지경이다. 하지만 앞서 언급한 하드SF 작가들조차 막상 소설을 전개하자면, 초광속 로켓 우주선이 없이는 인류를 태양계 밖은 엄두도 못 내는 방안군수로 그릴 수밖에 없다. 이래서는 '스페이스 오페라(우주활극)'라는 하위 장르 자체가 결딴나고 만다.

따라서 과학소설에서 '과학적'이란 표현은 '논리적' 또는 '설득력 있는'이란 표현과 동의어라고 보면 제대로 이해를 했다고 할 수 있다. 즉, 누구나 인정하는 과학지식으로 소설 내용을 다 채우면 좋겠지만, 설사 그렇지 못했더라도 그 가정이나 그 가정을 설명하는 방법론이 마법이나 속임수를 쓰지 않고 일반인이 공감할 수 있는 설득력을 지녔다면 과학소설이라 보아도 좋다는 얘기다. 토끼와 거북이 좋은 비유가 될 것이다. 토끼는 성미가 급하고 덤벙대서 앞서가기는 하지만 거북에게 지고 만다. 한편 거북은 걸음걸이는 느리지만 한발 한발 확실한 곳만 디디며 절대 서두르지 않는다. 거북이 과학이라면 토끼는 과학소설이라 볼 수 있다. 과학소설은 과학처럼 정확하지는 않지만 그 대신 미리 앞으로 껑충껑충 뛰어다니며 머리를 굴려본다. 그러니 맞을 때도 있고 틀릴 때도 있을 수밖에. 요약하면 과학소설은 입증된 과학적 사실만 활용하는 것

3) 최근 제안된, 빛보다 빨리 달리는 블랙홀을 이용한 시간여행은 어디까지나 가설에 불과하다. 더구나 빛보다 빨리 달린다는 전제를 만족시켜주어야 하는데, 우리는 아직 빛보다 빨리 달리는 타키온 입자를 발견하지 못했다.

이 아니라 거기에 기대서 문학적 상상력을 발휘하는 '문학의 일종'인 것이다.

2. 과학소설의 과학은 '자연과학'만을 의미하는 것이 아니다.

과학소설을 즐긴다는 일부 독자들까지도 간혹 SF의 'Science'를 '자연과학'으로만 단정하는 경향이 있다. 심지어는 'Fiction'보다는 'Science'에 더 중점을 두어 과학을 널리 계몽하기 위한 선전문학쯤으로 이해하는 사람도 있다. 이것은 아직까지 우리나라에서 '과학' 하면 사회과학이나 인문과학을 머릿속에 떠올리는 데 익숙하지 못해, 으레 '자연과학' 하고만 연결시키려 드는 경향 때문인지도 모르겠다.

그러나 과학소설의 초창기부터 과학소설은 자연과학에만 빠져 있지는 않았다. 허버트 조지 웰스의 『타임머신』과 올더스 헉슬리의 『멋진 신세계』 같은 고전만 보더라도 정치학과 사회학 및 사회심리학에 입각해서 인류의 미래를 내다보고 있잖은가. 과학소설은 단순히 희한한 발명품을 소개하기 위한 실험실이 아니다. 위의 두 작품에서 공통적으로 나타나는 극단적인 계급 갈등은 현대사회의 부조리를 예리하게 꿰뚫는 정치사회학적 풍자에 다름아니다. 마찬가지로 예프게니 자먀틴의 『우리We』와 조지 오웰의 『1984년』 또한 이러한 관점에서 결코 뒤지지 않는 고전 과학소설들이다.

아마 과학소설이 자연과학 편향적이라는 편견을 갖게 된 데에는 휴고 건스백 이래 미국에서 대중화된, 1950년대 이전의 펄프 과학소설들 대다수가 '에디소네이드' 같은 천재발명가의 영웅담이나 신기한 발명과 발견 이야기에 열을 올린 풍조와 무관하지 않을 것이다. 하지만 사회의 복잡한 변화상을 앞당겨 생각해보

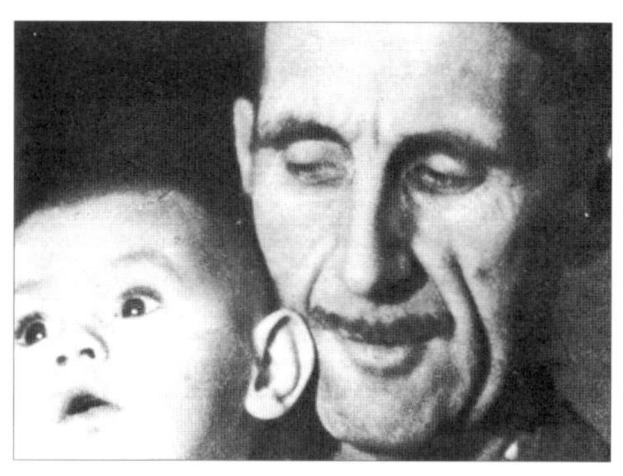
조지 오웰의 초상.

고, 때로는 미래에 빗대어 현재를 꼬집고자 하는 과학소설의 세계에서 자연과학만으로 극적 전개를 위한 만반의 준비가 다 되었다고 장담하기 곤란하다. 대체 역사와 평행 세계, 인류와 외계인의 '최초의 접촉' 같은 문제들을 제대로 다루자면 자연과학자나 엔지니어들만으로는 어림도 없잖은가.

특히 1960년대에 과학소설을 본격적인 문학으로 업그레이드시키려 했던 뉴 웨이브 운동은 외우주가 아니라 인간의 내우주, 즉 정신세계의 탐구에 빠져들었다. 그후 새뮤얼 딜레이니 같은 미국작가는 언어학과 기호학을 새로운 도구로 끌어들였고 로저 젤러즈니는 신화의 세계에서 과학소설의 소재를 빌려왔으며, 폴란드 작가 스타니스와프 렘은 상업문학 일변도의 미국 과학소설에 맞서 인류문명의 오만을 풍자하는 철학적인 작품 『솔라리스』를 내놓았다. 심지어 과학소설 전업작가들 중에서 유일무이한 노벨상 후보로 거론되는 레이 브래드버리는 '과학소설은 실제로 미래에 대한 사회학적인 연구'라고까지 말했다. 그의 작품 『화씨 451도』나 『화성 연대기』를 보면 그가 그렇게 단언할 수 있었던 까닭을 알 수 있을 것이다. 결국 과학소설 중에는 작가의 역량에 따라 자연과학의 테두리에 갇힌 소설이 있는가 하면 인문사회과학을 아우르면서 전방위적으로 미래를 조망하는 소설도 얼마든지 있다. 시야가 좁은 소설과 시야가 넓은 소설은 사실 어느 장르에서나 공존하고 있는 현상 아닌가. 그러므로 오로지 과학소설만 시야가 좁다고 보는 견해는 설득력이 떨어진다.

1960년대 뉴 웨이브 과학소설 작가들의 거점이 되었던 SF잡지 〈뉴 월즈 *New Worlds*〉.

3. 과학소설의 주인공은 등장인물이 아니라 아이디어다.

영화 「블레이드 러너」나 「토탈 리콜」의 원작자로 유명한 필립 K. 딕은 "단순히 미래를 배경으로 했다는 이유만으로 과학소설이 될 수는 없다"고 주장했다. 상상을 초월할 만큼 발전한 과학무기를 앞세워 치고발는 전투와 모험 그리고 아마겟돈도 불사하는 전쟁 이야기, 다시 말해서 서부극이나 전쟁물의 배경만 우주 공간으로 바꿔놓은 스페이스 오페라는 대부분 본질적인 의미에서 과학소설이라 보기 어렵다는 것이다. 그런 소설에서는 창의적인 아이디어를 찾아볼 수 없다. 진정한 과학소설이라면 과학적 전망에 기초한 아이디어가 세상의 틀을 바꾸고 사람들의 생각을 바꾸게 하는 과정이나 그 결과를 다루어야 한다. 전쟁과 무기를 소재로 사용하지 말라는 것이 아니라 그것이 사회와 인간을 어떻게 변모시켰는지에 대한 유기적인 성찰이 없다면 그것은 무늬만 SF인 액션 어드벤처라는 얘기다. 그러므로 과학소설의 진정한 주인공은 아이디어이지 사람이 아니라고 말한 윌리스 맥널리의 지적은 모범적인 과학소설이 지향해야 할 바를 정확히 집어내고 있다. 이러한 정의는 멜로드라마와 SF 장르의 접합을 시도한 순정 SF만화들 대다수가 어떻게 해서 과학적 전망이 남녀 관계와 그들을 둘러싼 세계에 영향을 미쳤는가에 관심을 보이기보다는 우주라는 신천지를 배경으로 한 남녀의 연애질을 묘사하는 데만 정신을 팔고 있는 현상에 대해 새삼 느끼는 바가 있게 해준다. 이와 대조적으로 아서 클라크의 걸작 장편소설『2001 스페이스 오디세이』와『라마와의 랑데부』를 보면, 여기서 주인공은 탐사에 나선 지구인 우주비행사들이 아니요, 우리보다 월등히 뛰어난 문명을 지닌 외계인들도 아니요, 수준차가 엄청난 두 문명의 만남이 빚어내는 갖가지 양상에 대한 통찰 자체이다. 다시 한 번 말하지만 핵심 아이디어가 주인공인 것이다.

아울러 아이디어의 독창적인 활용이란 차원에서, 과학소설은 대개 플롯의 반전을 중요시하는 경향이 있다. 반전이 돋보이는 모파상이나 오 헨리 식의 일부 단편을 제외하면 일반 문학에서는 반전이라는 극적 장치를 꼭 고집할 필요는 없다. 그냥 사람들의 삶을 서정적으로 묘사하는 것만으로도 훌륭한 작품이 되고 추앙받을 수 있다. 굳이 이리저리 비비 꼴 필요가 없는 셈이다.

하지만 과학소설의 상황은 좀 다르다. 과학적인 토대에서 출발한 독창적인 아이디어가 작품을 좌지우지하게 마련인 과학소설에서는, 마지막이나 클라이맥스에서의 극적인 반전은 작품을 지탱해온 관성을 깨뜨림으로써 그 작품이 제기한 아이디어가 사회나 세상에 미친 영향을 다른 방향에서 곱씹어볼 수 있는 새로운 관점의 기회를 마련해준다. 즉, 작품이 제시한 혁신적인 아이디어에 겨우 적응한 독자들에게 갑자기 뒤통수를 갈겨서 의외의 결말이나 색다른 해석으로 넋이 나가게 만드는 수법이다. 단편 과학소설의 경우, 거의 모두가 이에 해당된다 해도 과언이 아니요, 장편도 이러한 흐름에서 자유롭지 않은 편이다. 국내에 소개된 장편들 가운데서는 폴 앤더슨의『타우 제로』와 앨프레드 베스터의『나의 목적지는 별들』이 좋은 본보기라 하겠다.『타우 제로』에서 브레이크가 고장 난 우주선은 끝없이 가속을 거듭하는 바람에 빛의 속도를 넘어서다 못해 우주의 종말 이후에도 살아남는 재주를 부린다. 이런 일을 가능케 하는 근거로, 우주가 영원히 팽창하는 것이 아니라 우주 자체의 임계 질량과 밀도에 좌우되는 시공간이 빅뱅(대폭발)과 빅 크런치(대수축)를 되풀이한다는 맥동우주론이 옳다는 전제를 깔았다.[4]『나의 목적지는 별들』에서 주인공 걸리버 포일은 다른 신인류처럼 텔레포테이션 능력을 갖고 있지만 그 범위가 지구 안에 한정된 이들과는 달리 우주에서 유일하게 우주공간을 뛰어넘어 텔레포테이션 할 수 있다는 사실을 독자들과 함께 맨 마지막에 가서야 자각하게 된다. 여기서는 앞으로 이 소설을 읽게 될 독자들을 위해, 그러한 능력이 이 작품의 전체 플롯을 완성하고 성격파탄자인 주인공의 인격을 성숙시키는 데 중요한 모티브로 이바지한다는 정도만 언급해두겠다. 구태여 아시모프의『강철도시』나 시어도어 스터전의『인간을 넘어서』처럼 추리기법이나 심리스릴러 기법을 동원하지 않더라도 반전의 충격이 얼마나 크냐에 따라

아서 클라크의 장편소설『라마와의 랑데부』. 현격한 수준 차를 보이는 여러 외계문명 간의 만남을 소재로 한 이 소설은 컴퓨터게임으로도 제작되었다.

4) 물론 아직까지 현대과학으로서는 우주가 영원히 팽창할지, 아니면 어느 시점부터는 자체 질량의 중력에 못 이겨 수축을 시작할지 단정할 수 없다. 현대 학자들은 그러한 판단을 위한 데이터를 계속 수집하고 있다. 다만『타우 제로』에서는 우주가 그럴 거란 전제를 깐 것이다. 이처럼 검증되지 않은 가설도 과학소설에서는 사고실험을 위해 기꺼이 받아들여진다.

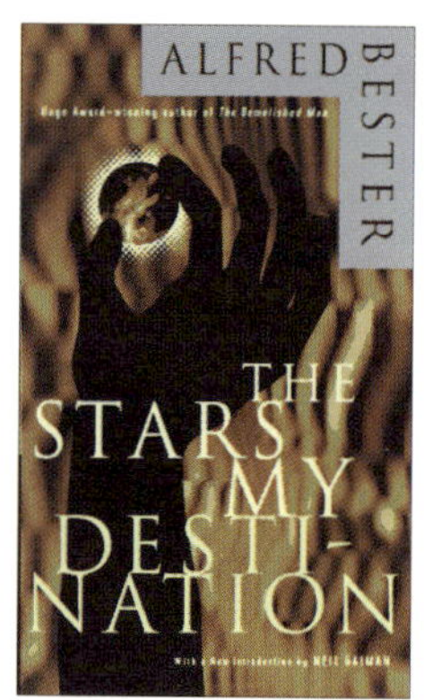

앨프레드 베스터의 『나의 목적지는 별들』은 마지막에 가서 밝혀지는 주인공의 비밀이 백미다.

독자가 받는 감흥도 하늘과 땅 차이가 나게 마련이다.

4. 과학소설이 미래를 반드시 예언할 필요는 없다. 미래에다 현재 또는 현재의 연장선을 투영해보는 사고실험만으로도 충분하다.

인류에게 20세기는 물질과 정신 양 측면에서 정신없이 앞만 보고 뛰어온 1백 년이었다. 이제 또 다른 밀레니엄으로 들어선 21세기, 우리는 어디쯤 와 있으며 앞으로 어디를 향해 나아갈까? 흔히 과학소설은 주로 미래를 시대배경으로 삼다 보니 미래에 대한 작가 나름대로의 지식과 안목을 총동원하여 예견과 통찰을 담게 마련이다. 1911년부터 잡지 〈모던 일렉트로닉스*Modern Electrics*〉에 연재되기 시작한 휴고 건스백의 장편소설 『랄프124 C41+』에서는 TV 전화, 형광조명, 신소재, 자기녹음기, 마이크로필름, 스테인리스 강철, 전송신문, 태양전지, 자동판매기, 시체의 냉동 보존 등 오늘날에야 실현된 것들을 조목조목 예언하고 있어 거의 한 세기의 격차를 두고 있는 오늘날의 독자들이 혀를 내두르게 한다.

하지만 작가의 구체적 예언이 왕왕 들어맞는다 해서, 모든 과학소설이 그러한 사명에 불타올라야(?) 하는 것은 결코 아니다. 아이작 아시모프의 대하 장편 연작 『파운데이션*Foundation*』에 나오는 심리역사학처럼 수학적 데이터에 바탕해서 정확하게 미래를 예견하는 것은 감히 미래학자들조차 엄두를 못 낼 일이다.

과학소설에서 중요한 것은 예언이 맞느냐 맞지 않느냐가 아니다. 정작 작가의 관심은 SF 형식을 빌려 예견한 통찰의 핵심(구체적인 디테일이 아니라)에 독자들이 공감하고, 나아가서는 그들의 세계관과 사회 가치관을 정립하는 데 힌트를 줄 수 있느냐에 가 있다. 작가로서는 작품 속의 시대가 실제로 닥쳐왔을 때 예언대로 되느냐 되지 않느냐는 관심 밖의 문제이다. 우리의 1984년이 20세기 초 조지 오웰이 쓴 『1984년』에서 우려한 대로 되지 않았다고 해서 작품의 가치가 떨어지는 것은 아니 잖은가. 『1984년』은 단순히 특정 연도가 중요한 것이 아니라 인류가 지나치게 중앙 집권화된 권력과 과학의 결탁을 사전에 잘 제어하지 못 한다면 언제든지 전체주의의 노예가 될 수 있음을 경고해주고 있다.

작가들은 수많은 선택의 가짓수들 가운데서 자신의 비전에 걸맞은 미래상을 선택할 뿐이다. 어쩌면 그 비전의 가짓수는 세상에 존재하는 과학소설 작가들의 수만큼 많을지도 모른다. 다시 말해서 과학소설은 세계가 어떻게 변화할 가능성이 있는지 작가의 지식과 상상력을 동원 해 가상 실험을 해보는 마당이다. 한편에서는 유토피아를 통해, 다른 한편에서는 디스토피아를 통해 과학소설은 인류의 근미래에서부터 머 나먼 미래에 이르기까지 다양한 해답을 내놓는다. 그러한 답들이 모두 정답일 필요는 없다. 다만 그러한 답안들이 미래를 맞이하게 될 현대인 들의 사고 폭을 넓혀주고 편견과 선입관에서 벗어날 수 있게 해준다면 그 기본목표는 일단 달성한 셈이다. 달콤한 장밋빛 비전과 음울한 악몽 은 과학소설의 사고실험을 한층 흥미롭게 하는 조리법의 차이에 지나 지 않으니 말이다.

SF작가들은 미래학자들이 아니며 결코 그런 척한 적도 없다. 중요한 것은 어떤 예측을 했을 때 그것이 흥분할 만한 가치가 있는지, 그리고 독창적인 감동을 주느냐 하는 점이다. 미래에 대한 예언 또는 전망들이 어떤 경우에는 맞아떨어졌는가 하면 또 다른 경우에는 완전히 그릇된 판단이었음이 밝혀진 적도 없지 않다. 그러나 점괘(?)가 맞든 틀리든 과학소설은 우리로 하여금 미래를 능동적으로 바라보도록 안내해준 다. 단지 제시된 미래의 이미지를 그대로 받아들이라는 것이 아니라 미 래를 어떻게 보아야 할지 그 방법을 가르쳐주는 것이다.

아이작 아시모프의 대하 장편 『파운데이션』 시리즈에 등장하는 심리역사학자 해리 셀던. 그는 대 은하제국의 몰락을 내다보고 은 하의 질서를 되살리기 위한 계획 에 착수한다.

5. 과학소설은 변화하는 문학이다.

　18세기 말 이전 사람들의 시간관은 현재의 우리와는 질적으로 달랐다. 그들에게 미래란 그저 단순히 현재의 연장일 뿐이지 급격하고 본질적인 변화나 변혁 같은 것은 생각조차 해보지 못했다. 아무리 시간이 지나도 그것은 현재의 끊임없는 반복 또는 순환이라고 본 까닭이다. 당시만 해도 우주는 팽창하거나 수축하는 것이 아니라 영겁의 세월 전부터 그냥 그렇게 존재해왔고 앞으로도 그럴 것이라고 누구나 믿었다. 다윈의 진화론이 사기라며 다윈 머리를 원숭이 몸뚱이 위에 그려놓은 풍자만화가 사람들을 유쾌하게 해주던 시대가 아니던가. 아마 다윈이 그보다 몇백 년 전에 태어나 똑같은 논리를 폈더라면, 외계의 다른 별들에도 지적인 생명체들이 존재할 가능성이 있다고 공개적으로 떠들고 다녔다가 이단으로 찍혀 화형당한 조르다노 브루노 꼴이 되었을지도 모를 일이다. 기독교가 유럽인들의 정신세계를 꽉 틀어쥐고 지배한 천년이 넘는 기간 동안에는 인류의 종말이 오면 다시 하느님이 이 땅에 내려와 세상을 파괴하고 새로 시작할 거란 순환론적인 사고방식이 당연하게 받아들여졌다. 인간의 능력이 일시적으로는 후퇴할지 몰라도 장기적으로는 꾸준히 발전하고 성장한다는 발상은 2~3백 년 전만 해도 꿈도 꾸지 못했다. 하지만 과학소설은 인간에게 현재와는 다른 미래, 즉 새로운 지식, 새로운 발견, 새로운 변혁으로 가득 찬 시공간을 제시하였다. 어떻게 이런 일이 가능했을까?

　20세기 이후로 지구 안에서 인간의 발길이 닿지 않은 곳은 정말 드물어졌다. 산업혁명으로 시동이 걸린 인류 발전의 엔진은 어느새 화성을 기웃거리게끔 해주었다. 사람들은 질병을 치료하기 위해 더 이상 굿판을 벌이지 않는다. 그러나 양지가 있으면 음지도 있는 법이다. 인류는 인간과 인간, 민족과 민족, 국가와 국가 간의 다툼에서 끝나지 않고 심지어 지구 생태계 자체를 위협할 지경에 이르렀다. 인류라는 종은 이전의 어느 때보다도 왕성하게 활동하고 있지만 그만큼 더 위협적이 되었으며, 많이 행복해진 만큼 많이 불행해졌다. 굳이 십자군 전쟁의 사상자 수와 양차 세계대전의 사상자 수를 비교하지 않더라도 말이다. 우리는 이제 너무 강력해지고 수도 많아진 나머지 우리 스스로를 멸종시킬 수 있고 우리 홈그라운드인 지구를 통째로 말아먹을 수도 있는 무공의 경지(?)에 이르렀다.

변화하고 있는 것은 단지 공간만이 아니다. 시간도 변하고 있다. 요즘 사람들이 변화를 체감하는 간격은 갈수록 짧아지고 있다. 컴퓨터의 혁명이라 할 개인용 컴퓨터가 나온 1980년대 이래로 우리는 8비트에서 XT, AT를 거쳐 386, 486, 586, 펜티엄까지 숨 가쁘게 업그레이드를 해왔다. 이러한 변화가 단순히 컴퓨터 버전업 분야에만 해당되지 않는다는 것은 오늘날 점차 여가시간이 늘어나는 가정주부들의 가사노동 여건의 변화를 머릿속에 떠올려보는 것으로 충분할 것이다.

'문화지체'라는 사회학 용어가 있다. 이것은 과학기술의 발전 속도에 사람들의 생각이나 가치관이 때맞춰 좇아가지 못하고 뒤처지는 현상을 일컫는다. 컴맹 세대와 해커 세대가 공존하고 있는 현재의 상황이 앞으로 50년, 100년 후에는 어떻게 바뀌어 있을까? 다른 문학 장르들이 인간과 사회를 분석하는 기존의 보수적인 틀에 발목이 잡혀 갈팡질팡하는 사이, 과학소설은 초광속 우주선을 타고 변화의 무한한 스펙트럼을 좇아간다. 우리는 변화를 일으키고 견뎌낼 능력을 갖고 있다. 과학소설은 우리의 이러한 변화와 동일한 출발선상에서 뛰어나가거나, 때로는 그보다 훨씬 앞서서 부정출발(?)하는 달리기 주자인 셈이다. SF 작가 알렉세이 팬신(Alexei Panshin)의 다음과 같은 정의는 과학소설의 이러한 특징을 잘 표현하고 있다.

사실들과 변화에 대한 관심(Facts and a concern with change)이 SF에

서 다뤄지는 내용이다. 즉, 사실들과 변화를 무시하는 SF는 충격은 덜 하면서도 대중적인 면은 훨씬 더 강하겠지만, 그러한 만큼 그것은 겉 핥기에 그치고 바보 같은데다 거짓되며 말도 안 되는 내용이 되기 십 상이다. 이 점은 보기에 따라 사소해 보일지 모르나 SF로서는 분명히 문제가 있는 것이다.

과학소설의 매력은 낯익은 것들을 낯선 맥락에 놓는다거나 낯선 것 들을 낯익은 맥락에 놓아서, 결과적으로 신선한 통찰과 전망을 낳는 독특한 기회를 마련해준다는 데 있다.

이런 의미에서 과학소설은 20세기를 제대로 꿰뚫어본 문학이자 밀 레니엄을 객관적으로 바라볼 수 있는 통찰력을 갖춘 '변화의 문학'이 다. 그러고 보면 과학소설은 우리가 살고 있는 이 시대의 진정한 성격 을 입체적으로 설명해줄 수 있는 거의 유일한 문학이 아닐까.

6. 과학소설은 판타지가 아니다.

사이언스 픽션에서 '픽션'이란 '실제로 일어난 사건이 아니라 상 상해낸 가공의 사건에 관한 이야기'란 뜻이다. 요즘 우리나라에서 인기를 얻고 있는 판타지 문학도 그 명칭이 '상상력(imagination)'이 란 뜻의 그리스어에서 유래했다시피 두 문학은 문학적 상상력이란 공통의 방법론을 갖고 있다. 하지만 과학소설과 달리, 판타지 소설 에서 말하는 '상상'이란 세상의 모든 자연법칙으로부터 자유롭되 드 라마가 한도 끝도 없이 산으로 가는 폐단을 막기 위해 최소한의 제 약을 인정한다는 의미로 쓰인다. 이에 비해 과학소설은 하드SF와 SF 판타지를 양축으로 하는 스펙트럼 사이에 다양하고 폭넓게 존재하 지만, 일반적으로 인정되고 있거나 향후 연구에 의해 인정될 가능성 이 높은 과학법칙을 극적 전개의 디딤돌로 삼는다는 근본적인 차이가 있다.

　간단한 예를 들어보자. 「뮌히하우젠 남작의 모험」[5]과 「브라질」은 둘 다 테리 길리엄 감독이 연출한 영화들이지만 전자는 전형적인 판타지로, 후자는 SF로 분류되곤 한다. 그 이유는 비록 두 작품 다 현란한 SFX로 휘감고 있지만 SF영화냐 아니냐를 구분 짓는 잣대는 특수효과의 경이로움이 아니라 해당 작품의 플롯이 자연물리법칙에 얼마나 충실한가에 달려

래리 니븐의 『링월드』가 창조한 세계는 행성 궤도 전체를 감싸는 도넛 링 모양을 띠고 있어 그 넓은 표면적이 태양열 복사의 활용도를 극대화하고 있다.

있기 때문이다. 마찬가지로 래리 니븐의 장편 『링월드Ringworld』에서 태양 주위를 에워싼 납작한 도넛 모양의 세계에 대한 묘사가 아무리 그럴듯하고 실감난다 해도 헤파이스토스 같은 그리스 대장장이 신의 작품이라고 한다면 이 소설은 판타지일 뿐 결코 SF가 될 수 없을 것이다. 반대로 『반지전쟁』에 나오는 반지가 「그린 랜턴」의 반지처럼 공학의 산물이라면 아무리 가공할 위력을 가졌더라도 SF로 받아들여질 가능성이 높아진다.

　그럼에도 SF와 판타지의 경계가 늘 시원하게 갈라지지는 않는다. 특히 과학소설과 판타지 소설을 오가며 작품 활동을 하는 젤러즈니 같은 작가를 보면 그 분기점이 안개처럼 몽롱해 보인다. 이처럼 어느 분야에나 예외는 있는 법이다. 중요한 것은 SF와 판타지 사이에 일반적이고 핵심적인 차이가 존재한다는 사실이다.

7. 사변소설은 넓게 본 의미의 과학소설이다.

　모든 소설은 은유이다. 과학소설도 은유이다.

5) 국내 비디오 출시명은 「바론의 대모험」이다. 여기서 '바론'은 '남작'이란 뜻이다.

자신의 대표작 『어둠의 왼손』 서문에서 위와 같이 밝힌 어슐러 르 귄의 입장은 사변소설과 과학소설 사이의 미묘한 차이와 공통점을 극명하게 시사한다. 1960년대 말 뉴 웨이브 운동 이래 과학소설은 자연과학자의 실험실에서 뛰쳐나와 사회의 구조적인 부조리나 인간의 내면세계를 끌어안으려 시도해왔다. 뉴 웨이브 운동 자체는 이렇다 할 대표작도 없이 이념만 앞서간 채 어영부영 주류(?) 과학소설계에 흡수되고 말았지만, 전통적인 과학소설이나 하드SF를 지향하던 대다수 작가들의 반발을 산 것 못지않게 그들이 대응논리에 부심하게 만들었고, 결과적으로 현대 과학소설이 질적인 도약을 하는 데 견인차 역할을 했다.

이러한 과정에서 일부 작가들은 과학소설의 틀을 좀더 유연하고 폭넓게 가져가기 위해 '사변소설(Speculative Fiction)'이란 용어를 쓰기 시작했다. 이로써 자연과학은 물론이고 인문사회과학에도 너무 빡빡하게 얽매이지 않고 인간의 사고를 넓혀주는 소설은 모두 사변소설이라는 범주에 들어가게 되었다. 이러한 유형의 작품들은 과학을 드라마 짜기의 기본원칙으로 삼기보다는 작가 자신의 사색을 깊이 있게 하는 데 필요한 소도구쯤으로 격하시키기를 서슴지 않는다. 어슐러 르 귄의 『어둠의 왼손』이나 제임스 그레이엄 발라드의 『크리스털 월드』가 우리나라에 소개된 대표적인 예이다. 커트 보네거트의 작품들도 보기에 따라 이 울타리 안에 넣어볼 수 있다. 하드SF 진영에서는 사변소설을 과학소설의 격을 높인답시고 순수문학의 사이비 동생 노릇을 하는 이단으로 몰아세우기도 한다. 어쨌거나 정의의 폭을 넓게 잡으면 사변소설도 과학소설의 한 갈래로 볼 수 있다.

8. 과학소설의 사건은 세상에서 독립되어 있지 않다. 오히려 세상을 뒤바꾸어놓을 확률이 높다.

영국 출신의 저명한 SF평론가 존 클루트에 따르면, 과학소설은 세상을 뒤흔들어놓는 변화에 관한 것이지 지엽적인 변화에 관한 문학이 아니다. 예를 들어 찰스 디킨스의 『올리버 트위스트』에서 주인공이 진정한 가정을 찾아낸 것은 그로서는 큰 변화임에 틀림없지만, 그의 발견이 이 세상의 지배 법칙들을 뒤바꿔놓지는 못한다. 그러나 만약 올리버가 외계인이라면, 즉 스티븐 스필버그의 영화에 나오는 'E. T.'라면, 그가 지구인 친구들을 뒤로 하고 고향별로 돌아가는 것은 이 세상에 허리케인 같은 변화를 몰고 올 것이다. 더 이상 우리는 외롭지 않다는 깨달음과 더불어 미래를 준비하는 태도에도 변화가 올 테니 말이다. 종교인들은 새로운 변화에 적응할 수 있는 논리를 찾아내야 할 테고, 어쩌면 머레이 라인스터(Murray Leinster)의 단편 「최초의 접촉First Contact」에서처럼 지구인과 외계인 개개인의 의사와는 상관없이 고등문명 간의 우연한 접촉은 자기 보호 본능에서 비롯된 신냉전을 유발할지도 모르겠다. 작가 그레고리 벤포드(Gregory Benford)의 말처럼 과학소설은 당신과 당신의 사회 환경을 어떤 식으로든 뒤집어놓을 수 있다. 악몽과 비전이란 동전의 양면을 내보이면서 과학소설은 변화를 모색하는 위태로운 줄타기를 하고 있는 셈이다. 그래서 미래학자 앨빈 토플러는 과학소설이야말로 인간중심주의와 일시적인 편협성에 맞서 문명 전체를 개방화로 이끌어나가는 문학이라고 했던 것이다.

9. SF도 문학성을 추구한다는 점에서는 주류문학과 다를 것이 없다.

　흔히 SF 하면 '딱딱하고 정서적으로 메마른 과학 이야기'라는 선입관을 갖기 쉽다. 실제로 미국의 초창기 펄프 잡지에 연재된 과학소설들 대다수는 문학적인 실험보다는 영웅의 모험담에 치중하는 서부극의 변종들이 많았다. 하지만 결국 과학소설도 문학의 한 갈래이다. 주류문학에서 추구하는 소위 '문학성'이라는 당위성을 과학소설이라고 비껴나갈 리 있겠는가. 오히려 현대의 고도 과학기술 사회에서는 과학소설이 문학적으로 완성도 높은 언어와 표현으로 거듭날 때, 향후 문학의 적자(嫡子)는 순수문학이 아니라 어쩌면 과학소설이 될지도 모른다. 지금까지 누누이 말했듯이 과학소설의 나이가 이제 2백 살에 가깝다 보니 여러 가지 문학사조가 서로 부딪치고 포용하며 발전을 거듭한 끝에 이제는 남부럽지 않은 문학성을 유지하는 과학소설의 고전들이 적지 않다. 윌리엄 깁슨의 『뉴로맨서』와 시어도어 스터전의 『인간을 넘어서』, 조 홀드먼의 『영원한 전쟁』, 앨프레드 베스터의 『파괴된 사나이』 그리고 유려한 문체로 이름난 젤러즈니의 작품들과 레이 브래드버리의 시적인 작품들, 살을 베어내는 듯한 잔혹한 풍자로 인간을 들여다보는 커트 보네거트의 작품들 등등 국내에 번역된 작품들의 예만 들어도 수두룩하다. 국내 작가로는 복거일이 그 가능성을 보여주었고 또 듀나 일당이 열심히 노력 중이다.

최근 흥미로운 또 하나의 흐름은 단지 과학소설 전업작가들뿐만 아니라, 이들과 마찬가지로 늘 새로운 주제와 형식 실험에 목말라 하게 마련인 주류문학 작가들 일부까지 과학소설을 쓰는 데 가세하고 있다는 점이다. 대중소설과 고급소설을 쓰는 주류문학 작가들 가운데 최근 장편 과학소설을 출간하는 이들의 면면을 보면 다음과 같다. 도리스 레싱(Doris Lessing), 고어 비달(Gore Vidal), 마거릿 애트우드(Margaret Atwood), 피터 애크로이드(Peter Ackroyd), 아이라 레빈(Ira Levin), P. D. 제임스, 폴 써로우(Paul Theroux)…… 그리고 이 가운데서도 대중적으로나 상업적으로 가장 성공한 마이클 크라이튼을 빼놓을 수 없다. 한편 동양에서는 일본의 노벨문학상 수상자 오에 겐자부로까지 『치료탑』과 『치료탑 행성』이란 두 편의 과학소설을 썼다.

전업작가의 손으로든 주류문단 작가의 외도이든 간에, 과학소설이 작가들을 크로스오버 하면서 독자들에게 완성도 높은 문학으로 인정받는 것은 중요한 의미가 있다. 단순히 '미래의 문학'으로 멀찌감치 떨어져 있기보다는 인간의 존재조건을 사색하고 사회를 되돌아보게 하는 문학의 또 다른 방법론이란 차원에서 볼 때 말이다.

10. 과학소설, 과학을 디디고 올라선 문학

과학소설에 대해서는 시대상황과 작가의 입장에 따라 조금씩 미묘한 뉘앙스의 차이가 있기는 하지만, 지금까지 살펴본 규칙들을 하나로 뭉뚱그려보면 과학소설은 '과학이 인간과 사회에 미치는 모든 영향을 문학적 상상력을 동원해 풀어본 해석이다'라는 정의에 부득불 이의를 달 사람은 없을 것 같다. 예를 들어 복거일의 『파란 달 아래』는 과학기술문명의 발달이 남북간의 긴장관계를 변화시키고 어쩌면 희망을 가져올 수 있지 않을까 하는 기대를 바닥에 깔고 있지 않은가.

남북분단도 과학소설의 소재 또는 주제가 될 수 있다는 것을 복거일이 보여주었듯이, 과학소설은 유럽 지식인이나 미국 상업작가들의 전유물만은 아니다. 아직 우리나라는 복잡한 국제정세의 틈바구니에 놓인 채 할말 다 못하고 사는 반벙어리 신세이다. 미국의 탐사선이 화성에서 기염을 토하는 사이, 우리는 무엇을 하고 있었던가. 세계 수준의 인공위성체 개발기술을 보유하고 있으면서도 발사체 기술개발에는 기술 외적인 이유로 섣불리 달려들지 못하는 우리나라 입장에서 북한의 대포동 로켓기술의 발전을 어떻게 바라보아야 할까? 왜 우리는 핵무기의 찬반양론을 들어보지도 않고 부랴부랴 비핵화 선언을 했던 것일까? 또 21세기 이후의 고도 정보화 사회에서 우리 개인들은 어떻게 자신의 담을 쌓고 또 허물어야 할까? 우리를 에워싸고 있는 모든 문제들을 주류문학의 직설적인 화법만으로 담기에는 부족한 면이 있지 않은가.

과학소설은 과학이란 근거를 전위에 내세우지만 그 표현형식상 다분히 표현주의적인 성향이 짙다. 실제 세계를 그대로 묘사하는 것이 아니라 미래라는 허울 아래 가상의 세계를 세워 그 시공간과 현실의 시공간 사이의 장단점을 연결짓기 때문이다. 변형되고 왜곡되어 보일수록 그 핵심이 더 잘 드러나 보이는 표현주의……. 흔히 '외삽'이라고 불리는 과학소설의 가상 시제 대입법은 언뜻 낯설고 생경해보이지만 궁극적으로 하고자 하는 이야기는 주류문학과 다를 바 없다. 로봇이 나오고 외계인이 나와도 현실에 대한 비유와 풍자가 적절하다면, 그리고 미래에 대한 사고 실험을 통해 그 미래가 오기 전에 실수의 가능성을 줄일 수 있다면 과학소설은 그 소임을 충분히 다한 것이다.

Clifford Pickover, *The Science of Aliens*, Basic Books, New York, 1998.

Jerome Groopman, 「In Sickness and in Space」, 〈*Good Weekend*〉, Austrailia, 2000. 5. 13.

John Clute & Peter Nicholls, *The Encyclopedia of Science Fiction*, Orbit, London, 1999.

John Clute, *SF : The Illustrated Encyclopedia*, Dorling Kindersley, London, 1995.

Karl Siegfried Guthke, *The Last Frontier : Imagining Other Worlds, from the Copernican Revolution to Modern Science Fiction*(원제 : *Der Mythos der Neuzeit*), Cornell Univ Press, 124 Roberts Place, Ithaca, New York 14850, 1990.

Kenneth Newquist , "Startide Rising : Intelligent Space Opera and High Adventure." (http://www.scifi.com/sfw/issue154/classic.html)

Lawrence Tucker, *Books*, Sci-fi Special Edition, USA, December 2002.

Les Daniels, *Sixty Years of the World's Favorite Comic Book Heroes*, A Bulfinch Press Book, U. S., 1995.

Michael McCollum, *The Art of Science Fiction*, Sci Fi-Arizona, 1998.

Richard Treitel, "What is Science Fiction?" (A HREF=mailto:treitel@wco.com)

Stanislaw Lem, *Microworld*, Harcourt Brace & Company, 1984.

Ted Friedman, "Apple's 1984 : The Introduction of the Macintosh in the Cultural History of Personal Computers" (http://www.duke.edu/~tlove /mac.htm)

Thomas M. Disch, *The Dreams Our Stuff is Made of*, the Free Press, New York, 1998.

기욤 페이에, 김주열 옮김, 『상대적이며 절대적인 외계인 백과사전』, 열린책들, 2000.

김정탁, 『설득의 광고학』, 나남, 1993.

복거일, "강연/과학소설의 간략한 소개", 인터넷 문서, 1992.

아이작 아시모프, 김묵한 옮김, 「우리 분야의 이름The Name of Our Field」, 유니텔 SF오디세이, 1978.

원가, 전인초 김선자 옮김, 『중국신화전설 I』(대우 학술총서 53), 민음사, 1998.

이유상, 「과학소설의 이해」, 〈고대 화학〉, 1994년 제6호.

찰스 에릭 메인, 김성묵 옮김, 『동위원소 인간』, 아이디어회관, 1976.

칼 세이건, 『창백한 푸른 점』, 민음사, 1994.

필립 K. 딕, 김묵한 옮김, 「과학소설에 대한 나의 정의」, 〈월간 SF웹진〉, 2000년 7월호.

필립 K. 딕, 이지선 옮김, 『마이너리티 리포트』, 집사재, 2002.